KB138054

우리는 모두 다른 세계에 산다

Je suis à l'Est!

우리는 모두 다른 세계에 산다

자폐인이 보는 세상은 어떻게 다른가?

조제프 쇼바네크 지음
이정은 옮김

현대
지성

차례

일러두기

1. 각주는 독자의 이해를 돕기 위해 역자가 붙였다.
2. 원서에는 프랑스어 번역서 제목으로 표기되어 있으나 원작이 영문이며 우리말로 번역되지 않은 책은 영문 원서명을 병기했다.
3. 프랑스어 구어체 관용표현 "être à l'ouest"(서쪽에 있다)에는 '딴생각하다, 얼이 빠져 있다, 멍한 상태다'라는 뜻이 있다. 이 책의 제목인 *Je suis à l'Est*는 직역하면 '내가 동쪽에 있다'라는 뜻이며 다음과 같은 느낌을 준다.
   (1) "서쪽에 있다"(être à l'ouest)에서 '서쪽'을 '동쪽'으로 대체한 것으로, "나는 남들이 말하는 것처럼 어벙한 사람이 아니라 단지 다를 뿐이다"라는 메시지를 전한다.
   (2) 저자는 이 책을 집필할 때 중앙아시아 우즈베키스탄의 사마르칸트에 있었다. 프랑스에서 보면 자기가 지금 있는 곳이 동쪽의 이국적인 지역임을 가리킨다. 또한 자폐 때문에 겪은 방황과 여행에 대한 갈망으로 여러 언어를 배우게 되었고, 덕분에 지금 그곳에 있다는 긍정적인 느낌을 드러낸다.
   (3) 저자는 본문에서 미래에 대한 불안감을 토로한다. 이와 관련해 과거를 돌아보고 현재를 확인하는 느낌을 준다.

추천의 글

변호사에게까지 들고 오는 사건에는 대개 절박함과 한(恨)이 서려 있다. 평생 법 없이도 열심히 살아온 서민들에겐 더욱 그렇다. 이 문제가 해결되지 않으면 낭떠러지로 밀려날 것 같은 어렵고 무거운 문제들이 많다. 나는 차분히 앉아 그분들의 인생을 듣는다. 사건과 주장 뒤에 있는, 차마 말하지 못하는, 말하기 힘든 세계까지 들으려 한다. 그렇게 의뢰인의 사연을 듣다 보면, 평생 자기 세계에 성실했던 한 명 한 명의 사람을 만난다. 복잡한 법적 이슈를 해결하는 실마리는 의외로 그가 살아온 세계를 잔잔히 마주하는 데서 나올 때가 많았다.

이 책은 평생 '자폐'라는 세계에서 살아온 한 인간의 깊은 이야기다. 그는 세상에 자폐'인'은 없고, 자폐를 '지닌' 나 자신이 있을 뿐이라고 당당하게 말한다. 그리고 자신이 경험한 자페 스펙트럼을 놀랍도록 유머러스하고 담담하게 풀어낸다. 그가 살아왔던 자폐의 세계는 무척 흥미로울 뿐만 아니라 매혹적이어서, 읽는 내내 마음에 온기가 가득 채워지는 느낌이었다. 이 책을 읽고 나면 각자의 인생이 훨씬 더 소중하고 아름답게 보일 것이다.

조우성 | 법률사무소 〈머스트노우〉 대표 변호사,
드라마 〈이상한 변호사 우영우〉에 일부 에피소드 제공

저자는 철학 박사이자 10개국 언어를 구사하는 언어 전문가이지만, 자신의 자폐성 때문에 사회에 적응하는 과정에서 큰 시련과 실패를 자주 겪었다. 심지어 간단한 시간 약속을 하거나 친구 모임에 나가는 데도 엄청난 에너지가 필요했다. 하지만 그는 장애를 유머와 용기로 아름답게 어루만진다. 사소한 결정을 내리는 데도 여전히 혼란을 느끼지만, 매번 조금씩 인생의 노를 저어나가는 저자의 끈기에 탄복했다.

조제프의 인생은 자신의 일부가 자폐증으로 이지러져 있음을 인정하면서도, 거기에 빛이 닿았을 때 더 많은 각도로 반사될 수 있고, 오히려 저마다 다른 빛을 빛어낼 수 있다는 벅찬 희망을 보여준다. 삶이 반복적으로 무너져 내릴 때, 인생을 긍정하는 지혜를 그에게서 배웠다.

저자가 자신의 장애를 바라보는 느긋한 관점과 어려움을

다루는 촘촘한 장치들에 대해선 다른 마음의 병을 가진 이들도 적용해볼 수 있다고 생각한다.

리단 | 『정신병의 나라에서 왔습니다』 저자

저자는 어린 시절부터 자폐가 있었고 여러 증상 때문에 학교를 다니기가 무척 힘들었다. 하지만 그는 자신이 가진 자폐를 숨기지 않았고 공개적으로 자기 이야기를 하며 콤플렉스를 극복하기 시작했다. 프랑스 대학 입학시험을 좋은 성적으로 통과하고, 파리 정치대학 졸업 후 철학 박사 학위를 받는다.

이 책은 그가 자신만의 세계에서 빠져나와 정상인들과 살아가기 위해 평생에 걸쳐 분투해온 내용을 담고 있다. 일상적으로 일어나는 문제들을 자폐를 지닌 사람 처지에서 고민하며, 자폐인으로 살아간다는 의미를 생각해보게 한다. 우리는 이 책에서 자신의 치명적인 장애를 유머러스하게 바라보는 저자의 관점을 배울 수 있으며, 그런 자신의 독특함을 마음껏 음미하며 살아가는 한 자유로운 영혼에게 깊이 공감할 수 있을 것이다.

전홍진 | 성균관대 의대 삼성서울병원 정신건강의학과 교수, 『매우 예민한 사람들을 위한 책』 저자

추천 서문

어떤 만남은 예상을 훌쩍 뛰어넘어 깊은 흔적을 남긴다. 이 책의 저자 조제프 쇼바네크와의 만남이 바로 그랬다.

당시 나는 조만간 공표될 프랑스 국가윤리자문위원회의 제102호 의견서 「자폐증에 걸린 사람, 어린이와 성인의 상황에 관하여」의 보고 책임자였다.

나는 그해에 '자폐를 지닌 사람'[1]의 가족들이 결성한 여러

1 저자는 '자폐(증)'를 사람이 지닌 여러 특성 중 하나로 보고 '자폐(증)를 지닌 사람'(personne avec autisme)이라는 표현을 썼다("맺음말 대신 쓰는 말" 참고). 이 책에서는 저자의 의도를 존중하여 대부분 그대로 옮겼다.

단체의 회원들을 만났다. 그리고 그날은 한 단체 책임자와 아스퍼거증후군을 지닌 사람들이 처한 특수 상황에 관해 논의하기로 되어 있었다.

그 자리에 조제프가 있었다. 우리는 한 시간 동안 이야기를 나누었다. 그날 이후 여러 번 조제프를 만났고, 많은 이야기를 나누면서 점점 그의 말에 빠져들었다. 조제프는 감수성이 풍부하고 마음과 정신 지능이 뛰어나며, 교양까지 높았다.

애초에 그와 만난 목적은 자폐를 지닌 사람이 자기의 기본권, 그중에서도 학교에 가고 적절한 교육을 받을 권리, 직업을 가질 권리, 다른 사람과 함께 살아갈 권리를 누리지 못하도록 방해하는 사회적 장애물이 무엇인지 보다 정확하게 파악하려는 데 있었다. 하지만 그 만남은 한 인간과 소중한 인연을 맺는 계기가 되었다. 덕분에 나와 아내는 지금까지도 조제프와 깊은 우정을 나누고 있다.

사람들은 조제프가 아스퍼거증후군을 '지녔고' 아스퍼거증후군을 '지닌 채로' 살아가며, 아스퍼거증후군 '환자라고' 말한다. 그런데 그게 대체 무슨 뜻일까?

우리의 독특한 면에 어떤 이름을 붙이느냐에 관계없이 우리 모두는 독특한 존재다. 『정체성과 폭력』(바이북스, 2009)에서 아마르티아 센은, 우리가 살아가면서 맺는 관계에 따라 여러 개의 변화하는 정체성(가족, 직업, 문화적, 생물학적, 철학적, 지역적, 영적 정체성 등)을 지닌다고 말한다. 그 여러 정체성 중 하나만이 유일한 정체성인 양 사람들을 그 안에 가두어두려는 유혹, 또는 그들이 거기에 스스로 갇히도록 내버려두는 유혹이야말로 세상에서 벌어지는 차별과 폭력의 주요 원인이라고 센은 분석한다. 누군가가 도무지 설명할 수 없는 핵심 부분이야말로 각 개인을 그 누구와도 다른 존재인 동시에 모두와 동등한 사람으로 만든다.

우리가 절대로 접근할 수 없어 보이는 내면세계의 풍성함과 독특함은 어떻게 찾아낼 수 있을까? 그곳을 체험한 사람들의 글이 있다. 대니얼 태멋은 『푸른 날에 태어나다』(*Born on a Blue Day*)에서 이렇게 적었다. "나는 어느 수요일에 태어났다. 그게 수요일이었다는 것을 나는 안다. 왜냐하면 그 날짜는 내 마음속에서 푸른색이었고, 수요일은 항상 푸른색이니까. 숫자 9처럼, 혹은 서로 다투는 시끄러운 목소리처럼."

시리 허스트베트의 『떠는 여자, 혹은 나의 신경과민 이야기』(*The Shaking Woman or A History of My Nerves*)도 있다. "2006년 5월 어느 날, 나는 구름 한 점 없는 푸른 하늘 아래에서 일어나 말하기 시작했다. 입을 열자마자 심하게 떨기 시작했다. 그날 나는 떨었고, 이후로 다른 때에 거듭 떨었다. 나는 떠는 여자다."

용기 있는 사람들이다. "존재 앞에 벌거벗은 채 나약함을 감행하고, 보호막 없이 나아가야" 한다고 『약자의 찬가』(새물결, 2005)의 저자 알렉상드르 졸리앙은 말한다.

신경학자이자 작가인 올리버 색스의 『마음의 눈』(알마, 2013)도 빼놓을 수 없다. 이 책에서 저자는 자기가 어렸을 때부터 사람의 얼굴을 구분하지 못했다고 밝혔다. 거울에 비친 자기 자신의 얼굴조차 못 알아봤다. 공간을 지각하는 능력도 없었다. 그에게 얼굴이나 장소는 영원히 빠져나올 수 없는 미궁과도 같았다.

이런 독특함은 올리버 색스가 어렸을 때부터 경험한 어려움, 지금껏 만난 사람들의 몰이해, 장애로 인한 결핍을 '보완'하려는 엄청난 노력을 우리에게 전해준다. 어쩌면 그는 얼굴의 특징을 기억에 새기지 못하기 때문에 타인을 향해 나아가려는 열의를 갖게 되었으며, 에마뉘엘 레비나스(프랑스 철학자이자 『탈무드』 주석가)가 '진정한 얼굴'이라고 부른 것을 찾아 나서게 되었을지도 모른다. 보이지 않는 얼굴, 너무나 내밀해서 오로지 정신과 마음의 눈만 다가설 수 있는 얼굴 말이다.

조제프도 마찬가지다. 아스퍼거증후군이라는 독특함은 조제프라는 존재의 일부요 취약한 부분이지만, 한편으로는 그가 가진 풍성함, 엄청난 노력 그리고 그가 세상과 자신, 타인을 바라보는 시선의 깊이를 나타내기도 한다. 어렸을 때 이미 읽고 쓸 줄 알았으나 말을 하지 못한 그는 언어 공부를 열정의 대상으로 삼았다. 이것으로 그는 타인을 만났으며, 그 과정에서 자기의 가장 내밀한 것에서 출발해 타인을 이해하려고 노력하는 동시에 각각의 언어가 지닌 독특함이라는 연약한 보물을 보존하려고 했다.

폴 리쾨르(프랑스 철학자)는 "자기를 타인처럼" 생각하는 것이 윤리라고 말했다. 타인을 자기처럼 생각하는 것으로 만족하지 않고 "자기를 타인인 듯", 내가 알지 못하며 만남을 통해 발견해야 할 타인인 듯 상상하라는 의미다. 타인은 언제나 새로이 발견해야 하고 인정해야 하고 새 가치를 부여해야 하는 존재이자 우리 안에 있는 결핍과 다른 사람 안에 있는 우리의 일부 같은 존재다.

저자가 세상을 바라보는 시선을 통해 나는 이제껏 모르고 있었던 새로운 현실에 눈을 떴다. 이 책은 참 놀랍다. 매우 섬세하며 지극히 감동적이다. 재치와 우아함, 용기, 적절한 거리감과 유머, 소양이 가득 담긴 특별한 모험담이다.

장 클로드 아메장

(파리7대학 면역학 교수, 프랑스 국가윤리자문위원회 위원)

서문

어느 날 저녁, 파리 근교의 한 체육관에 사람들이 모였다. 팀 버튼의 영화에서 튀어나온 듯 기이한 외모의 꺽다리 사내가 강연을 하고 있었다. 느릿느릿한 목소리에 억양은 이국적이었지만 정확한 단어를 사용했으며 재치가 돋보였다. 청중은 간간이 웃음을 터뜨리며 그의 이야기에 빠져들었다.

영화[2]를 제작하려고 자료를 조사하기 시작했을 때만 해도 나는 자폐와 자폐인에 대해 거의 백지상태였다. 그런데 그날 조제프 쇼바네크와 처음 만나면서 선입견이 흔들렸고 작업 방향을 상당 부분 결정할 수 있었다. 그 만남은 새로운 발견이

2 공영 텔레비전 채널인 '프랑스2'와 공동 제작한 다큐픽션 《위고의 두뇌》

자 일종의 깨우침이었다. 나는 기지가 번뜩이고, 끌로 새긴 듯 정확히 말하며, 상대에게 감동을 주면서 저절로 마음을 열게 만드는 총명한 남자를 발견했다. 또한 빈축을 살 만한 프랑스의 공중보건 상황을 알게 되었다.

아스퍼거증후군에 걸린 조제프 쇼바네크는 만 6세까지 말을 하지 못했다. 그가 어렵사리 소리 내어 말했을 때 아주 가까운 사람만이 뜻을 이해할 수 있었다. 다행히 그의 부모는 굳은 신념을 지닌 사람들이었다. 만약 아들이 정신적 외상을 입어서 돌이킬 수 없다는 남들의 견해에 굴복하고 말았다면 조제프는 말을 못 한다는 이유로 정신병원에 들어갔을 테고, 우리는 그의 놀라운 지성을 결코 접하지 못했을 것이다.

초등학교에 입학할 지적 능력이 없다고 여겨지던 그 아이, 늘 멍청이나 백치 혹은 지적장애인 취급을 받던 그 청소년, 간단한 인사를 하거나 카페에 들어가는 일도 버거워하고 빵을 사거나 전화 통화와 같은 사소한 일로도 불안해하던 그 청년은 지금 파리 정치대학[3]을 졸업한 철학박사이며, 여러 언어를 능란하게 구사하고, 명사들의 담화문을 쓰고, 전 세계를 돌아다니면서 강연을 한다.

안타깝게도 조제프 쇼바네크 같은 사례는 드물다. 훌륭한

3 시앙스포 파리(Sciences Po Paris)라고도 불리며 세계 최고 수준의 사회과학대학으로 인정받는 프랑스의 공립 고등교육기관

부모의 지원이 있었기에 그는 체념하지 않고 지금 같은 성취를 이룰 수 있었다. 따라서 그는 엄청난 행운아라고 할 수 있다. 수많은 자폐 아동이 만 6세 전에 정확한 진단을 받지 못하고 평생 침묵이라는 감옥에 갇혀 지내는 것이 현실이다.

우리가 지닌 기억의 조각들을 떠올려보자. 학교 운동장 한구석에 홀로 있는 아이, 이상한 옷을 입고 말이 없으며 시선을 피하는 아이, 아무도 말을 걸지 않을 뿐 아니라 왕따를 당하는 희생자…. 조제프 쇼바네크가 자신이 남들과 다르다는 사실을 깨달은 계기는, 자기가 쉬는 시간에 수시로 괴롭힘을 당하는 유일한 학생임을 깨달으면서다.

하지만 내가 만난 모든 자폐인과 마찬가지로 조제프는 '하소연'을 하는 법이 없다. 그들은 일상의 모든 장소(예를 들어 학교, 도서관, 수영장, 대학교, 회사)로부터 매순간 괴리감을 느끼지만 결코 원망하지 않는다. 공격성도 없다. 도리어 호기심과 타인에 대한 배려가 있다. 그래서 그에게서는 사람의 마음을 편하게 하는 솔직함이 느껴진다.

조제프 쇼바네크는 장애를 성공의 수단으로 삼았다. 그는 자기가 어디에서 왔는지 결코 잊지 않는다. 우울한 날이면 자신이 무국적자라고 느끼고, 희망에 찬 날이면 자신이 세계 시민이라고 여기며 참된 인간 됨을 전한다.

소피 레빌(영화 제작자)

머리말 대신 쓰는 말

어째서 웬만한 책에는 머리말이 있는 걸까? 모르겠다. 2008년 말 에스토니아의 탈린 대학교에서 그 주제를 다룬 토론회가 열렸다. 나도 거기 참가했다. 하지만 솔직히 고백하자면, 여전히 난 그 이유를 모른다! 그런데 이 책의 첫머리를 쓰는 지금, 당시 그곳에서 받은 인상이 살아 있는 머리말처럼 선명하게 뇌리를 스친다. 정오에 희미한 빛줄기 몇 가닥이 내려와야 비로소 끝나는 12월 혹한의 밤, 인도·유럽어족[4]이 아닌 언어가

4 역사 시대 이래 인도에서 유럽에 걸친 지역에서 쓰는 어족(語族)으로 현대 유럽의 거의 모든 언어가 이에 속한다. 여기 속하지 않은 것은 에스토니아어, 헝가리어, 핀란드어 등이다.

지닌 오묘함과 새로운 발견은 나를 조금 더 긴 두 번째 여행으로 이끌었다. 그리고 다른 지역으로 여행을 떠나도록 등을 떠밀었다. 여러 곳에 내 발자취를 남기고 있는 지금도 나는 여전히 오래된 도시 탈린과 리보니아[5]와 쿠를란트[6]의 풍경을 본다.

자폐이면서 철학박사라고?

머리말은 중요한 임무를 해내야 한다. '주제' 혹은 '대상'을 정의하는 일이다. 주제와 대상이라…. 나는 두 용어 사이에서 언제나 갈피를 못 잡고 헤맨다. 설명을 읽거나 어원을 거슬러 올라가 봐도 말짱 도루묵이다. '자폐'를 어떻게 정의하면 좋을까? 의학 개론서의 도움을 받아서? 반론의 여지가 없는 단정으로? 이번에도 모르겠다. 나는 잘해야 작은 이야기, 사람들의 소소한 역사를 동원할 수 있을 뿐이다. 결국 그런 식으로 헤로도토스의 글에서 우리가 위대한 이야기, 즉 '역사'라고 부르는 것이 탄생하지 않았던가? 그것은 첫 글자를 대문자로 써서 역사(Histoire)라 불리고 조만간 '~주의'라는 말이 들러붙어 비정상을 몰아내지만, 사실 할리카르나소스 태생으로 아테네인이 되기를 선택한 헤로도토스는 모든 사람, 즉 그리스인과

5 현재 라트비아, 에스토니아 두 공화국이 차지하는 지역

6 라트비아 서부 발트해 연안 지역

이민족 모두가 살아온 이야기, 진지한 이야기와 있음직하지 않은 이야기를 전부 전하려고 했다. 이런 호기심 때문에 그는 수 세기 동안 우둔한 사람 취급을 받았다.

바로 이 지점에서 시작해보자. 많은 사람이 공유하는 인식에 따르면 자폐인은 좀 미련하거나 우둔한 사람이다. 박식하게 표현하면 '정신장애를 지닌 사람'이라고 할 수 있다. 조만간 그보다 긴 표현이 인터넷 공간에 등장할 것이다. 하지만 일상어가 하얀 가운을 걸친 전문용어보다 우위를 차지할 때면 곧바로 '바보, 멍청이, 천치'라는 말이 쓰인다. 학교에서 쉬는 시간에 들을 수 있는 용어까지는 굳이 거론할 필요가 없을 것이다. 당신은 마음속 깊은 곳에서 이미 그 단어들을 떠올렸을 테니까.

그 점에 관해 참 많은 이야기를 할 수 있다. 또 매일 새로운 이야기가 덧붙는다. 처음 만난 사람들은 나를 심각한 바보라고 생각한다. 사람들은 나더러 그런 인상을 조금이나마 덜어내려면 아예 입을 열지 말라고 충고했다. 그러면 사람들이 얼마간 지적 활동이 드러나는 내 눈에 주목할 것이라고 한다. 그만큼 나는 어벙하고 느릿하게 말한다. 심지어 외국어 억양이 섞여 있다. 사람들은 내가 어느 나라 출신인지 추측하면서 프랑스 브르타뉴 지방부터 룩셈부르크, 루마니아 혹은 정의를 내릴 수 없는 원시-복소-레토-알레만-로망스어 방언을 쓰는 스위스의 외딴 지역을 거쳐 동폴다비아를 거론하기까지 한다. 그런 반응을 보면서 나는 소소한 즐거움을 느낀다. 나를 몇 년 전부터 알아온 사람들 중에서도 내가 자기를 속였다고 생각하는 이들이 있다. 그러면서 내가 프랑스도 아니고, 오바마처럼 하와이도 아닌 동방의 어느 지역에서 태어났다고 멋대로 믿어버린다. 심지어 내가 출생증명서를 비롯한 어떤 증거로도 반박할 수 없는 거짓말을 했다고 넘겨짚은 뒤 너그러이 용서해주기까지 한다.

내가 미련해보여서 얻는 이점이 또 있다. 어떤 사람들은 나에게 분에 넘칠 만큼 친절하다. 어느 매장의 계산원은 내가 이해하도록 천천히 설명할 뿐만 아니라 친절하게도 물건이 담긴 봉지를 집는 방법까지 설명해줬다. 또 공항에서는 직원들이 아무런 설명도 하지 않고 내가 비행기에 오를 때까지 곁을 지키며 도와준다.

특별대우를 받는 이유가 어눌해보이는 말투 때문만은 아니다. 행동도 여느 사람과 다르다. 물론 그것까지 내가 통제할 수는 없다. 영화감독이자 파리 문화계를 주름잡는 내 친구는 나더러 "가만히 있기만 하면 멀쩡해보일 것"이라고 말했다. 내 행동에 대해서도 온갖 해석이 붙는다. 많은 사람이 나를 성직자라고 생각한다. 가톨릭 사제냐는 질문은 한 해에 열 번쯤 받는다. 내가 아니라고 대답하면 사람들은 '아, 그럼 신학생이

로군'이라고 생각한다. 그런 상황 때문에 지치는 걸 보면, 난 사제의 성덕(聖德)과는 거리가 먼 듯하다. 유대인 친구들은 나를 랍비나 곧 탈무드 학교 학생이라고 생각한다. 그래서 유대인 남자가 쓰는 모자인 키파를 써야 한다고 내게 지적한다. 옛 친구 한 명은 복도에서 선생님과 대화를 나눈 끝에 내가 스스로는 깨닫지 못했지만 유대인보다 더 유대인 같은 사람이라고 결론지었다. 내가 동성애자라고 생각하는 사람도 있다. 걸음걸이만 봐도 알겠다는 것이다. 만약 사우디아라비아에 간다면 조심해야 할 것 같다. 펭귄처럼 걷는 법을 배워서 가는 게 낫겠지? 그러면 날씨가 더 시원한 나라로 추방될 수 있을 테니까. 그야말로 전화위복 아닌가!

그럼에도 내가 입을 열어 자폐증을 거론할 때가 있다. 그러면 어떤 사람들은 태도가 돌변한다. 그리고 나는 바보에서 일약 천재가 된다. 하지만 심리적으로 보면 천재건 바보건 매한가지다. 열세제곱근 풀이를 할 수 있는 능력만 빼면 말이다.

내가 파리 시앙스포를 졸업한 철학박사라고 말하면 사람들은 고개를 들어 나를 쳐다본다. 물론 어떤 사람은 이번에도 내 말을 믿지 않는다. 그럴 땐 화를 내야 할까? 자폐증에 대해 무지한 것은 심각한 문제지만, 그렇다고 그를 비난해야 할까? 아니면 사회가 척박해졌다며 눈물을 떨궈야 할까? 그보다 나는 사람들이 나를 대하는 태도를 보면서 한 사람이 지닌 여러 측면을 발견한다. 물론 이 책에서는 자폐인의 경우를 말하겠지만, 프랑스에는 거의 알려지지 않은 인물인 솔 앨린스키(미국의 사회운동가)가 했다는 말을 떠올려 본다.

"어느 날 어떤 녀석이 나더러 로마가톨릭교회와 개신교의 장로교회한테 자금을 지원받고 알 카포네의 범죄 조직이 쓰는 방식을 그대로 따라 하는 마르크스주의자라고 말하더군. 그런데 가만히 보면 그런 다양한 측면을 조합하는 일이 흥미로워 보이네."

2012년 9월 11일

사마르칸트, 나 자신으로 향해 가는 비단길에서

1장

어떤 틀에도 맞지 않는 아이

이누이트 문화처럼 유구한 문화에서는 얼핏 보기에 무척 이상한 문학 장르가 있다. 바로 탄생 또는 태내의 기억을 기록한 글이다. 어느 학회에 참석했다가 그 분야의 전문가인 베르나르 살라댕 당글뤼르를 우연히 만났는데, 그때의 일이 너무나 인상적이어서 한동안 그 만남이 자주 생각났다. 그는 그 문학 장르가 잊히기 전에 누나빅[8]에서 그것을 기록으로 남겼다. 나에게도 아주 어렸을 때의 기억이 또렷하게 남아 있지 않다. 몇몇 영상이 떠오르긴 하지만, 정말 있었던 일인지 어떻게 확신할 수 있을까? 누나는 나보다 운이 좋아서 유년의 몇몇 순간을 기억한다. 그녀보다 덜 조숙한 이 남동생은 할 이야기가 하나도 없지만.

내 오랜 기억은 대부분 스위스의 풍광과 관련이 있다. 사람 혹은 누군가에 대한 기억은 거의 없으며, 그나마 떠오르는 것도 윤곽만 희미할 뿐이다. 그러므로 이 책에서는 스위스가 여러 번 등장할 것이다. 하지만 나는 스위스 시민이 아니고 심지어 그 나라에 은행 계좌도 없다. 그저 독일어권 스위스 쪽 알프스산맥에서 보낸 긴 휴가가 내 어린 시절의 기억을 형성했고, 그 시간을 아직 잊을 수 없을 뿐이다.

8 캐나다 퀘벡 북극 지역의 이누이트 거주지

말은 못 하면서 중세 라틴어 문서를 읽는다고?

불교 승원[9]에 입회할 때 지원자가 가장 먼저 받는 질문은 "당신은 사람인가 아니면 영혼인가?"라고 한다. 서구문화에서 '인간'을 정의하는 기준은 다양하지만, 그중에서도 '언어 능력'을 중심으로 일종의 기준이 정립되는 것 같다. 그리고 이 기준은 무척 합당해보인다. 구체적으로 말해 내가 몇 년간 전혀 말을 하지 않았다면 나는 사람일까? 이 경우 자기실현적 예언[10]을 하게 될 위험이 있다. 말할 능력이 없다고 판정된 아이는 대부분 말을 배울 기회조차 얻지 못하고, 그러다 보면 말할 능력을 영영 갖추지 못할 것이기 때문이다.

나는 운 좋게도 말하는 법을 배웠다. 내가 언제 말문을 뗐는지는 정확히 모른다. 다만 오랜 시간 힘겨운 과정을 겪으면서 의사표현 능력이 서서히 나아진 것은 분명하다. 내가 예닐곱 살 때쯤에는 부모님과 누나만 내 말을 이해할 수 있었다. 사람들이 내 말을 알아듣겠답시고 여러 번 반복해서 말하게 한 뒤 결국 '통역'해주기를 바라며 부모님을 바라보던 장면이 아직도 눈에 선하다.

어린이에게 무엇을 요구하기에 앞서 '말하기'가 무엇을 뜻

9 승려가 불상을 모시고 불도(佛道)를 닦으며 교법을 펴는 집

10 심리학이나 사회학에서 어떤 주장이나 믿음을 사실이라고 믿으면 그대로 이루어진다는 개념

하는지에 대한 합의가 이루어져야 한다. 어른처럼 능숙하게 말하길 원하는가 아니면 그 나이에 걸맞게 말하길 원하는가? 맥락을 이해하길 원하는가? 그렇다면 대체 어떤 맥락을 이해해야 하는가? 쓸데없는 질문은 아니다. 어떤 어린이가 중세 라틴어 문서를 줄줄 읽고 심지어 그에 대한 주석을 글로 쓸 줄 알지만 말할 줄 모른다면, 그 아이는 저능아일까? 거기 더해 그 아이가 지금껏 중세 라틴어 문서를 한 번도 접한 적 없다면? 지금 우리는 오늘날의 학교교육이 당면한 문제로 서서히 다가가는 중이다. 굴렁쇠를 굴릴 줄 모르고 신발 끈을 묶지도 못하지만 미분 계산을 아주 좋아한다면, 그 아이는 학교에서 다음 학년으로 진급할 능력을 충분히 갖춘 걸까? 그 아이는 이른바 공부를 제대로 시작한 것인가?

나는 일부 자폐 아동들처럼 특이하지는 않았지만, 나만의 독특함이 있었다. 지금은 여유로이 웃어넘기는 일들이 그때는 하나같이 비극으로 다가왔다. 말할 때 겪는 어려움에 또 다른 문제들이 추가되었다. 나는 발성은 완벽했더라도 상대가 대체로 이해하지 못할 단어를 말하곤 했다. 별 이름 목록이 단적인 예다. 당신이 심리상담사라고 가정해보자. 누군가 자폐 아동을 당신에게 데려왔는데, 아이가 처음부터 이런 단어들을 말한다. "알니타크, 알닐람, 민타카." 당신은 자폐증이 인간적인 의사소통을 저해한다고 여기면서 아이의 증상이 소아정신병에 해당한다고 진단할 것인가? 아니면 오리온자리의 허리띠를 이루는 별 세 개의 이름을 알아듣고 천문학과 관련된 소재를 꺼내면서 자연스럽게 대화를 이어나갈 것인가? 이는 내가 직접 경험한 상황이다. 심리상담사가 아닌 다른 사람들과 말이다.

내 부모님의 친구인 어느 아주머니가 처한 상황에서는 어떻게 하면 좋을까? 나는 아주머니와 잠시 동안 단둘이 남겨졌을 때 그분에게 프랑스가 다시 왕국이 되지 않는 이유를 체코어로 물었다. 당연히 내가 여러 번 반복해서 말한 후에야 그분은 내 의도를 이해했고, 곧바로 입을 다물었다. 이제 막 걷기 시작한 아이와는 그런 대화를 나누지 않는 법이니까.

비슷한 기억이 하나 더 있다. 체코 태생인 부모님은 파리에 사는 체코인 소모임에 자주 참석했다. 나는 가끔 그 모임에서 관심사인 천문학에 대해 '주제 발표'를 하곤 했다. 나는 일곱여덟 살 때부터 수년간 천문학에 푹 빠져 있었다. 어른들은 땅딸막한 꼬마가 이런저런 별의 특징에 대해 말하는 걸 재미있어했다. 어쩌면 아이가 흥분해서 떠든다고 생각하며 전혀 관심을 두지 않았을지도 모른다. 만약 정신과 의사가 그곳에 있었다면 '정신병'을 이겨내도록 내게 약을 주었을 것이다. 어쨌거나 나는 그 시기에 사회적인 담화, 즉 관계를 만들어내는 담화, 더 근본적으로는 말한 사람을 '정신이 온전한 인간'으로 보게 만드는 담화를 할 능력이 거의 없었다.

내 생각에는 글쓰기가 말하기보다 쉬운 것 같다. 움직임이 동시에 이루어지도록 조절하는 일이 덜 까다롭기 때문이다. 원하면 속도를 늦추거나 멈출 수 있다. 글을 쓰기 위해서 키를

누르기만 하면 되는 자판을 얻기 전부터 그랬다. 내가 다른 자폐 아동과 마찬가지로 '제대로' 말하는 법을 체득하기 전에 읽고 쓸 줄 알게 된 것이 그런 이유 때문이었을까?

내가 언제, 어떻게 읽고 쓰기를 배웠는지는 정확히 알 수 없다. 몇몇 흔적만 남아 있을 뿐이다. 1983년 12월, 나의 만 2세 생일날(어쩌면 성탄절일지도 모른다) 집에 소포가 도착했다. 부모님의 친구들이 누나와 내게 선물을 보냈는데, 그중에는 평범한 남자아이가 좋아할 만한 장난감 트럭과 유아가 가지고 노는 작은 인형이 있었다. 지금도 우리 가족은 내가 그 털북숭이 작은 인형을 그린 그림을 가지고 있다. 서투르지만 내가 지금 끼적이는 것과 별반 다르지 않은 솜씨다. 난 그 인형 그림에 탄생(도착) 날짜와 몇몇 단어를 적었다. 대문자 알파벳 몇 개는 거꾸로 썼다. 왼쪽과 오른쪽을 구분하는 것은 내게 여간 어려운 일이 아니다. 덧붙여 말하자면 난 동쪽과 서쪽도 단번에 구분하지 못한다. 유럽 지도를 대충 알지만 누가 나더러 독일 서쪽에 있는 나라를 하나 말해보라고 한다면, 내가 지도에서 동쪽의 위치를 올바르게 떠올리는 몇 초 동안 그 자리에 껄끄러운 침묵이 감돌 것이다.

그 그림의 뒷면에 쓴 글에서 나의 또 다른 특징 하나가 보인다. 난 "아이들을 위해서—네 이름을 적으렴"이라고 쓴 다음 내 성(姓)인 "쇼바네크"를 적었다. 보통 세 살짜리 아이가 말을 하거나 글을 쓸 줄 알면 자신을 성이 아닌 이름 또는 별칭으로 가리키는 법이다.

이렇듯 난 독서와 글쓰기로 학습했다. 그리고 지금까지도 말로 듣는 것보다 글로 읽는 것이 더 쉽다. 말하기와 글쓰기도 마찬가지다. 손으로 직접 쓰거나 자판으로 입력하는 것이 말보다 쉽다. 그러니 나는 자크 데리다(프랑스 철학자)의 '문자론' 프로젝트에 애착을 가질 수밖에 없다. 언어학이 말로 구현된 언어를 연구하는 학문이라면 문자론은 쓰인 글을 연구하는 학문이다.

하지만 글을 쓸 때나 말을 할 때 중요한 것은 단지 그 '행위'가 아니다. 각각의 발언 이면의 사회적 기대는 단어보다 강하다. 어떤 질문이나 요구는 상당히 명료하다(예를 들어, "선분 AB의 센티미터 단위 길이는 얼마인가?"). 하지만 의미가 모호하면서 단어로 기호화되지 않은 것도 있다. 만약 어떤 사람이 뒤에서 당신의 이름을 큰 소리로 부르면 당신은 어떤 반응을 보이는가? 그는 당신더러 돌아서라고 요구하지 않았다. 어쩌면 그가 부른 건 당신이 아니라 동명이인인 누군가일 수도 있다. 그런데 많은 자폐 아동이 이런 사실을 매우 불안하게 여긴다. 그래서 어떤 자폐인은 사람들을 자동차 번호판이나 사회보장 번호로 식별한다. 사람이라는 존재를 번호로 규정해서는 안 된다고들 하지만, 사람을 어떤 이름 안에 집어넣는 것도 썩 기분 좋은 일은 아니다. 내가 아주 어렸을 때, 부모님은 스위스에서 끔찍한 경험을 했다. 나를 잃어버린 것이다. 사실 난 그때 엄마 아빠의 바로 앞의 덤불 속에 있었다. 하지만 두 분의 부름에 답하지 않았다. 그런 일이 생기면 때 소리 질러 답해야 한다고 내게 알려주지 않았기 때문이다.

걷는 법을 배우는 과정도 만만치 않았다. 나는 걸음이 늦었다. 뒤늦게 걷기 시작했다. 부모님이 팔을 붙들어주었지만 난 허공에 다리를 쳐들고 휘저을 뿐이었다. 여러 움직임을 동시에 하지 못하다 보니 걸을 수 없었다. 가족 영상에는 그런 장면이 가득하다. 지금도 나는 이상하게 걷는다. 학창 시절 같은 반 여학생 한 명은 나더러 춤을 춘다고 했다. 아마도 최대한 돌려 말하느라 그랬을 것이다. 하지만 그 학생은 내가 복도나 계단에 혼자 있을 때면 나의 오래된 즐거움을 과감하게 만끽한다는 사실, 즉 내가 두 팔을 번쩍 들고("허공에 쳐들고"라고 말하기도 하지만, 내 두 팔은 언제나 허공에서 허우적댄다) 걷는다는 사실은 몰랐다.

현재 나는 자폐증을 가진 아동의 부모와 이야기를 나누면서 부모가 느끼는 절망감이 얼마나 큰지 깨닫는다. 가령 아이가 아예 걷지 않는다. 또는 제대로 걷지 않거나, 비정상적인 방식으로 걷는다. 오늘 아침에 만난 한 여인의 자녀는 비로소 걷기 시작했지만 나이에 비해 걸음걸이가 서툴다. 그러다 보니 바닥이 조금만 울퉁불퉁해도 나이 많은 노인처럼 넘어지곤 한다.

학교를 왜 다녀야 할까?

어떤 질문에는 아쉽게도 딱 떨어지는 답이 없다. 학교에 가야 하는 근본적인 이유가 무엇인지도 그런 질문 중 하나다. 물론 공식적인 답이 있긴 하다. 즉, 선생님이 가르쳐주는 것을 배우기 위해 가야 한다는 것이다. 미셸 푸코가 언급한 '신체에 대한 규율'을 내세울 수도 있다. 로마가톨릭교회는 미덕을 말한다. 나는 '취학 의무'라는 일방적인 원칙을 답으로 택했다. 취학 의무가 지닌 여러 결점이 있지만 난 그 의무를 고맙게 여겼다. 나는 학교가 '필요한 배움이 진정으로 이루어지는 장소'라고 생각한다. 단, 그 배움이 항상 교육과정에 명시된 내용은 아니다.

사람들은 나를 학교에 그만 보내라고, 적어도 유급은 시켜야 한다고 여러 차례 권했다. 여기에서 나는 일부러 그 '사람들'이 누구인지 특정하지 않았다. 나를 실패하게 만들려는 '대마왕'이 있다고 생각하기보다는, 자기 입장이 옳다고 확신하거나 권한을 지닌 사람이 내린 지시를 따르는 사람이 있다고 믿는다. 학교 교육의 각 단계가 교활한 적으로 돌변하기라도 하듯 어디에나 존재하지만 보이지 않는 어떤 집단에 맞서 싸운다는 느낌을 많은 부모가 줄기차게 받는다.

내가 처음 접한 학교라는 존재는 유아학교 마지막 학년인 5세반이었다.[11] 거기에서 나는 오전 반나절만 보냈다. 오후까지 학교에 머무르는 건 불가능했다. 입학에 앞서 교장선생님

11 프랑스의 학제는 중등교육까지 유아학교 3년(만 3~5세), 초등학교 5년(만 6~10세), 중학교 4년(만 11~14세), 고등학교 3년(만 15~17세)이다.

과 면담했던 순간을 또렷하게 기억한다. 물론 어른들의 이야기는 전혀 이해하지 못했지만, 나중에 부모님은 교장선생님이 망설이다 결국 타협안을 받아들였다고 설명했다. 유아학교 5세반이 끝나자 담임선생님을 비롯해 모든 사람이 유급을 권했다. 초등학교에서 공부할 준비가 전혀 안 되어 있었기 때문이다. 돌이켜 생각해보면, 만약 내가 그런 능력을 갖출 때까지 기다렸다면 나는 아직도 5세반에 머물러 있었을 것이다. 읽고 쓸 줄 알며 여러 종류의 곰팡이에 깊이 빠져들 수는 있었지만 반 친구들과 함께 굴렁쇠 놀이를 하지 못했으니까. 문제는, 자폐를 지닌 아동이 갖추기 힘든 능력을 기준으로 해서 그를 평가한다는 것이다. 그런 능력들은 대체로 흥미롭지 않다. 3중적분과 음악 반주기의 가장 중요한 차이점은 그 둘이 어렵다는 사실이 아니라, 자폐를 지닌 아동 중 상당수가 3중적분에는 흥미를 느끼지만 음악 반주기에 맞춰 노래하는 것에는 대체로 흥미가 없다는 사실이다. 뒤에서 다시 언급하겠지만, 이는 자폐를 지닌 사람이 남과 교제하려고 노력하지 않는다는 뜻이 아니다. 오히려 그 반대다. 하지만 자폐인은 학교 운동장에서 아이들이 격하게 소리를 지르고 몸을 움직이며 느끼는 즐거움을 이해하지 못할 수 있다.

사회적인 면에서 나는 혼자였다. 나는 다른 아이들이 무서웠다. 그리고 불행하게도 그럴 만한 이유가 있었다. 내 두려움은 이성적인 분별에서 비롯되었다. 매일 얻어맞았기 때문이다. 어떤 단체 놀이는 나를 두들겨 패는 방향으로 조직되곤 했다. 질 나쁜 학교에만 학교폭력이 있다고 생각해서는 안 된다. 나는 학생 수가 적고 평판이 상당히 좋은 학교에 다녔다. 당시에 학교 감독인[12]은 어린이가 얻어맞지 않도록 지켜봐야 한다는 생각을 하지 못했다. 지금은 어떨까? 확신은 못 하겠지만, 아마도 주의 깊게 살필 거라고 믿고 싶다. 더 나쁜 사실은, 내게 닥친 사회적 불운의 원인을 나의 장애 탓으로 몰아갔다는 점이다. 만약 어린이 네 명으로 이루어진 집단에서 세 아이가 자폐를 지닌 A와 놀기를 거부한다면, 대부분 A의 특수성이 문제라고 지적할 뿐 세 아이가 내린 비난받을 만한 결정에 대해서는 언급하지 않는다. 결국 A는 이중으로 고통을 받는다. 그리고 우리 같은 사람들은 거의 모든 단계에서 이런 일을 겪게 된다.

통찰력과 관찰력이 뛰어난 내 부모님은 놀랄 만한 대응책을 찾아냈다. 사람들에게 내가 외국인 또는 체코 사람이라고 말하는 것이다. 그러면 상황이 분명하게 설명된다. 내가 부정확하게 말하는 것은 지극히 정상인 것이다. 내가 선생님의 지시를 이해하지 못하는 것도 당연했다. 학교 식당에서 먹지 않는 것도 내가 어느 멀고 낯선 지역의 식습관에 길들여져 있다는 점을 감안하면 자연스러웠다. 몇 년 전에 나는 스웨덴에서 태어난 어떤 남자를 만났는데, 그는 내가 겪은 일과 아주 흡사

12 수업 이외의 시간에 학생들을 담당하는 사람으로 교사는 아니다.

한 경험을 이야기해주었다. 단지 체코 사람이 스웨덴 사람으로 대체되었을 뿐이다. 그러니 내 부모님만 그런 생각을 한 것이 아님은 분명하다.

어떤 틀에도 들어맞지 않는 아이

"어린이는 학교에서 친구들과 함께 있을 때 즐거워한다." 참으로 뿌리 깊은 믿음이다. 그런데 자폐를 지닌 아동에게는 더없이 불길한 믿음이기도 하다. 어른들은 등교를 거부하는 아이에게 학교에 가면 친구들을 만날 수 있다는 말로 설득하지 않는가? 부모님은 내게 그런 말을 하지 않았지만, 만약 그랬다면 내 화만 돋우었을 것이다. '친구'(copain)라는 단어는 대체 무엇을 뜻할까? 초등학교 1학년 담임선생님이 글을 쓸 때 그 단어를 사용하면 안 된다고 분명히 설명했는데[13], 어째서 그 말을 계속 쓰는 걸까? 자폐 아동에게는 그 '친구'들이 자기를 흠씬 두들겨 패는 작은 괴물들이라는 사실은 굳이 말할 필요도 없다.

이런 믿음과 관련해 학교생활의 연장이면서 최고의 순간은 바로 쉬는 시간이라고들 한다. 하지만 누군가에게는 그야말로 악몽이다. 귀를 찢는 듯한 종소리가 울린다. 소리가 그치자마자, 아니 그보다 훨씬 전에 이미 아이들은 놀고 싶어서 소리를 지르고 뛰어다니며 쏜살같이 밖으로 나간다. 나는 공놀

13 copain은 구어 표현이다.

이를 할 줄 모른다. 사실 내겐 공놀이가 아니라 아이들이 하는 '이상한 게임'으로 보인다. 공식적인 규칙과 그때그때 정해지는 실행법이 아무렇게나 뒤섞여 있기 때문이다. 게다가 그 놀이를 하려면 공의 궤적을 3차원으로 시각화하는 판단력과 섬세한 운동 기능 등 상당한 신체 능력을 지녀야 하는데, 이는 지금까지도 내게 어려운 일들이다. 부모님은 물건을 제대로 잡지 못하는 내게 왼손만 두 개 있어서 그렇다고 말하곤 했다. 아이들은 축구장에서 그보다 훨씬 못된 말을 했다. 하지만 가장 기운 빠지는 일은 아마도 그것을 하는 의미를 파악하지 못한다는 사실일 것이다. 그 축구라는 게임을 하는 이유가 대체 무엇인가? 금세 더러워지는 공을 차서 이런저런 방향으로 밀어내는 이유가 뭐란 말인가? 축구가 '쿨'(cool)해서라고 답하지 말길. 실온에 있는 공은 더 차갑지(cool) 않으므로 그런 주장은 타당하지 않다.

자폐를 지닌 아동 대부분은 걸음걸이와 전반적인 행동 방식이 조금 이상하다. 내가 교실에서 선생님의 지시에 자기들과 같은 방식으로 반응하지 않는다는 사실을 아이들은 금세 알아챘다. 아이들은 관찰력이 뛰어난 터라 그런 식으로 빠르게 학급 친구에 대한 판단을 내린다. 집단 내에서 누가 인기가 많고 사랑받을지, 누가 외톨이가 될지도 빠삭하게 꿰고 있다. 어른들의 사회도 비슷한데, 단지 '세련된 위선'이 더할 뿐이다. 직접 때리는 대신 배제하는 어떤 말이나 태도를 활용해서 엇비슷한 결과가 생긴다. 그러니 내가 단체 놀이에 끼는 건 어림

없었다. 나도 할 수 있는 놀이가 있었지만, 아이들은 내가 배제되는 상황에 더 익숙해 있었기에 가끔씩 나를 선심 쓰듯 끼워줄 뿐이었다.

부모님은 내가 흙투성이로 돌아오면 그런 상황을 눈치챘다. 그나마 그때는 안경을 끼지 않아 다행이었다. 내가 마지막으로 얻어맞은 때는 중학교 2학년 말이었다. 하지만 부모님이 무슨 일을 할 수 있었겠는가? 두 분은 죄책감을 느꼈다. 알림장에 내가 '학교생활'에 참여하지 않는다고 밝힌 선생님의 평가는 무력감을 더할 뿐이었다.

환멸과 냉소를 조금 더 담아 말하자면, 나는 적이나 모두에게 경멸받는 사람이 존재함으로써 집단의 응집력이 강해진다고 믿는다. 한번은 내가 이해하지 못한 놀이를 시작하기 전에 아이들이 "팀장! 팀장!"이라고 외치는 모습을 보았다. 모두 당연하다는 듯 자기가 팀장이 되고 싶어 했는데, 나는 그 이유를 알 수 없었다. 그래서 이렇게 외쳤다. "팀 노예!" 잠시 침묵이 감돈 후 내 역할은 분명해졌다. 내가 집단에 어떤 의미와 응집력을 부여한 것이다. 그들은 무엇을 해야 할지 깨달았고, 곧 내게 분풀이를 했다. 내가 자기들을 똘똘 뭉치도록 도와준 데 대해 고마움을 표현하는 방식치고는 참으로 이상했다.

정면으로 맞서는 일은 어림없었다. 내가 학급에서 가장 어리고 허약했기에 다른 요령을 찾아내야 했다. 뭐가 있겠는가? 피하는 게 상책이었다. 다행히 학교 운동장은 아주 넓었고, 내가 몸을 숨길 만한 장소도 있었다. 나는 종종 운동장 한구석에 가서 주머니에 넣어 가져온 책을 읽었다. 하지만 그 방법은 양날을 지닌 칼이기도 했다. 구석에서는 마음을 푹 놓을 수 있지만, 만약 누구에게 들키기라도 하면 도망칠 데가 없었으니까.

초등학교 4학년과 5학년 때, 나는 사소한 말썽을 부리거나 반 친구들이 한 짓을 대신 떠안으면 쉬는 시간에 교실에 남아 있을 수 있다는 사실을 깨달았다. 나는 여러 번 그 방법을 시도했고, 성공했을 때 천국을 누렸다. 선생님들이 그런 사실을 눈치챘는지는 모르겠다. 비(非)자폐인이 자처하듯 그들이 언제나 발달된 '마음 이론'[14]을 지닌 것은 아니니까.

게다가 사람은 거의 모든 일에 차츰 익숙해지기 마련이다. 다만 거부되는 데 익숙해지는 것은 자폐 아동뿐 아니라 모든 아동의 성장에 영향을 미친다는 게 문제다. 특히 소통할 전략을 마련하려고 시도하지만 번번이 실패하면 상처가 깊게 남는다. 예를 들어 당신이 반 친구에게 다가가고자 배운 대로 이렇게 인사했다고 가정해보자. "안녕하세요." 당연히 실패다. 대화 상대가 겨우 일곱 살이기 때문이다. 하지만 예의범절을 가르치는 책에서는 몇 살 이상인 사람에게 그렇게 인사해야 하는지 명확하게 밝혀두지 않았다. 이런 상황에 필연적으로 따르는 문제가 있다. 아이들은 그런 일을 잘 기억하는지라 당

14 théorie de l'esprit. 타인의 말과 행동을 이해하고 타인의 생각, 감정 등을 추론하는 능력

신이 저지른 실수도 오랫동안 기억할 거라는 사실이다. 만약 그다음 날, 당신이 집에서 다시 학습한대로 상황에 맞는 인사를 건넨다 해도 당신은 계속 따돌림을 당할 것이다. 모두가 전날 당신이 한 말을 기억할 테니까. 이런 이유 때문에 어떤 자폐 아동은 나쁜 평판에서 벗어나려고 자주 전학을 다닌다. 이는 허술한 해결책이다. 똑같은 평판이 금세 다시 생기기 때문이다.

자폐증을 지닌 어느 성인 남자가 내게 고백했다. "어렸을 때 새 학급에 가면 가장 먼저 학생 수를 셌어요." 얼핏 드는 생각처럼 자폐 아동의 괴벽일까? 아니다. 그는 단지 학생 수의 총합이 짝수인지 홀수인지 알고 싶었을 뿐이다. 만약 홀수라면 그는 이렇게 생각했다. '이런, 둘씩 짝지어 하는 활동이 있으면 나는 혼자겠군.' 이 이야기를 하는 이유는, 흔히 가진 선입관과 달리 자폐 아동이 집단에 들어가려고 얼마나 실질적인 노력을 기울이는지 알려주기 위해서다. 그 아이가 혼자이고 싶어서, 또는 자기만의 세계에 갇혀 있기 때문에 혼자라고 믿어서는 안 된다. 그런 생각을 하면 벌어지는 모든 상황에 대한 책임을 장애인에게 지우기 십상일 테지만 이는 현실과 다르다.

우수함이라는 개념에 대하여 또 다른 언급을 하나 해야겠다. 앞서 말했듯, 내가 다닌 학교는 뉴욕 브롱크스[15]가 아니었

15 빈민가로 유명한 지역

다. 상당히 좋다고 이름난 학교에 다녔다. 하지만 '좋은' 학교에서는 자폐 아동이 문제없이 지낼 수 있을 거로 믿어서는 안 된다. 상황은 오히려 더 나쁘다. 대체로 아주 좋은 학교는 평판이 나쁜 학교보다 장애인에게 더 '배타적'이다. 그럴 만한 이유가 있긴 하지만, 기본적으로는 빈축을 받아 마땅하다.

한 사람이 장애인이라는 사실은 그가 어떤 틀에도 들어맞지 않음을 뜻한다. 내 생각에 우수함의 기준은 임의적이다. 내가 좌절감을 느껴서 이런 말을 하는 것은 아니다. 나는 이른바 우수하다는 온갖 학교를 다녀봤으니까. 그 이야기는 뒤에 다시 할 것이다.

교사들도 자폐아는 버겁다

내가 겪은 학교생활을 소개할 때, 아이들의 나쁜 행동을 언급하면 사람들은 그럭저럭 잘 받아들이는 편이다. 하지만 학교에 속한 어른들의 부정적인 행동에 대한 언급은 그보다 훨씬 민감한 일이다. 물론 노력에 따라 해결책을 찾을 수 있다.

내 부모님은 힘겨운 협상 과정을 겪기는 했지만 나를 학교에 들여보내는 데 늘 성공했다. 하지만 교사들이 보기에 나는 문제아였다. 그것도 정도가 심한…. 전형적인 문제아는 대체로 성적이 나쁘고 교실에서 말썽을 부리며 반항적이다. 하지만 나는 성적이 좋았다. 교사들은 내가 나이대에 맞지 않는 책을 읽으며 반항적이지 않다는 사실을 알았지만, 그럼에도 나는 그들에게 골칫거리였다. 몇 년 후에 나는 학교에서 성적은 좋지만 문제아 혹은 별난 학생이 되었다.

정리하자면 나는 교사들과 두 가지 유형의 관계를 맺었다. 어떤 교사들은 나를 꽤 좋아했고, 다른 교사들은 나를 경계하며 두려워했다. 가만히 생각해보면, 결국 내 존재를 두려워한 교사들한테는 그럴 만한 이유가 있었던 것 같다. 내가 수업을 심하게 방해했을 테니까. 대답하겠다며 계속 손을 들고 있거나, 교사가 칠판에 철자를 틀리게 썼을 때 상당히 노골적으로 실수를 바로잡는 어린이를 상상해보라. 그들에게는 매우 난처한 상황일 수 있다.

그런 사실을 잘 알려주는 일화가 있다. 초등학교 3학년, 선분을 배울 때였다. 우리는 선분이 여러 개 그려진 종이를 받았고, 그 선분들의 길이를 재서 센티미터와 밀리미터로 적어야 했다. 그런데 선분 하나에 대해서는 선생님이 알려준 것과 다른 결과를 얻었다. 나는 곰곰이 생각했다. 혼란스러웠다. 어째서 결과가 같지 않을까? 나는 결국 정확한 원인을 찾아냈고, 선생님도 좋아할 거라 생각하며 발견의 기쁨을 함께 나누고자 했다. 그래서 길이가 다르게 측정된 이유는 선생님이 너무 늙어서 손이 떨린 나머지 선분의 올바른 길이를 잴 수 없었기 때문이라고 설명했다. 선생님은 그 말을 불쾌하게 받아들였다. 나는 그처럼 부정적인 반응을 전혀 예상하지 못했다. 사람들은 보통 교사의 실수를 바로잡으려 하는 자폐 아동이 교사에게 상처를 주려고 그런다고 생각하는데, 그런 생각은 옳지 않다.

그뿐만이 아니다. 학급 공통의 일에 참여하는 것은 보통 바람직하다고 여겨지기 때문에, 자폐를 지닌 아동은 자기가 잘한다고 믿는 일로 문제를 일으킬 수 있다. 예를 들어 그 아이가 고대 이집트에 흥미를 느낀다고 가정해보자. 수업 시간에 이집트 이야기가 나오면 난리가 날 것이다. 계속 손을 들고 말을 끊으면서 교사가 말한 내용을 정정하거나 다른 내용을 추가할 게 뻔하기 때문이다. 그 아이는 교과과정에서 그 내용을 (1년 내내가 아니라) 30분만 다룬다는 사실을 이해하지 못할 수 있다.

어렸을 때 나는 이집트에 완전히 사로잡혀 있었다. 몇 년 동안 내 머릿속은 그 나라의 정보와 역사, 파라오의 30개 왕조 목록으로 가득했다. 최근에 파리 거리를 거닐다가 우연히 어느 진열창 앞에 멈춰 섰다. 이집트학을 가르치는 모 사설 기관 이름을 읽으며 나는 마음이 죄어드는 것 같았다. 어린 시절 기억이 불현듯 떠올랐기 때문이다. 오래전에 나는 부모님이 불러주는 대로 학교 안내 책자를 받고 싶다는 편지를 써서 그 기관에 보냈다. 수업료가 너무 비쌌기에 등록하지는 못했다. 나는 그 기관을 다시 마주하고 충격을 느낀 것이다. 지금으로부터 몇 년 전에 리볼리 거리에서 '천문학의 집'이라는 상점을 봤을 때도 똑같은 느낌을 받았다. 그곳은 어린 내게 신화 속 공간이었다. 내가 아무에게도 말하지 않은 여러 '만남'이 있었는데, 그 시간은 자폐 아동의 개인적인 학습이 얼마나 유용한지를 그 어떤 논거보다 명확하게 말해준다. 특히 그런 학습은 그 나이대의 아동에게 쓸모없거나 터무니없게 보일 때조차, 아니 도리어 그럴 때에 더욱 유용하다.

어려운 것은 쉽게, 쉬운 것은 어렵게 배우다

아버지는 내가 사회적 관례에 익숙해지도록 훈련시키려고 자주 나를 데리고 장을 보러 갔다. 아버지가 모든 일을 다 했고 나는 그저 뒤를 졸졸 따라다니기만 했다.

어느 날 아버지는 슈퍼마켓에서 천문학을 다룬 얇은 책 한 권을 사주었다. 나는 책이 너덜너덜해질 정도로 읽었고 내용을 통째로 외웠다. 내 기억에 그날부터 천문학에 푹 빠져든 것 같다. 이후 아버지의 직장 동료가 『하늘과 우주』(*Ciel et Espace*)라는 잡지를 선물했다. 그로써 아주 오래 지속될 하나의 시기가 시작되었다. 처음 몇 달 동안 나는 잡지를 어떻게 읽어야 할지 몰랐다. 그래서 잡지를 앞표지 왼쪽 맨 윗줄부터 뒤표지 오른쪽 맨 아래에 있는 글자까지, 광고는 물론 바코드까지 죄다 외웠다. 그러고 나서야 난 외우지 않고도 잡지를 읽을 수 있다는 사실을 알았다. 한참 후에는 잡지를 처음부터가 아니라 특정 부분(예를 들어 16쪽에 있는 기사)부터 읽기 시작해도 된다는 것을 깨달았다. 끝으로, 나는 기사와 광고의 차이를 이해했다. 물론 이 과정은 아주 천천히 진행되었다.

『하늘과 우주』는 내 개성을 창조하는 도구일 뿐만 아니라 사회화 수단이기도 했다. 처음에는 간접적인 사회화였다. 애호가들이 보는 잡지에는 실존 인물 정보, 그들이 조직하는 행사, 모임과 이벤트 날짜, 애호가들의 만남 그리고 행사 이후 기사 등이 실리기 때문이다. 그런 식으로 나는 사람들이 서로 만나길 좋아하고, 구성원 안에서 통용되는 특수한 용어를 사용하며, 모든 만남은 일종의 의식을 닮았다는 사실을 알게 되었다. 그렇게 난 다른 경우였다면 무척 지루하게 여겼을 법한 사회적 관례를 간접적으로 배웠다. 저 멀리 떨어진 천체를 연구하는 천문학은 이런 식으로 지구에서 사람들을 모으는 마법을 부릴 수 있다.

천문학에 대한 흥미가 학교 공부에 도움이 되었다고 할 수 있을까? 천문학은 초등학교에서 가르치는 과목이 아니다. 학교에서 지식을 평가하는 방식은 다른 맥락에서 이루어지는 평가와 성격이 다르다고 생각한다. 초등학교 2학년이나 3학년 때 학생들은 방향과 방위, 즉 동서남북을 배운다. 시험을 치를 때 우리는 이런 질문에 답해야 했다. "태양이 절대로 보이지 않는 방향은 어디인가?" 학교에서 기대하는 답은 물론 북쪽이다. 그런데 과연 그게 정답일까? 아니다. 자정의 태양도, 남반구의 지리적 특성도 감안하지 않은 답변이기 때문이다. 하지만 이런 대답을 초등학교 2학년이나 3학년 아동이 하면 틀렸다고 간주된다. 만약 당신이 고집을 부리면 사람들은 당신이 틀렸다는 사실을 감추고자 아무 말이나 지껄인다고 믿을 것이다.

다른 예를 들어보자. 학교에서 아동은 상당히 일찍부터 복잡하다고 생각되는 단어인 '수평'과 '수직'을 접하며 배운다.

시험에서는 학생들에게 물이 반쯤 찬 유리컵을 보여주며 수면이 수평인지 수직인지 기울어져 있는지 묻는다. 거기에 뭐라고 답한단 말인가? 수면이 수평이라면 바다가 어떻게 지구를 한 바퀴 돌 수 있겠는가? 프랑스어 수업에서 여러 가지 뜻을 지니는 문장들을 포함시킨다면, 이런 질문 목록은 매우 길어진다. 그 목록은 우수한 성적과 실제 지식이 사람들의 믿음만큼 서로 긴밀하게 연관되어 있지 않다는 것을 증명한다.

수학여행이라는 지옥

'이런 상황인데 왜 학교에 갈까?' 자연스레 든 질문이었다. 선생님이 람세스 2세를 계승한 왕의 이름과 시리우스성의 밝기 등급을 모른다는 사실을 알고 경악하는 6~7세 아이가 선생님 말을 어떻게 고분고분 듣는단 말인가? 자폐를 지닌 아동은 학교가 자기에게 사회규범, 즉 북쪽과 물의 표면에 대한 거짓 진술을 참으로 만드는 법을 알려주기 위해 존재한다는 사실을 이해하기 힘들어한다. 그래서 부모는 때로 곤혹감을 느낀다. 사회규범은 학교 규정에 적혀 있지 않은 규칙들, 예를 들어 "학교는 수학이나 프랑스어를 배우는 장소일 뿐 아니라 친구를 사귀는 곳이기도 하다"라는 규칙을 덧붙인다.

어쨌거나 초등학교나 중학교에서는 내 옆에 아무도 앉으려 하지 않았다. '괴물 같은 아이' 옆에 앉아서 평판을 그르치기는 싫었던 것이다. 그런데 시간이 흘러 고등학교를 마칠 무렵에는 무슨 이유인지 내 옆에 앉으려고 다투는 친구들이 있었다. 특히 수학 시험을 치를 때….

하지만 그건 '가장 중요한' 순간이라 불리는 학교 밖 활동에 비하면 아무것도 아니었다. 초등학교 5학년 말, 그러니까 중학교에 들어가기 직전에 하루짜리 수학여행이 예정되어 있었다. 난 1년 내내 하루에도 몇 번씩 그 여행을 생각하곤 했다. 해야 할 일과 하지 말아야 할 일이 무엇인지를 두고 '공포에 질린' 채로 말이다. 여행을 간다는 생각에 들떠 있었을 다른 아이들은 상상하기 어려운 스트레스가 밀려들었다. 이런 점에서 자폐인에게 부족하다고 흔히 생각하는 타인을 이해하는 능력을, 이른바 건강하다고 판단되는 사람이라고 해서 더 많이 지니지는 않았다는 사실을 언급하고 넘어가자.

지금이야 여행을 준비할 때 인터넷을 찾아보고, 경로 정보를 미리 알아보고, 장소의 영상도 검색하지만 당시에는 인터넷이 없었을 뿐 아니라, 아동이 전문가처럼 미리 여행을 계획하도록 놔두지도 않았다. 그래서 난 무척 불안했다. 이처럼 사회적 능력이 더없이 떨어지는 자폐 아동을 본인에게 필요한 행동을 취할 여지도 주지 않고 엄청난 스트레스 상황에 노출시키는 일은 참으로 유감스럽다.

더 근본적으로 짚어보면, 학교 운동장에서 괴롭히는 아이들도 포함된 낯선 사람들과 함께 수학여행을 가는 것이 현실적으로 꼭 필요한 것인지 의문이다. 학교 행정은 그런 면에서 좀 더 유연해져야 한다. 그래야 부담이 훨씬 줄어들 것이다.

나의 옛 친구 로뮈알드 그레구아르는 기억력이 참 좋다. 그가 세상을 떠나기 직전 회고록을 출간했는데, 거기 보면 그가 수영장에 가지 않으려고 얼마나 애썼는지 알 수 있다. 그에게 수영장이란 머리 위를 떠다니는 먹구름처럼 큰 걱정거리였다. 그런 문제는 간단히 해결할 수 있을 텐데, 안타깝게도 사람들은 고통의 '탓'을 다른 사람, 특히 장애인에게 습관적으로 돌린다. 이는 일부 경영자가 자기만의 기질과 경영방식으로 직원들을 압박하면서 직원들이 나약해서 그런 것이라고 주장하는 것과 비슷한 일이다. 사람들은 수영장이나 수학여행을 기피하는 아이가 이상하다고, 불안증이 있으니 치료를 받아야 한다고, 약을 먹어야 한다고 말할 것이다. 약이 어떤 영향을 미칠지는 전혀 고려하지 않고 말이다.

불안할 땐 나만의 은신처로

어린 시절에 분노발작을 일으키거나 극심한 불안감에 사로잡힐 때면 나는 나만의 내적 세계로 빠져들곤 했다. 부모님이 다음 날 계획을 바꾸기라도 하면 나는 내가 가장 좋아하는 장소 중 하나인 침대 밑 가려진 한구석에서 꼼짝하지 않은 채 몇 시간 동안 머물러 있곤 했다. 거기서는 시끄러운 소리가 나지 않고 빛도 잘 들어오지 않아서 보호받는다는 느낌이다. 얼마나 많은 시간을 그런 장소에서 보냈는지 모른다! 파격적인 생각일지 모르지만, 그런 용도로 쓰도록 일정 장소를 마련하는 것도 좋아보인다. 최근에 나는 몇몇 아파트를 방문했는데, 거기 사는 부모들은 자폐 아동을 위해 조용한 장소를 하나씩 정해두었다. 참 훌륭한 생각이라고 본다. 내가 어렸을 때도 이런 방법이 알려졌으면 좋았을 텐데….

은신처는 내 어린 시절의 일부였다. 비좁은 장소면 어디든 좋았다. 은신처가 아니더라도 운동장 구석이나 화장실에 가는 것을 좋아했기에, 난 그런 곳에 한참 동안 머물곤 했다.

은신처 혹은 도피처에 있으면 평온해진다. 그런 곳은 대체로 소음과 빛의 영향을 덜 받는다. 그래서 닫혀 있는 옷장만큼 좋은 은신처는 없다. 고요하면서도 보호받는다는 느낌이다. 좁다 보니 사방에서 신체적인 접촉이 이루어지기 때문에 더욱 안정감을 느낀다. 또 은신처에서는 조용히 책을 읽기도 좋다. 학교 운동장 구석이나 화장실에서 누군가에게 쫓겨나기 전까지 몇 시간 동안 책을 읽을 수 있다. 욕조도 괜찮다. 물론 물이 담겨 있지 않아야겠지만. 단지 나만 느낀 것이 아닌, 자폐 아동의 도피처에 대한 갈망을 사회가 고려해줄 수 있으면 좋을 텐데, 참 아쉽다. 몹시 시끄러운 학급 안에서 더는 견딜 수 없을 때, 단 몇 분 만이라도 벽장 안에 몸을 피할 수 있다면 상황은 크게 달라질 것이다. 아이를 벽장에 가두는 건 비인간적인 처벌이라고 주장하는 글을 읽을 때마다 나는 크게 놀란다. 내겐 무척 행복한 순간이었기 때문이다.

자폐인에게 가장 큰 불안을 안겨주는 요인은 뭐니 뭐니 해도 예정된 일에 변화가 생기는 상황이다. 만약 누가 10시에 끝난다고 말했는데 선생님이 10시 2분에도 계속 말하고 있다면 자폐를 지닌 사람은 엄청나게 불안해진다. 이는 두 가지 규칙이 상충하는 상황이기도 하다. 한편으로는 10시에 교실에서 나와야 한다고 들었고, 다른 한편으로는 교사가 권위를 앞세워 교실에 남아 있으라고 명령(직접 그렇게 말한 것이 아니라 간접적인 방식이기는 하지만)하고 있다. 교사가 몇 시에 수업을 마칠지 어떻게 알 수 있겠는가? 여느 아이들은 어투나 표현 방식으로 미루어 수업이 끝날 때가 다가옴을 짐작할지 모른다. 만약 그런 것을 느끼지 못하더라도 교사가 10시 2분에도 여전히 말하다가 10시 3분에 멈추든, 11시 45분까지 계속 말하든 심리적인 면에서는 별다른 차이가 없다.

부모가 당신에게 내일 이런저런 장소를 방문할 거라고 말했는데, 결국 가지 않았다고 가정해보자. 부모에게는 더없이 자연스런 일이다. 어제는 거기 가고 싶었지만 당일이 되자 생각이 바뀌었거나 비가 오기 때문이다. 이는 단지 계획을 조정하는 것일 뿐이라 굳이 설명할 필요도 없다. 하지만 자폐를 지닌 아동에게 그런 일은 엄청나게 큰 불안감을 준다. 내 부모는 이해심이 많았지만 동시에 나를 끊임없이 압박하면서 어떻게든 앞으로 나아가도록 부추겼다. 그들이 들인 노력에 비해 보답은 미미했다. 하지만 부모에게는 선택의 여지가 없다.

별걸 다 챙겨야 안심이 돼

상급학교에 올라갈수록 장애 아동의 수는 피라미드 형태를 보인다. 저학년에는 장애 학생이 상당수 있지만 고학년으로 갈수록 줄어든다. 그 과정에서 장애 학생들의 장래에 대한 현실적인 고민은 찾아보기 어렵다. 중학교에서는 이러한 '실종'이 더욱 자주 일어난다. 내가 보기에 자폐 아동의 잠재력이 완전히 드러나는 시기는 바로 중학교 시절이다.

긍정적이든 부정적이든, 중학교는 초등학교와 비교했을 때 눈에 띄게 드러나는 특징이 있다. 먼저 모든 면에서 흥미롭다. 초등학교에서 배우는 내용은 지나치게 단순해서 흥미가 없지만 중학교의 어떤 수업, 특히 3~4학년에서는 열정의 불꽃이 피어오를 만한 주제를 다룬다. 교사들도 전문 지식을 가졌다. 만약 자기가 무척 좋아하는 분야에 대해 교사들과 이야기하기 시작하고 거기에 운이 조금 따른다면, 사회화 노력에는 좋은 반응이라는 보상이 주어진다. 나는 3학년 때 수업을 마치고 교실에 남아서 물리화학 선생님과 이야기했던 적이 있었다. 선생님은 내게 교과과정을 넘어서는 내용까지 공부해보자고 권했다. 비록 난 그 제안을 받아들이지 않았으나, 그분이 적어도 나와 교감할 줄 안다는 것은 분명했다.

물론 중학교에 진학하면 힘든 점도 많다. 계획해야 할 일이 훨씬 늘어난다. 일단 수업 시간표를 자기가 관리해야 한다[16] 즉, 손목시계를 사용할 줄 알아야 한다. 이는 우스갯소리가 아니다. 기술과 이론에 해박하다 해도, 자폐를 지닌 학생은 디지털시계보다 바늘 달린 시계를 더 친근하게 느낄 수 있다. 따라

16 프랑스에서는 중학교부터 과목에 따라서 학생이 교실을 찾아 이동해야 한다.

서 여러 종류의 시계를 시험해보고 자기에게 알맞은 것을 찾아내야 한다. 또 시간이 흐른다는 개념을 지녀야 한다. 그리고 적절한 행동을 정해서 마음속에 새겨두거나 종이에 적어놓아야 한다.

예를 들면 이런 것들이다. 수업이 8시 10분에 있다면 몇 시에 집에서 문을 닫고 나가야 할까? 몇 시에 양치질을 해야 할까? 필요한 물건이 가방에 들어 있는지 몇 시에 몇 번이나 확인해야 할까? 필요한 물건은 뭐지? 정해진 교과서와 공책 외에도 귀마개나 간식, 우산, 우산이 바람 때문에 망가질 경우를 대비한 보조 우산, 학교에서 정전이 되었을 경우를 대비한 손전등, 화재 대피용 노끈, 집 근처 원자력발전소에서 방사능이 누출되었다는 사실을 알려줄 가이거계수기 등은 어느 정도 얼마나 필요할까? 아무것도 챙기지 않은 상태에서 학교에 늦게 도착하면서도 태평하게 앉아 있는 열등생의 태도는 자폐인에게는 '넘사벽'으로 느껴진다. 나쁜 짓을 하다 들키면 어느 정도까지 스트레스를 견디는 법을 배워야 할까? 이 모든 질문에 답하려면 몇 년이 걸릴 것이다. 더욱이 이 질문들에 대한 진정한 해답은 아마도 학교를 그만두어야만 발견할 수 있다. 독일 신성로마제국의 왕위 계승 분쟁이 결국 해당 주역들의 자연사와 함께 종결된 것처럼 말이다.

중학교의 또 다른 문제는 학급 학생들이다. 아이들은 유아학교에서 격동적인 시기를 겪은 뒤 초등학교에서는 어느 정도 차분해진다. 하지만 중학교에 진학하면 다시 폭력성을 띤다. 따라서 어떤 상황이 발생했을 때 긴장감은 더욱 고조된다. 유아학교와 초등학교에서는 누군가를 때려도 심각한 부상을 입는 경우가 드물다. 하지만 중학교에서는 부상을 입히거나 흔적을 남기려고 누군가를 때리는 학생들도 있다. 폭력은 전보다 드물지만 타격 정도는 훨씬 크다. 학교 안에서, 또는 학교를 나서면서 폭력배 무리를 맞닥뜨릴 수도 있다. 학교 바로 앞길이나 주변의 몇몇 거리는 두려운 장소로 자주 돌변한다. '좋은' 학교 주변이라고 다를 건 없다. 이와 관련해서 나는 전에 만났던 불길한 인물, 곧 가혹한 고문자였던 학생의 이름을 들으며 미소 짓곤 한다. 그들은 지금 넥타이를 메고 기업에서 이른바 중요한 책무를 담당하며, 어쩌면 예전보다 조금 더 세련되고 정당한 방식으로 똑같은 공포 분위기를 조성하고 있을지 모른다.

문제가 되는 것은 단지 신체 폭력만이 아니다. 언어 폭력은 더 큰 흔적을 남길 수 있다. 일부 주장에 따르면, 언어폭력은 욕설이나 위협으로 이루어진다. 그러므로 그와 같은 말 사용을 금지해서 문제를 해결하려고 시도한다. 하지만 나는 '특정 단어 사용 금지'라는 흔한 방식에 반대한다. 자폐인이나 비(非)자폐인에 대한 언어폭력이 특정 단어로만 가해지는 것은 아니기 때문이다. 어렸을 때 내게 부모님의 친구 집에서 점심 식사를 하자는 제안은 욕보다 훨씬 심한 언어폭력이었다(도리어 나는 욕설을 들으면 재미있다고 느낀다). 이런 상황에서 남들과 '다른' 사람에게 가하는 언어폭력을 막기 위해 특정 단어를 일상에서 제거하겠다는 시도는, 확실히 좋은 의도에서 나왔으나 결국 실패할 뿐 아니라 생활을 속박할 위험마저 있다. 도리어 자·페인에게 그런 말을 들었을 때 잘 대응할 수 있는 사회적 능력을 길러주는 게 더 중요하다고 생각한다.

청소년기에 쓰는 특정 단어에는 '배제하는 힘'이 담겨 있다. 그 단어를 쓰지 않으면 완전히 배제되는 것이다. 만약 다른 아이들과 똑같은 관심사를 지니지 않았다면, 아는 영화배우가 하나도 없다면, 영화관에 가지 않는다면, 아이들과 접촉하기 어렵다. 유행하는 상표의 옷을 입지 않아도 마찬가지다. 더 악질적인 것은(내가 가장 이해하기 어려운 점이기도 하다) 어딘가에 소속되기 위해 새로운 능력을 얻어야 할 뿐 아니라, 일부 능력을 '제거'해야 할 때도 있다는 사실이다. 문법 규칙이 더는 사용되지 않기도 한다. 무리 안에서 이야기를 나눌 때 단어와 문장이 간략해지고, 어조는 강해진다. 그러니 무슨 대화가 오가는지 이해하기 어렵다.

안타깝게도 경멸감을 나타내거나 그런 의도를 지닌 전략은 더욱 정교해진다. 청소년은 당신에게 관심을 갖는 척하면서 동시에 함정을 판다. 당신을 비하해서 웃음거리로 만들려는 의도다. 예를 들어 누군가 자폐증을 지닌 청소년이 푹 빠져 있는 분야에 관심을 갖는 척하지만, 그것은 오로지 그 청소년이 착색 석판 인쇄술이나 중국 명나라의 역사에 대해 신이 나서 혼자 떠드는 모습을 보며 놀리기 위해서일 수 있다.

그런 똑같은 상황을 반복해서 겪다보면 의심이 많아지고

심지어 피해망상을 보일 수도 있다. 누군가 내게 친절히 대하고 인사할 때마다 그런 행동의 이면에 나를 조종하려는 의도나 속셈은 없는지 의심하게 된다.

나는 중학교 때 이상행동을 자주 보였다. 그중 하나는 결석이었다. 중학교 1~2학년 때에는 등교 시간을 잘 지키고 열심히 출석했지만 3학년에 되면서 초등학교 4학년 때처럼 학교에 거의 가지 않았다. 두 달 동안 등교를 안 하다가 한두 주 출석하고 다시 결석하는 식이었다. 선생님들은 내가 결석해도 그럭저럭 용납해주었는데, 그렇게 하더라도 수업을 충분히 따라갔기 때문이었다. 선생님들은 내가 가끔 누나가 배우는 과정의 문제를 푼다는 걸 알았고, 부모님과 말없는 타협을 했다. 당시 내가 결석한 이유는 중학교라는 힘겨운 환경에서 완전히 무너지지 않기 위한 최후 수단이었다. 하지만 내가 침대에 누워서 빈둥거린 것은 아니었다. 나는 마음에 드는 책들을 찾아 읽었다. 조금 더 자세히 말하자면, 멋쩍은 순간도 있었다. 아팠어야 할 내가 커다란 가방을 몇 개씩 짊어지고 도서관에 들어가다가 선생님들과 마주치곤 한 것이다. 많은 사람에게 질병이란 눈에 보이는 신체적 이상과 동의어다. 하지만 내가 처한 환경에서 질병이란 과연 무엇을 뜻할까?

나의 또 다른 이상행동은, 독자가 이해하기 더 어려울지도 모른다. 중학교 1학년과 2학년 때 나는 삼각법에 대한 일종의 엉뚱한 욕망 또는 열정에 사로잡혔다. 그래서 쥘 베른(프랑스 소설가)의 작품에 나오는 별난 등장인물들이 사용한 도구와 비슷한 것을 직접 만들었다. 그것들만 있으면 학교 운동장에서 건물의 수치를 측정할 수 있었다. 나는 건물 높이를 측정한 다음 각 층의 높이를 계산하면서 쉬는 시간을 보냈다. 몇몇 학교 감독인과 학생들은 그런 나를 걱정했다. 내게 뭔가를 질문했다가 코사인과 다른 탄젠트값을 말하는 걸 듣고 그들은 아마도 내 말이 정신착란에서 나왔다고 확신했을지 모른다. 이는 시작에 불과했다.

“수학자가 되고 싶어”

시간이 흐르면서 중학교 책임자들의 표정은 심각해지면서 이제 우리가 다 컸다는 사실을 깨닫게 한다. 이 ‘다 컸다’라는 말은 내게 항상 의구심을 불러일으켰다. 이미 초등학교 1학년 때 우리더러 그렇게 말하지 않았던가? 어쨌거나 이제 고등학교에 진학할 것이다. 리세(lycée, 고등학교)라는 단어를 들으면 나는 그리스신화에서 늑대인간이 된 리카온(lycaon)을 떠올린다. 둘은 모두 시작이 평범하지 않았으니까.

부모님이 오래 협상한 결과로 나는 학생과 부모가 대부분 서로 아는 사이인 소규모 사립 고등학교를 다닐 수 있었다. 선생님들은 내 누나가 학업을 성공적으로 마쳤다는 사실을 기억하고 있었으며, 덕분에 상황은 순조롭게 흘러갔다.

나는 학교에 다니면서 몇 가지 측면에서 모범이 되었다. 일단 시간을 잘 지켰다. 난 첫 수업이 시작되기 한 시간 전에 이미 학교 정문에 도착하곤 했다. 그리고 절대로 결석하지 않았다. 준비물도 항상 잘 챙겼다. 하지만 다른 면에서는 여전히 문제아였다. 집에서 해야 하는 연습문제는 단 한 줄만 적었다. 정답 이외의 풀이과정을 적는 일이 드물었다. 물론 내가 보기에는 다 끝낸 것이었다. 글씨체는 여전히 괴발개발이라 읽기 힘들었으며 관심사도 고리타분했다.

이따금 나는 무언가 특이한 일이 벌어지고 있다는 느낌을 받았다. 당시에는 상당히 불쾌하게 느껴졌지만, 지금 그 순간을 다시 떠올리면 감동을 느낀다. 고등학교 3학년 때 최소한 두 명의 교사, 즉 수학과 물리학 선생님은 계산이 지나치게 복잡해서 칠판에 적다가 헷갈릴 때면 돌아서서 내 이름을 부르며 분필을 건넸다. 내가 나설 차례였던 것이다.

심적으로 어려운 몇몇 시기를 겪은 후에 나는 바칼로레아[17]를 통과했다. 내게는 단지 강을 건너기 위한 작은 배 같은, 혹은 모래를 담아둔 통 같은 시험일 뿐이었다.[18] 시험 자체는 별로 걱정되지 않았지만, 흥미롭게도 '시험'(épreuve)[19]이라 부르는 그것을 치르러 가면서 나는 지하철을 타는 문제 때문에 무척 불안했다. 결국 나는 어벙한 상태로 전쟁터에 나서듯 시험

17 프랑스의 후기 중등교육 종료를 증명하는 동시에 대학 입학 자격도 부여하는 국가시험이다.

18 바칼로레아를 일컫는 준말 '바크bac'는 '작은 배' 또는 '통'을 뜻하기도 한다.

19 이 단어에는 고난, 시련이라는 뜻도 있다.

장에 갔다.

시험 결과가 발표되는 날, 많은 사람의 예상과 다른 결과가 나왔다. 내 이름은 대다수 학생의 이름이 적힌 목록이 아니라 다른 종이, 그러니까 '매우 우수'(mention très bien)에 해당하는 목록에 있었다. 하지만 내게는 상당히 슬픈 날이었다. 세상이 무너지는 날, 나의 직업 계획이 끝장나는 날, 선생님과 학급 친구들에게 완전히 이별을 고하는 날이었기 때문이다. 고등학교를 마칠 무렵 몇 달 동안 나는 몇몇 학생과 당시에 사용하던 프로그래밍이 가능한 '계산기 전쟁'을 둘러싸고 우스갯소리를 주고받는 사이가 되었다. 또 나중에야 깨달았지만 졸업하면서 지속적인 학습을 통한 '표준화'와도 이별을 고해야 했다. 어쩌면 그날, 나의 옛 수학 선생님이 될 인물을 비롯해 몇몇 사람들을 마지막으로 보면서 상황이 나쁘더라도 성공할 가능성을 믿는다는, 정말 터무니없는 생각을 했던 것 같다. 학교가 가르치는 약속이 현실로 이루어질 수 있다고 하는 무모한 생각이었다. 이어진 상황은 그와 달리 전개되었고(어찌 보면 다행스러운 일이기도 하다) 나는 그로부터 많은 것을 배울 수 있었다.

나는 수학자가 되고 싶었다. 수준 낮은 말장난을 하려는 건 아니지만, 수학은 내가 문제에 가장 적게 노출되는 과목이었기 때문이다. 난 수학 문제만큼은 술술 풀었다. 복습할 필요도 없었고, 복습하겠다고 마음먹을 필요도 없었다. 그리고 시험을 치르는 동안 무척 행복했다. 생각해보라. 4시간 동안 시험을 봐야 하는데, 일찍 끝내면 계산기와 오랜 친구인 워드프로세서를 만지작거리며 보낼 시간이 3시간이나 남는다. 그러니 행복할 수밖에 없지 않은가?

그런데 누나 때문에 상황이 예기치 못하게 바뀌었다. 내가 바칼로레아를 치른 뒤 누나는 당시 최첨단 도구인 통신서비스 단말기 미니텔(Minitel)을 이용해서 나를 파리 정치대학, 흔히 '시앙스포'(Sciences Po)라고 부르는 학교에 등록시켰다. 너무도 이상한 학교였기에, 독자들은 괴롭겠지만, 그 '이상한 학교'에 대해서 적어도 한 장을 할애하려 한다. 누나가 부모님에게 오랫동안 해명한 끝에 결국 1999년, 여러 가지 상징적인 의미를 지닌 그해 여름의 어느 날, 그 학교는 나를 집어삼켰다. 그것도 아주 오랫동안.

2장

규칙은 어디까지 규칙이지?

누가 나를 속인다는 생각이 들면 때 결코 이해할 수 없고 복잡 미묘한 감정을 느낀다. 내게 이런 감정을 불러일으키는 기이한 현상이 하나 있다. 사람들은 내가 말할 때 흥미로운 반응을 보인다. 어떤 사람은 내 말을 경청하고 다른 사람들은 무슨 이유에선지 내 말을 건성으로 흘려버린다. 그런데 대화 도중에 내가 시앙스포 출신이라는 사실을 슬쩍 흘리면 사람들은 깜짝 놀라며 마법이라도 걸린 듯 태도를 바꾼다. 나는 그 이유가 늘 궁금했다. 내가 이런저런 학교를 나왔다는 사실 때문에 내 말이 별안간 흥미로워질 수 있는 것일까? 어째서 내 과거가 지금 말하는 내용보다 더 중요할까?

학교 졸업장이 왜 중요할까?

특정한 문화에 둘러싸여 있으면 그 환경이 지니는 임의적인 측면을 또렷하게 느끼지 못한다. 이곳에서 경외감이 드는 어떤 기관의 이름을 다른 곳에서는 전혀 모른다. 꼭 멀리 떨어진 곳에서만 그런 것도 아니다. 파리에서 기차로 고작 한 시간 거리의 작은 마을에서는 시앙스포를 모를 수 있다. 그래도 사람들은 별문제 없이 잘만 지낸다. 또 많은 나라에서는 프랑스의 명문 이공과 대학인 폴리테크니크(Polytechnique)가 스위스의 취리히 연방 공과대학교(Ecole polytechnique fédérale de Zurich)를 일컫는 명칭으로 쓰인다.

어쩌면 내가 가진 자폐증 때문에 사람들이 더 큰 이질감을 느낄 수도 있다. 나는 내가 정말로 시앙스포를 나왔다고 확신하기 힘들다. 과거의 기억이 늘 떠오르는 것은 아니다. 최근에 리모델링해서 내가 앉았던 의자를 알아볼 수 없고, 내가 항상 앉던 자리가 사라진 계단식 강당 사진을 보면서 어떻게 지난 체험을 쉽게 상기할 수 있겠는가?

난 '시앙스포'라는 이름을 익히는 데만 몇 년 걸렸다. 난 그 학교의 정식 명칭인 정치대학(IEP, Institut d'études politiques)에서 공부했을 뿐 '시앙스포'에서 공부한 건 아니라고 생각한다. 원래 이름이었던 '정치학 자유 학교'(École libre des sciences politiques)에 대한 향수를 간직한 명칭인 IEP가 먼저 떠오른다. '자유로운'(libre)이라는 형용사는 중부유럽의 대학들이 전성기를 누리기에 앞서 독일적인 영감을 받아 갓 탄생한 전공과목인 정치학에서 요구되는 '창조성, 비제도성, 공상의 힘'을 나타내는 표시다.

가장 심한 간극은 이름이나 장소가 아니라 사회적인 틀이라는 측면에서 확인된다. 명문 교육기관에서 가장 중요하다는 '주소록', 비유적인 의미로 '인맥'은 대체 무엇을 뜻할까? 오늘날에는 '네트워크'라고 불리는 그것을 구축하고 적극 활용해야 한다. 그런데 시앙스포에서 보낸 몇 년 동안 나는 아무런 네트워크도 구축하지 못했다. 동아리나 모임에도 전혀 발을 들이지 않았다. 내 이름은 동창회 온라인 주소록에 나오지 않는다. 그랬기에 최근 어떤 사람들은 내가 시앙스포에 다닌 적이 없으며 모든 게 다 꾸며낸 말이라고 비난했다. 나는 그런 현상이 흥미롭다고 생각한다. 학교 졸업 여부에 따라 뭐가 달라진단 말인가? 나라면 독학한 사람을 더 높이 평가할 것이다. 거창한 문구가 적힌 종이에 불과한 졸업장 한 장의 유무로 대체 뭐가 달라지는가?

사회적 특권층이라는 표식이 어디에서 나오는지 나는 스스로 묻곤 했다. 형태는 여럿일지라도 그 의지에는 공통적인 메커니즘이 있다. 프랑스에서는 학벌로 사람을 정의하고 독일에서는 전공한 학과로 사람을 평가한다. 프랑스에서 '모 학교 졸업생'으로 불린다면, 독일에서는 '문헌학자'나 '로마법 학자' 등으로 불린다. 독일 모델에도 결점이 있기는 하지만, 적어도 특정 지식의 유무가 관건이 된다. 언어에는 서열이 담겨 있다. 프랑스의 최고 고등 교육기관인 그랑제콜은 말 그대로 크기가 압도적인(grand) 건물이 아니라 매우 부러워할 만한 무언가를 뜻한다. 또한 프랑스의 고등 사범학교를 다녔다는 사실은 우쭐할 만한 자긍심을 준다(내가 열심히 찾아봤지만 '하등 사범학교'는 존재하지 않는다).

내가 가진 두 개의 학위, 정치학 석사와 철학박사를 둘러싸고 벌어지는 사회적 게임이 가끔은 재미있게 느껴진다. 독일에서는 시앙스포를 알아주지 않는다. 심지어 무슨 말인지 모른다. 누군가 그걸 거북하게 여기며 설명하려 하면, 아니 그토록 이상한 분류 항목을 '해명'하려 하면 프랑스인에 대한 은근한 비웃음이 대답으로 돌아온다.

반면 독일에서는 프랑스와 달리 기차표나 비행기표에 '모 박사님'(Monsieur le Docteur)이라고 적혀 있다. 독일에서 발송하는 우편물 봉투에도 마찬가지다. 프랑스 사람들은 그걸 보고 나더러 대체 왜 의학 공부를 하기로 결정했느냐고 묻기도 했다.[20] 나는 그 재미난 일화들이 안타깝게도 사람들의 삶에 엄청난 영향을 미친다는 사실을 서서히 이해하게 된 것 같다. 이는 자폐인에게는 오랜 여정이고 매우 긴 학습 과정이다. 그리고 이것은 자폐인이 비자폐인이 지닌 무엇을 습득해야 하는지 더는 모르겠다는 느낌으로 이어진다.

날마다 만나는 새 난관

시앙스포는 사회를 확대하여 비추는 훌륭한 거울이다. 내가 세상 물정을 전혀 모르던 시기에 별안간 그 거울을 맞닥뜨렸다. 나는 비극적이라 할 만한 방식으로 '궁중'(cour)에 입성하는 순간을 경험했다. 시간이 지나 조금 거리를 두고 생각해보니 희비극적인 방식이었다고 생각된다. 프랑스어로 '쿠르'(cour)라는 단어가 지닌 여러 뜻만큼이나 상반되고 터무니없다는 느낌이다. 그 단어는 가금을 기르는 사육장(basse-cour), 범죄자를 재판하는 고등법원(Haute-cour) 철자에도 포함된다. 또한 군주의 총애에 따라 단어의 범주가 달라질 수 있는 양 어떤 때에는 쿠르가 범죄자를, 어떤 때는 궁중에서 신하들이 있는 장소를 뜻하기도 한다.

20 docteur는 '박사'와 '의사'라는 뜻을 모두 지닌다.

시앙스포에 도착한 첫날, 나는 그곳이 어떤 곳인지 거기서 무슨 일이 벌어질지 전혀 몰랐다. 그저 학교 이름에 들어 있는 '정치'라는 단어를 보고 구소련에서 정부 인력을 양성하려고 설립한 국립대학교를 떠올렸을 뿐이다. 물론 그렇게 생각한 사람은 나 하나뿐이었을 것이다. 학교에서 소외당하지 않으려면 그런 내색을 해서는 안 되지만, 내가 원하든 원치 않든 그 생각은 내가 매사를 바라보는 관점에 영향을 미쳤다.

나는 그날 아침 매우 일찍, 그러니까 적어도 소집 두 시간 전에 도착했다. 얼마나 일찍 가야 할지 몰랐기 때문이다. 그래서 컴컴한 새벽 거리에서 혼자 닫힌 문 앞에 있다는 사실에 놀랐고, 장소와 시간을 착각한 것은 아닌지 불안해하며 기다렸다. 나는 쥘 베른이 묘사할 법한 행성 간 여행이라도 떠나는 듯이, 어떤 상황에도 대처할 수 있도록 보조 식량부터 화장지에 이르기까지 온갖 잡다한 것들이 담긴 큰가방을 짊어지고 있었다.

결국 문이 열렸다. 정확히는 모르겠으나 그날 아침에 아마 150명쯤 모였던 것 같다. 나는 몇 분 만에 따귀를 얻어맞은 기분이었다. 학생들은 각기 다른 지역에서 왔기에 서로 모르는 상황인데도 5분 만에 무리를 이룬 것이다. 다섯 명에서 열 명 정도가 모여서 이야기를 나누었다. 그리고 당연히 나는 혼자 있는 몇 사람 중 하나였다. 학교를 다니는 내내 겪었던 일이라 별로 놀라지는 않았다. 일종의 저주가 다시 펼쳐지고 있었다. 나는 그 저주를 체념하며 받아들일 수밖에 없었다.

뒤이어 엄숙한 행사가 진행되었다. 거창한 직위를 지니고 모두가 떠받드는 지도교수 두 사람이 몇 마디를 했다. 내가 이 글을 쓰는 지금, 두 교수가 모두 저세상 사람이라는 사실은 여러 가지를 생각하게 한다(한 명은 프랑스의 관용표현대로 '더없이 호사스런 죽음'을 맞았고, 다른 한 명은 사생활에 대한 소문이 무성한 가운데 세상을 떠났다).

뒤이어 작은 살롱에서 첫 수업이 이루어졌다. 목재 장식에 대리석 벽난로가 있으며, 기품 있게 보이도록 오래된 건축 양식을 본떠서 지은 곳이었다. 교수는 출석을 부르기 시작했다. 지금도 그러는지 모르겠지만, 당시 시앙스포 입학 서류에는 부모님의 이름뿐 아니라 무슨 훈장을 받았는지 적는 항목이 있었다. 따라서 다음과 같은 대화가 오고갔다.

"피에르 S., 아버지가 무얼 하시나?"

"공군 장성이십니다."

"훌륭하군. 다음, 에두아르 기구… 기구? 어디서 들어본 이름인데…."

"네, 그러실 겁니다."

"그래, 좋아."

그러다 조금 후에 잘 돌아가던 기계가 삐걱거린다.

"스케… 스코… 스쿤슈…."

이 말을 듣고 나는 그게 나라는 사실을 깨닫는다.

"아버지 직업은?"

"실업자요."

시작은 혹독했다.

다른 수업들도 비슷했다. 나는 그 환경에 적응을 잘 못했지만, 어떻게 보면 그곳에서 새로운 것을 발견했다. '발견'이라는 말이 지닌 넓은 뜻에서 말이다. 지금에서야 웃지만 당시에는 그럴 여유가 없었고 여유를 누릴 생각도 감히 하지 못했다. 입학하기 전에 나는 열심히 노력하겠다고 스스로 약속했다. 하지만 허사였다. 고등학교에서는 부담스러운 나의 과거 때문에 '배제'되었다고 생각할 수 있었지만, 그곳에서 완전히 낯선 사람들과 마주하고 이전과 똑같은 시나리오가 반복되자 망치로 머리를 한 대 얻어맞은 느낌이 들었다. 덧붙여 말하자면 내가 시앙스포에 가면서 얼마나 긴장했는지, 학교 운동장에 기요틴[21]이 놓여 있었다 해도 놀라지 않았을 것이다.

뜻밖의 난관들이 전혀 예상치 못한 곳에서 나를 기다리고 있었다. 일단 만났을 때 인사할 줄 알아야 한다는 시험이 있었다. 내게는 특히 힘든 일이었다. 인사법도 결코 만만하지 않았다. 다른 문화권에서 인사하는 방식을 예로 들면, 전통적인 중국 사회에서는 각각의 인사말에 걸맞은 행동 방식을 알아야 하는데 이는 여간 어려운 일이 아니다. 그리고 내게는 일상적인 인사가 그처럼 어렵게 느껴진다. 또 인사 의식을 행하면서 갖는 자신감의 문제도 있다. 그런 의식을 부정확한 방식으로

21 프랑스 혁명 때 기요탱(Guillotin, J. I.)이 발명한 사형 집행 기구

행한다고 믿으면 그 여파가 심리적인 측면을 넘어서 매우 크게 작동한다. 게다가 인사에도 여러 형태가 있다는 사실이 문제가 될 수 있음은 두말할 필요도 없다. 모두와 똑같은 방식으로 인사해야 할까? 만약 어떤 친구가 걸어오면, 어느 정도 떨어졌을 때 그 의식을 시작해야 할까? 그날 저녁에 그 친구를 다시 만나면, 또다시 인사를 해야 할까? 그리고 근본적으로 이런 것이 대체 무슨 쓸모가 있는가? 모두 내가 답할 수 없으면서 나를 주눅 들게 하는 까다로운 질문들이었다.

나는 곧 새로운 난관에 맞부닥뜨렸다. 나는 신체적으로, 시각적으로, 문화적으로, 하다 못해 들고 있는 가방이나 머리 모양에 이르기까지 다른 학생들과는 다른 세계에 속한다고 느꼈다. 모든 사항이 반드시 자폐증과 연관된 것은 아니다. 자폐인들 중 상당수는 자존감이 낮다. 나도 내가 열등하다는 느낌, 아무런 가치도 없는 사람이라는 느낌을 받았다. 어떤 어른 자폐인은 누가 무슨 질문을 해도 이렇게 답한다. “나한테 질문하지 마세요. 나는 모자란 사람이라 제대로 답할 수 없으니까요.” 이렇게 말한 사람은 지역의 체스 챔피언이었다.

생소한 분야에 대한 강력한 호기심

사람들은 자폐인의 자존감을 높이기 위해서 여러 일을 시행해야 한다고 말한다. 옳은 말이다. 하지만 나를 비롯한 많은 사람이 겪는 문제는 꽤나 복합적이다. 대학에 다닐 당시 나는 낮은 자존감과 과거에 겪었던 1등 증후군, 열등생의 마음가짐

이 뒤섞인 기이한 심리 상태였다. 이럴 때 바로 아래 점수를 받은 학생보다 훨씬 좋은 점수를 받으면 큰 충격을 받는다. 이는 내가 이상하다는 사실, 무언가 잘못되었다는 사실을 뜻하기 때문이다. 고등학교 때 학급 친구 한 명은 수업도 열심히 듣고 시험 전날 늦게까지 공부했는데도 수학 시험에서 13점 혹은 14점을 받았다(만점은 20점이었다). 나는 복습도, 시험 준비도 전혀 하지 않았고 시험을 몇 분 만에 해치웠는데도 19점 이상을 받았다.

이런 사실을 마주하면서 내가 무슨 생각을 할 수 있었겠는가? 나를 도우려는 혹은 나를 해하려는 음모가 있다고? 그저 우연이라고? 우연이라는 가설도 한두 번을 넘기면 성립하지 않는 법이다. 그러고 나면 남는 것은 내가 별난 사람이라는 느낌뿐이다. 이런 경우에는 어떤 해답도 찾기 어렵고 행동에 대한 조언을 구할 수도 없다. 그렇다면 점수로 '보상'해야 할까? 다시 말해 일부러 오답을 적어야 할까? 점수에 합당한 정당성을 부여하기 위해 복습하는 척이라도 해야 할까? 시험을 치르는 도중 문제가 무척 어려운 것처럼 가장하고, 마지막 순간까지 기다렸다가 한숨을 내쉬면서 답안지를 제출해야 할까?

나는 이 세 가지 전략을 모두 시도해보았다. 대학에서도 시험을 본 뒤 "내년에는 더 잘해야겠어"라고 한다. 어떤 때는 시험지를 받고 나서 문제가 얼마나 어려운지 티를 내려고 한숨을 내쉰다. 나를 아는 학우들은 이 모습을 보는 게 재미있는지 내가 그런 연기를 다시 하게끔 부추긴다. 물론 15년쯤 전에 나는 그런 작은 수법들을 몰랐다. 지금도 학교 밖에서 누가 내게 질문하고 내가 그 답을 알고 있으면, 나는 무척 불편하다. 답을 말하는 게 옳은 일일까? 다른 사람들은 모르는데 내가 알고 있는 게 정상일까? 자폐증을 지닌 한 친구는 자신의 말이 야기할 사회적 영향을 전혀 인식하지 못하고 어느 심리학자에게 이런 말을 했다. "학교에서 공부한 사람은 어느 분야에서나 교양이 풍부한 줄 알았는데, 아니네요." 그 심리학자는 자기 분야에서는 확실히 뛰어났지만 비행기 엔진의 상표나 벨리즈의 수도를 몰랐던 것이다.

그런 복잡한 사정을 감안했을 때, 시앙스포에 입학한 후 처음 몇 달은 아이러니하게도 얼마간 마음이 놓인 시기였다. 수강한 과목들은 고등학교에서 배운 것들이나 평소 나의 관심사와 완전히 달랐고, 내가 전혀 모르는 분야였다. 또한 이번에도 나는 입시 준비반을 거치지 않았기에 학급에서 가장 어린 학생이었기 때문이다. 하지만 다른 난처한 상황들, 그러니까 풀어야 할 다른 사회적 방정식들이 그 자리를 대신했다.

아주 간단한 사회화 과정도 무척 버겁다

가장 거북했던 순간들을 거론할 차례다. 학생들은 수업이 끝난 뒤(신랄한 사람은 이것도 수업의 연장이라고 하겠지만) 작은 식당 혹은 카페에서 만나곤 했다. 하지만 난 식당과 카페가 어떻게 다른지는 모른다. 지금과 마찬가지로 그때 난 식당에 혼자 가지 않았고, 특별히 '허가받지' 않고도 식당에 들어갈 수 있다는 사실조차 몰랐다.

앞으로도 오랫동안 기억에 남을 만큼 암울한 장면이 있다. 1학년 마지막 수업이 끝난 후 학생들은 학교 근처 유명한 작은 바(혹은 카페)인 '바질의 집'(Chez Basile)에 가기로 했다. 시앙스포의 구성원들은 대부분 그곳을 알고 있었으며 심지어 자주 갔기에, 이름을 굳이 말할 필요도 없이 몸짓만으로도 누구든 다음에 갈 장소가 어디인지 이해한다. 나만 빼고 말이다. 나는 모스크바에 있는 '성바실리대성당'은 알았지만 바질의 집은 몰랐다.[22] 그 앞을 하루에도 여러 번 지나다녔으면서 고개 한 번 들지 않았던 것이다. 10여 년이 지난 뒤 이 책의 내용을 구상하면서야 비로소 나는 그 사실을 깨달았다.

이야기로 돌아가자. 학급의 학생 하나가 나더러 그 자리에 오라고 거듭 권했다. "그러지 말고 오라니까! 와, 조제프." 나로서는 상상할 수 없는 이유로 모임에 초대받자 나는 겁을 먹고 뭐라고 대답해야 할지 몰랐다. 그 학생은 나름대로 상황을 해석한 끝에 자기가 내 음료수 값을 내주겠다고 제안했다. 나는 당황한 나머지 도망쳤다.

이런 상황에서 누구 탓을 할지 가려내려는 것은 최선의 방식이 아니다. 학급 친구들이 자폐증을 제대로 이해하지 못했다거나, 그들이 천성적으로 나쁜 사람이라고 결론내리는 것

22 러시아어 이름 '바실리'는 프랑스어로 '바질'에 해당한다

은 지나치게 단순한 판단이다. 반면 온전히 내 선택 때문에 벌어진 결과라고 단언할 수도 없다. 문제는 모두에게 있다. 실패했음을 확인하고 끝내는 것이 아니라 그 상황을 제대로 파악함으로써, 앞으로 비슷한 상황에 처했을 때 좀 더 잘 대처하기 위한 실마리를 찾아내는 것이 건설적인 태도라고 생각한다.

치료해야 할 정신질환이 있다는 진단을 결론으로 내리는 일은 쉬우면서도 지나치게 부정확하다. 예를 들어보자. 만약 누군가가 당신의 집 바로 옆에 있는 화성인의 비밀 기지로 같이 가보자고 제안한다면, 당신은 당장 그러겠다고 답하겠는가? 아마도 그곳의 생명체를 만나서 어떻게 처신해야 할지 모르기에 나와 비슷한 행동을 할 것이다. 그렇다면 어째서 화성인 때문에 보이는 반응은 정상이고, 바질 때문에 보이는 행동은 병적인가? 화성인은 알고 보면 무척 유쾌한 사람들일 수도 있는데 말이다. 이는 습관의 문제, 교우하는 사람들, 사회적 규범의 문제다. 이런 비유는 지나친 억지가 아니다. 결국, 나는 화성인이든 학급 동료든 함께 식당에서 식사한 적이 한 번도 없으니 말이다.

물론 내 판단도 부정확했다. 1년 내내 한 번도 내게 친밀감을 보이지 않다가 어째서 갑자기 나를 초대하는 걸까? 내게 별안간 분풀이를 하려는 걸까? 무슨 꿍꿍이가 있는 걸까? 그들이 무엇을 원하는 걸까? 식당에 간다니 무슨 엉뚱한 생각인가? 그런 모임이 대체 무슨 소용이 있을까? 학기가 끝났고 이제 집에 가서 여름내 책을 읽을 수 있는데 굳이 식당에 갈 이유가 있을까? 오렌지주스는 집에서도 마실 수 있는데….

한 가지 고백하자면 올여름 어느 학생 모임이 내가 수업을 듣던 사마르칸트 외국어연구원 근처 식당에서 점심식사를 하자고 나를 초대했다. 나는 과거와 거의 비슷한 태도를, 그러니까 '바질의 집' 근처에서 수년 전에 보인 태도보다 더 예의 바를 것 없는 태도를 보였다. 이처럼 자폐인에게 학습이라는 건 예상만큼 간단하지 않다. 학습을 권장하는 사람에게조차 마찬가지다.

불안은 그것을 느끼는 순간 생각을 마비시키는 속성이 있다. 온전한 정신으로 생각하지 못하게 만든다는 뜻이다. 불안을 심하게 느끼는 자폐인은 비이성적으로 행동할 때가 있다. 그들이 느끼는 불안에는 이유가 있으며, 거기에는 원인과 결과가 분명히 존재한다고 나는 믿는다.

달리 말해보자. 만약 누가 내게 이렇게 말했다면 어땠을까? "수업 마지막 날에 수업이 오후 5시에 끝나면, 5시 10분에 '바질의 집' 카페에 들어가 첫 번째 탁자에 앉아서, 아저씨나 아주머니에게 '오렌지주스 주세요'라고 말해야 해." 이런 사실을 두 달 전에 알았다면 나는 미리 장소를 파악하고 인터넷이나 다른 방식으로 자료를 검색해보았을지도 모른다. 그러면 더 잘 대처할 수 있었을 것이다. 어쩌면 그 카페 직원들도 몰랐을 바질에 관한 내력을 이야기해서 내가 그 장소를 잘 안다는 인상을 주었을지도 모른다.

규칙은 어느 정도까지 어길 수 있을까

시앙스포에 입학한 초기에는 학급 친구들이 맺는 사회적 상호작용을 보지 못했다가, 서서히 인식하기 시작했다. 버섯에 관해 아무것도 모르는데 갑자기 전문가와 함께 숲에 갔을 때, 설명을 들으면서 주변에 얼마나 많은 버섯이 있는지 서서히 깨닫게 되는 것처럼 말이다. 더욱이 바질에 얽힌 작은 소동을 겪고서 이런 점에 대해 조금 더 알게 되었다. 즉, 나는 적어도 학급 친구 한 명이 상황을 불편하게 여기고 바꾸려 한다는 사실을 확실히 느꼈다.

시앙스포 1학년 때 학생들이 어느 정도 나를 배제하고 자기들끼리 '비밀스런' 관계를 맺는다는 사실을 깨달았다. 우리 반 학생 열대여섯 명 중에서 내가 인사했을 때 반응하지 않았던 사람은 없었다. 나는 그들 중 한두 명, 조금 후에는 네다섯 명에게만 인사를 하면서 거의 매번 그들의 응답을 끌어내곤 했는데 그 반응이 흥미로웠다.

나는 처음으로 농담을 몇 번 던지는 데 성공했다. 특히 1학년 말에는 내 농담에 사람들이 웃기도 했다. 교실에 탁자가 둥글게 원형으로 놓여 있었고, 학생들은 탁자 주위를 걷다가 아무데나 앉을 수 있었다. 수업이 시작하기 조금 전에 도착했을 때 교실에는 학생이 세 명 있었고, 나는 의자 주위를 거의 한 바퀴 길게 돌아 자리를 잡았다. 여학생 한 명이 내가 왜 그렇게 돌아갔는지 물어보았고, 나는 이렇게 대답했다. "내가 항상 반시계 방향으로 움직이는 거 몰랐어?" 그 말에 학생들은 즐거워했고, 나는 좋은 반응을 얻어서 기뻤다.

그렇지만 나는 관계 맺는 능력의 극히 일부만 갖추고 있었다. 나는 모든 일이 교과서에 적힌 그대로는 일어나지 않으며, 가끔은 규칙을 조금 위반하는 대가를 치러야 사회적 관계를 맺을 수 있음을 이해했다.

1999년부터 이듬해까지 해가 일찍 지는 어느 겨울 저녁에 나는 어떤 문제를 처리하느라 학교에서 평소보다 20분쯤 늦게 나왔다. 지하철역으로 향하면서 나는 같은 학급의 두 학생이 입 맞추는 모습을 보았고, 약간 충격을 받았다. 도덕적인 이유 때문이 아니었다. 단순히 학생이 수업이 끝난 후에도 학교 근처에 남아 있을 거라는 생각을 한 번도 해본 적이 없어서였다. 교수들은 항상 열심히 공부해야 한다고 말해왔기에 나는 다른 학생들이 곧바로 집에 돌아가서 공부하지 '않을' 거라는 상상은 하지도 못했다.

그러면서 온갖 질문이 떠올랐다. 내가 저 친구들에게 잘 가라고 인사를 해야 하나 말아야 하나? 예의가 없는 게 분위기를 망치는 사람이 되는 것보다 더 나은 일인가? 아주 어리석어 보이는 질문이지만, 당시 나는 세상을 발견하는 과정에 있었다. 나는 시앙스포나 다른 학교에 다니는 학생이면 학교장의 지침에 따라 학기 중에는 영화관에 가는 게 아니라 공부를 해야 한다고 생각했었다. 그러지 않으면 학생이라는 사실과 학생이 아닌 채로 한두 시간을 보낸다는 사실 사이에 모순이 생기는 것이다. 아마도 근본주의자들이나 이슬람교 원리주의 세력인 탈레반은 나의 이런 생각을 달갑게 여겼을 테다.

처음에는 아무런 해석도 할 수 없었다. 시간이 지나 곰곰이 생각해본 다음에야 어떤 규칙은 반드시 따르거나 곧이곧대로 받아들일 필요가 없다고 생각하기 시작한다. 물론 관건은 규칙을 어느 정도까지 어겨야 정상이라고 판단하는지 아는 일이다. 학생은 우수해지려고 열심히 공부해야 한다는 공식적인 입장과, 시앙스포는 점잖게 가장한 유흥가일 따름이며 그 안에서 벌어지는 모든 일은 강자의 금전적·성적 욕망과 일반화된 거짓말에 좌지우지된다는 극단적인 생각 사이에 온갖 견해가 존재할 수 있다. 비밀을 지키는 조건으로 듣거나 우연히 들은 여러 증언을 종합해보건데, 나는 학교 안에서 온갖 행태가 벌어진다는 느낌을 받았다. 이는 자폐인을 '정상화시키는 일'이 얼마나 힘든지도 보여준다. 각각의 모델이 다르고, 윤리적 차원에서 그 어떤 하나의 모델이 존재하는 경우가 드물기 때문이다.

웃기면서도 슬픈 이야기들

이른바 명성 높은 장소가 대체로 그러하듯 시앙스포에도 얄궂은 이야기가 상당히 많다. 그 이야기들은 내가 세상을 배우는 데 부정적으로, 어쩌면 긍정적으로 기여했다. 어쨌거나 그 덕분에 나는 전보다 냉소적이 되었다. 그리고 지금도 그런 학습이 이루어지는 중이다.

고작 몇 주 전만 해도, 나는 어떤 모임 이후에 가진 사적 대화 도중에 놀라운 사실을 알게 되었다. 저명한 매체에 특정 나라에 관한 주제를 비롯하여 여러 글을 기고하는 시앙스포 소속의 한 여성 연구자가 사실은 그 나라의 인구가 몇 명인지, 그 나라 국민이 무슨 언어를 사용하는지도 모르고, 심지어 그곳에 가본 적도 없다는 사실을 본인의 입을 통해 들은 것이다. 그녀는 빼어난 학자로서 명성을 누리는 반면, 무지렁이인 나는 그 나라에 여러 번 가보았고, 여러 해 동안 그 나라에서 쓰는 언어 중 하나를 배웠으며, 뒤이어 두 번째, 세 번째 언어를 배웠지만 그 나라에 대해 감히 아무것도 발표하지 못했다. 가장 놀라운 점은 그런 사실을 알고도 그 연구자가 전혀 흔들리지 않고 자신감 있는 태도를 유지했다는 것이다. 더 나아가 그녀는 위에 언급된 질문들을 나에게 던지기까지 했다. 나는 그 상황의 희극적인 측면을 인식하지 못한 척하며 아무렇지 않게 대화를 이어갔다.

어쨌거나 과거로 거슬러 올라가서 내가 초기에 접한 이야기들을 살펴보자. 어느 학생은 부모님 덕에 당시 이미 영미 언론에 언급되었고 지금은 권력을 추구하는 젊은 정치인이 되었는데, 그가 성공한 이유 중 일부는 그의 기다란 목과 시험 때 내 답안지의 비뚤배뚤한 글자를 나보다 더 잘 해독하는 능력에 있었다. 다른 여학생 하나는 가끔씩 자진해서 내게 인사할 만큼 친절한 사람이었는데, 자기에 대해 불만이 많은지 무척 소심했다. 그녀는 유일하게 학년 말 재시험을 치렀고, 여름방학 동안 내게 필기한 노트를 빌려달라고 부탁했으며, 나중에는 사랑스런 메모를 담아 그 노트를 돌려주었다. 몇 년 후에 상당히 유명한 기자가 된 그녀를 보고 무척 놀랐다. 그녀가 그런 직업에 종사하리라고는 예상하지 못했기 때문이다. 아쉽게도 그사이에 많은 변화가 있었다. 외모는 예전과 완전히 달라졌고(두터운 화장과 장신구들), 말의 속도와 어조도 완전히 바뀌었다. 마음속 변화를 여실히 나타내는 표시도 있었는데, 내가 옛 학우로서 한두 마디를 적어 그녀에게 건넸을 때 내가 받은 유일한 대답은 침묵이었던 것이다. 나는 시앙스포에 다녔다는 사실을 완전히 후회하지 않는다. 그 시기가 없었다면, 다른 곳에서는 접하기 힘든 현실을 적나라하게 드러내는 작은 이야기들을 그토록 많이 접하진 못했으리라.

나는 그런 얄궂은 이야기들을 학급 친구들보다 훨씬 많이 알고 있을 것이다. 그중 하나를 전하면서 감히 어떤 분의 실명을 거론하려 한다. 그분께 용서를 구해야 한다고 느끼기 때문이다. 1학년 때 교수 중 한 분이 베르나르 고디에르였다. 그는 프랑수아 미테랑이 대통령으로 있고 피에르 모루아가 총리를 지낸 시기에 내각에 속했던 인물로, 주요 결정의 제일선에 있었지만 언론에는 절대 등장하려 하지 않았던 구식 정치인이었다.

1학년이 끝나고 학생들에게 평가지가 분배되었다. 우리는 교수 한 명 한 명에 대해 소감을 담은 짧은 글을 적어야 했다. 그 종이에는 매우 솔직하게 작성하라는 문구가 적혀 있었다. 나는 그렇게 했다. 그런데 문제는, 내가 그 글에 내 이름을 적었다는 사실이다. 해서는 안 될 일이었다. 당시 나는 내 생각을 지금보다 경솔하게 말하곤 했다. 무엇보다 내가 다른 사람에게 상처를 줄 수 있다는 사실은 전혀 몰랐다. 나는 그 글을 대수롭지 않게 여겼고, 무슨 내용을 썼는지도 전혀 기억하지 못한다. 옛 은사를 다시 만날 거라는 생각은 전혀 못 했고, 그러한 예상은 맞아떨어졌다.

하지만 몇 년이 흐른 뒤 나는 그 교수의 소식을 간접적으로 듣게 되었다. 파리 시청에서 내 상관인 하무 부아카즈는 그사이 파리 시장의 비서실장이 된, 그러니까 파리의 2인자가 된 그 교수 앞에서 내 이름을 언급했다. 그러자 고디예르 씨는 자리에서 일어나 자기 책상 서랍을 열고 편지를 꺼냈다. 너무도 충격적인 편지라서 사무실을 바꿀 때마다 가지고 다닌다는 것이다. 그분은 나 같은 사람은 시청에 필요 없다고 말하면서 나를 해임할 수도 있었다. 하지만 그러지 않았으니 확실히 도량이 넓은 사람이다.

독일에서 받은 지적 충격

시앙스포에는 한 가지 이점이 있는데, 해외에서 1년 동안 교환학생으로 지낼 수 있는 프로그램이다. 짓궂은 사람들은 그것을 '시앙스포의 외재성'이라고 부를 것이다.

난 독일에서 1년 동안 공부했다. 떠나기 전에는 마음이 힘들었고 해결해야 할 어려움도 있었지만, 당시 독일에 푹 빠져 있던 청년인 내가 어떻게 기회를 마다할 수 있었겠는가? 게다가 학교에서 두 건의 지원금도 받은 상태였다. 그리하여 나는 성년이 되자마자 프랑크푸르트에서 남쪽으로 몇 킬로미터 떨어진 지역으로 가게 되었다.

주위 환경이 완전히 바뀌었다. 나는 매우 멋진 한 해를 보냈다. 몇 가지 점에서는 힘들었지만 지금도 그 1년은 감동 어린 기억으로 남아 있다. 수업을 자유롭게 선택해 들을 수 있었던 나는 학부 과목을 조금씩 전부 수강했다. 탁월함이 무엇인가에 대해 깊이 생각해보기 시작한 것도 그때부터였다. 고도로 복잡한 수학 공식이 동원되고 전문성이 깊은 교수들이 강의하는 수업을 듣고, 그곳에서 다루는 경제학 수준이 엄청나게 높다는 사실을 깨달았을 때 특히 그랬다. 그에 비하면 시앙스포에서 다루는 경제학은 허풍에 불과해보였다. 나는 사람들이 내게 말한 것에 대해 의구심을 가지면서도 순종해온 편이었지만, 그 수준 차이가 너무도 엄청났기에 시앙스포에서 가르치는 경제학, 어쩌면 다른 과목들도 장난에 불과할지 모른다는 사실을 인정할 수밖에 없었다.

다른 사실들도 깨달았다. 나는 독일에서 평범하지 않은 수업도 들었다. 그 예로 투표의 역설을 연구하는 무척 도발적인 교수가 가르친 정치학 수업을 들 수 있다. 그 역설이란 한마디로 투표 결과가 유권자의 뜻과 반대로 나오는 상황이다. 교수는 수업 때마다 치밀한 논거와 수학적 방법론이 뒷받침된 이론을 제시했다. 그는 모의 선거인단을 예로 들어서, 어느 도시의 모든 주민이 수영장을 만들길 원하고, 아무도 테니스장을 원하지 않을 때 투표 방법을 조정함으로써 어떻게 과반수로 테니스장 건설을 채택할 수 있는지를 꼼꼼히 짚어가며 보여주었다. 45분간 진행된 주 2회 수업은 매번 수업이 끝나는 벨이 울림과 동시에 투표수 총 합계와 교수의 환한 미소로 마무리되었다. 조금 당혹스러웠던 나는 아무런 정치적 코멘트도 덧붙이지 않은 채 유일하게 연락을 주고받던 1학년 학급 동료에게 사례 두 건이 담긴 파일을 이메일로 보냈다. 그가 보낸 답장에는 "파시스트!"라는 단 한 마디가 적혀 있었다.

독일에서 보낸 그해는 사회에 제대로 적응하지 못하는 나의 약점 때문에 좀 더 힘겹게 깨달음을 얻은 시기였다. 예를 들어 기차로 파리에 오거나 독일로 되돌아가는 일은 상당히 힘든 경험이었다. 내가 예약한 자리에 누군가 이미 앉아 있을 때 그 자리에 어떻게 앉아야 할지 알아내는 능력이 내게는 전혀 없었다. 어떻게 할인 카드를 구매해야 할지에 대해서도 마찬가지였다. 나는 한 달에 한 번 프랑스로 돌아갔기에 프랑스 할인 카드와 독일 할인 카드가 각각 한 장씩 필요했다. 당시에는 두 나라의 철도가 지금처럼 잘 연계되지 않았다. 나로서는 해내기 힘든 협상을 해야 했다. 내가 기차표를 사려고 하면 놀랍게도 매번 가격이 달랐다. 협상하는 방식에 따라서 달라졌기 때문이다. 협상을 잘하면 낮은 가격으로 표를 살 수 있었다. 그 일을 계기로 나는 법 규정도 여러 방식으로 해석될 수 있음을 알았다. 창구 직원은 내가 생각하던 완벽한 존재가 아니었고, 그도 제대로 모른다는 사실을 깨달았다.

나는 독일에서 지내는 동안 독일인으로 살아가려 했다. 독일의 사회규범을 완벽하게 깨우친 사람이 되는 것이었다. 하지만 얼마 지나지 않아서 독일인이 되는 것이 괴테나 실러의 작품을 읽거나 시를 암송하는 차원이 아니라는 사실을 깨달았다.

그때의 일화 중 하나를 소개한다. 나는 대학 기숙사에서 지냈다. 학생이 각자 방을 하나씩 사용했고, 방 네 개마다 주방을 하나씩 공유했다. 다른 두 방에는 독일 학생이 살았다. 당시에 나는 중세 캘리그래피를 조금 배우고 있었는데, 그때가 내 평생 손으로 직접 예술적인 것을 만들어내려 시도한 몇 안 되는 시기였다. 그래서 나는 더없이 순수한 옛 독일어 서체로 "독일 조국 만세"라고 적어서 그 선언문을 공동 주방에 붙여 놓았다. 하지만 나는 그 글 때문에 주방을 같이 쓰던 독일 학생한테 고약한 취급을 받아야 했다. 그는 프랑스인인 내가 그런 말을 썼다는 게 말도 안 된다고 생각했고, 또 내가 깨닫지 못한 사실이었는데 그 종이를 쓰레기통 위쪽에 붙여 놓았기 때문이었다. 그는 종이를 사정없이 떼어내서 그 위에 '프랑스 만세'란 말을 볼펜으로 끼적인 다음 내 방문에 붙여놓았다. 그래서 나는 내가 실수했다는 것을 깨달았다.

시앙스포의 마지막 두 해

시앙스포에서 보낸 마지막 시기는 길게 말할 가치가 없다. 무엇보다 항정신병약물을 복용하기 시작했기 때문에 무척 힘들었다. 마지막 해에는 거의 학교에 가지 않았다. 치료를 핑계로 들면서, 박사준비과정 학위(DEA) 논문을 작성한다고 말해두었고 그건 사실이기도 했다. 그 논문을 작성하면 마지막 학년 수업에 출석하지 않아도 된다는 사실을 학생의 95퍼센트 이상이 몰랐다. 그 논문 기간 덕분에 내가 어떤 약을 먹으면 거의 쉴 새 없이 잠을 자고, 말을 할 수 없으며, 여러 증상을 보인다는 사실을 부분적으로 감출 수 있었다.

시앙스포에서 보낸 마지막 몇 주 동안 내 상태는 엉망이었다. 그래서 내가 상당히 심한 정신병에 걸렸다고 확신했다.

학교를 졸업할 무렵에 나는 당연히 어떤 행사에도 참석하지 않았다. 사진이나 뒤풀이, 출세를 꿈꾸는 야심찬 청년이 참가하는 어느 모임에도 가지 않았다. 보통 학업 과정을 따르지 않던 몇몇 학생을 제외하면 아무도 나 같은 학생이 있다는 사실을 몰랐을 것이다.

지금 나는 내가 시앙스포를 졸업했다고 생각하지 않는다. 하지만 가끔 그 사실을 드러내야 한다. 하지만 그게 무슨 소용이겠는가? 나는 조제프다. 내가 시앙스포 혹은 다른 어느 교육기관을 졸업했는지 아닌지는 주머니에 손수건을 갖고 있는지 아닌지와 똑같다. 주머니 속에 손수건이 있을지 모르지만, 사람은 그 손수건으로 정의되지 않는다. 밖에서는 손수건이 있는지 볼 수 없다. 기껏해야 손수건은 급할 때 콧물을 닦는 데나 쓰일 뿐이다.

악순환

독일에서 볼 수 있는 흥미로운 현상 하나는 대학교수 직함을 쓰는 방식이다. 학기 초에 대학들이 배포하는 인쇄물에는 모든 교수의 직함이 적혀 있다. 기본적으로 Dr, PhD, Prof에 더 난해한 몇몇 약자가 덧붙는다. 어떤 사람은 Sen em. Prof Prof h.c. Dr Dr h.c. 이름 성 PhD JuDr ThDr 등등 칭호가 너무 많아서 줄이 부족할 정도다. 『바보배』(읻다, 2016)[23]에서 학자들은 등장하는 무리 중 각별한 자리를 차지한다. 당시 나는 내가 그 무리에 속하게 될 거라고는 생각도 못 했다.

시앙스포를 졸업한 뒤 나는 약 때문에 정신이 멍한 상태여서 일할 능력은 없다고 느꼈다. 그래서 박사 학위 과정에 등록하기로 결심했다. 사회성이 부족하다 보니 몇 가지 사건과 곤혹을 치렀고, 결국 나를 가엾게 여긴 독일인 교수 하인츠 비스만의 지도를 받게 되었다.

처음 몇 해는 무척 힘들었다. 나의 건강상태뿐 아니라 사회성 부족 때문이었다. 예를 들어, 지도교수와 약속을 잡으려면 어떻게 연락해야 할까? 이메일은 힘들다. 교수는 다른 곳에서 이런저런 요구를 많이 받으므로 반드시 대답하리라는 보장이 없다. 그럼 전화는? 교수는 내게 자기 전화번호를 알려

23 바젤 대학 법학교수인 제바스티안 브란트(1457-1521)가 1494년에 쓴 풍자 교훈 작품으로, 여러 형태의 광기를 둘러보는 진정한 여행이다.

주지 않았다. 학생들 사이에서 자기 전화번호가 돌아다닐 거라고 여겼거나 학생들이 어떻게든 알아내리라고 생각했기 때문이다. 어쨌든 교수의 전화번호를 알고 있었다 해도 당시 내가 누군가에게 전화를 거는 일은 상상할 수 없었다. 교수에게 전화를 걸어서 무언가 부탁하다니, 어림없는 일이었다. 몇 년을 고심한 끝에 간신히 용기를 내어 교수에게 전화를 거는 데 성공한다 해도, 그분이 전화를 받으면 뭐라고 말한단 말인가? "교수님과 만나고 싶습니다⋯." 그건 불가능한 일이었다. 그래서 나는 그 말을 우회적인 방식으로 전하려 했다. 그랬더니 교수는 내가 하려는 말을 이해하지 못했다. 문제는 쌓여만 갔다. 그런데 부정적인 경험을 여러 번 하고 나면 상황은 더 복잡해진다. 이 글을 읽으면 내가 왜 회사에서 특별히 내게 맞춰 마련된 직위가 아니면 근무할 수 없는지도 이해할 것이다.

결국 나는 박사학위 과정 초기 몇 년을 홀로 보냈다. 항정신병약물의 영향까지 더해져 악순환이 계속되었다. 더없이 '정상적인' 사람조차 밖에 나가기가 힘들어 외출하지 않다 보면 그 일이 더 어려워지는 법이다.

가장 힘들었던 시기는 아마도 2005년 또는 2006년이었을 것이다. 당시 약의 복용량이 줄어서 증세는 나아지고 있었지만 나의 사회성은 개선되지 않았다. 논문은 거의 손을 놓고 있었다. 연말쯤 나는 장애인 고용을 담당하는 센터를 찾아갔다. 그곳은 이른바 사회적으로 고립된 사람들을 상담하는 데 익숙했고, 나는 어떤 일이든 할 마음의 준비가 되어 있었다. 센터에서 만난 사람들은 몇 분 동안 나와 이야기를 나눈 뒤 내게 어떤 양식을 작성하게 하더니 내게 아무것도 해줄 수 없다고 말했다. 나는 예상했던 것보다 상황이 더 복잡하다는 사실을 깨달으면서 거리로 나왔다.

3장

없던 병도 만드는 정신과 치료

독자에게 전하는 말: 이 장은 정신착란에서 비롯된 말이나 글이 그렇듯 일관성이 없으며 내용 구분도 엉성하게 되어 있다.

2001년 8월 말의 어느 날, 독일에서 돌아온 나는 정신과 진료실 문을 처음으로 밀고 들어갔다. 딱히 분야가 명시되지 않은 정신과 진료실이었다. 당시 내 머릿속에서 정신의학자와 심리학자, 정신분석가 사이의 구분은 불분명했고, 일반인 입장에서 그들은 모두 존경을 표해야(그리고 돈을 지불해야) 마땅한 인물이었다.

그때까지 만난 전문의 중에서 내가 보이는 이상한 태도와 불안, 소통에서 겪는 어려움, 즉 사회생활을 영위하지 못하는 병적인 어려움에 대해 이렇다할 진단을 내린 사람은 없었다.

나는 정신과를 드나드는 오랜 기간 동안 의사 프티오(Dr Petiot)[24]의 진찰실을 가리키는 현판 문구 '파리 병원 인턴 수료'(INTERNE DES HOPITAUX DE PARIS)를 떠올렸다. 전부 대문자로 적혀 있고 악센트도 없어서 그 현판은 '병원에 수용된 정신병자'라는 뜻으로도 읽힌다. 일화를 하나 전하자면, 내가 나중에 정기적으로 찾아가 상담을 받게 될 정신과 의사 중 한

24 파리에서 활동하던 의사로 제2차 세계대전 중에 유대인을 탈출시켜준다는 명목으로 금품을 갈취한 뒤 유대인 수십 명을 죽인 연쇄살인범.

사람과 진료소를 같이 쓰는 의사 한 사람은 위에 언급한 유명한 의사와 성이 같았다. 그래서 건물 입구에 붙어 있는 현판에 '의사 프티오'라는 이름도 포함되어 있었다. 아무도 태어날 때 자기 성을 선택할 수 없지만, 그래도 어떤 직업에 종사하기에 참으로 난감한 성이 있는 법이다.

불분명한 또 다른 요소로 프랑스어 프시코(psycho)는 구어 표현인 '심리학을 공부하다'(faire psycho)처럼 좋은 쪽 활동을 의미하는 반면, 영어로 사이코(psycho)는 정신병자를 뜻한다. 내 서글픈 정신과 편력 초기에 이러한 사항들은 정신과 전문가들에게 존경심을 표하는 데 문제가 되지 않았다. 그러다 서서히 그들의 실체에 대한 의심이 마음속에서 커져갔다. 내가 직접 겪은 체험과 심리학자 친구들이 전해준 여러 흥미로운 일화는 내 예감을 강하게 뒷받침했고, 그 예감은 지금 최종 단계, 즉 웃음에 이르렀다. 내가 잘못 기억하는 것이 아니라면 프로이트는 이렇게 말했다. "심한 편집증 환자는 철학자가 된다"(나를 두고 한 말일까? 편집증이 심한 나는 이 말을 부인할 수 없다). 진정한 정신병자는 개그맨 혹은 그보다 서글픈 대안으로 정치인이 된다고도 덧붙일 수 있다. 어쨌거나 내가 정신과를 드나든 몇 년 동안 정신병 전문의와 정신병자라는, 정신의학의 전형적인 두 주체에 세 번째 주체, 내가 감히 '인간성을 박탈하는 인물'이라고 부를 만한 존재가 추가된다.

일단 위에서 말한 2001년의 정신과 진료실로 돌아가자. 그곳은 아주 좁았다. 대기실에는 의자 하나가 간신히 들어갈 정도였고, 진료실은 책상과 의자 3개 그리고 정신과 진료실에 없어서는 안 되는 환자용 침상만으로 꽉 찼다. 당시 나는 나를 맞이한 의사에게, 그 장소가 지닌 매력이 그의 진료실을 꾸준히 찾아간 주요 이유 중 하나라고 말하지 않았다.

첫 상담을 받을 때부터 크게 놀랐다. 무엇이 나를 기다리고 있는지 전혀 몰랐다. 심지어 진료 약속을 잡은 것도 내가 아니었다. 내가 약속을 잡아야 했다면 당시에 겪던 전화 공포증 때문에 연락을 하지 않았을 거고, 그랬다면 무엇보다 돈을 아낄 수 있었을 테지만 중요한 무언가는 놓쳤을 것이다. 정신병자이면서 그 사실을 모르고 지나쳤을 테니, 마치 백만장자이면서 그 사실을 모르듯 아쉽기 짝이 없는 노릇 아닌가.

내가 왜 정신과 진료실을 찾아갔을까? 복잡해보이는 질문이지만, 그에 대한 대답은 너무도 단순하다. 나는 내가 시앙스포의 여느 학생들과 달리 이른바 '지도자 역할'(덧붙여 말하자면 이건 '프랑스 사회당'의 역할 기술에 사용된 헌장의 정확한 문구였다)을 담당할 능력이 없다는 사실을 충분히 깨닫고 있었다. 그래서 진료실을 찾았는데, 그러면서도 나는 그런 사소한 이유로 전문가를 귀찮게 한다는 느낌이 불편했고, 그런 전문가들이 그런 일은 알아서 처리하라며 나를 그냥 돌려보낼 거라 믿어 의심치 않았다. 내가 바란 것은 그저 일종의 심리 코칭이었다. 그 상황에서 무엇보다 아이러니한 사실은, 내가 만약 수학이나 정보과학을 전공하고 있었다면 겉모습이나 사회관계에 대한 부담이 덜했을 테고, 주변 학생들과 차이가 난다는 느낌을 그토록 강하게 받지 않았기에 공식적으로 정신과 환자가 되지도 않았을 거라는 점이다. 이는 로즈메리 케네디 증후군[25]의 일종으로 사람이 어느 특정한 환경에 놓여 있다는 사실 때문에 병적인 증후군이 만들어지는 현상인데, 이 이야기는 뒤에서 다시 언급할 것이다. 거기에 나는 호기심을 느꼈고, 정신분석가를 만나는 일은 나의 지적 흥미를 자극하는 일이 되었다.

놀랍게도 정신분석가는 초기 상담을 마무리하면서 나더러 다시 오라고 했다. 또 하나 놀라운 것은 20여 분 진행된 상담 비용이었다. 의사는 학생 할인 요금이라며 500프랑을 요구했다. 진료 한 번에 우리 가족 월수입의 10퍼센트를 써버리는 셈이었다. 나는 그가 매우 뛰어난 의사일 거라고 생각하며 스스로 안심시켰다. 나중에 그가 파리 정신분석학계에서 대단한 명성을 누린다는 사실을 알게 되었다.

처음 두 차례의 진료 중에 특별한 일은 없었다. 별 뜻 없는 이야기를 나누었을 뿐이었다. 나는 무언가 깊은 형이상학적인 의미가 있을 거라 믿으며 의사가 진료 중에 내뱉는 대여섯 마디 그리고 무수한 "음" 소리에 담긴 뜻을 알아내려 했지만 성공하지 못했다. 그로부터 얼마 지나지 않아서 의사는 내게

25 로즈메리 케네디는 미국 존 F. 케네디 대통령의 누이동생이다. 정신장애가 있어 뇌엽 절제술을 받았으나 수술 실패 후 평생 불행하게 살았다. 7장 참고.

자신의 동료 정신의학자 한 명도 찾아가보라고 권했다. 그들이 함께 공조하여 나를 진료할 거라면서 말이다. 그런데 그 말은 거짓말이었다. 이후로 두 의사 사이에 연계 활동이라고는 전혀 없었다.

정신분석가가 소개한 정신의학자 동료는 그야말로 악역을 담당할 '고문자'였다. 그의 진료실은 파리 중심가에 있었고 꽤 넓었다. 젊었지만 대머리인 그곳 주인은 왕처럼 군림했다. 첩첩이 쌓인 책으로 둘러싸여 있었으나 그는 한 번도 그 책들에 대해서 말하지 않았고, 한 권 읽어 보라고 권한다든지 자기가 좋아하는 책을 알려주려고도 하지 않았다. 보통 책을 많이 가지고 있는 사람들은 책 읽기를 좋아하고, 그에 대해 한두 가지 질문을 던지기만 해도 반색하며 즐거운 대화를 나누기 마련이지 않나?

첫 번째 진료부터 나는 약을 처방받았다. 이후로도 계속 그랬다. 혼자서 약국에 간 것도 그때가 처음이었다. 내가 약국에 가는 것이 두렵다고 하자 그는 강도 높은 언어와 수년간 연마해온 검증된 수사법을 동원해 나를 위협하며 약국에 가라고 명령했다. 그때 처방 받은 솔리안(Solian)이라는 약에 대해 나는 전혀 몰랐다. 처방을 받으면서 아무런 설명도 듣지 못했다. 그 약을 어떤 때에 복용하는지, 그 약으로 어떤 효과를 기대하는지, 무엇보다 얼마 지나지 않아서 내가 알게 될 일이었으나 그 약의 부작용이 무엇인지에 대한 아무런 설명도 없었다. 부수적인 작용이라지만 사실상 주요 작용이라 해야 할지도 모

르겠다. 그런 유형의 약물에 대한 사항은 모든 면에서 참으로 모호하기 때문이다.[26]

약을 먹기 시작하면서 내가 발견한 사실이 또 하나 있었다. 의사와 환자 사이의 권력 관계다. 자신을 담당하는 정신과 전문의와 '대화를 나눈다'라는 표현은 적절치 못하다. 의사의 말은 신적 권위를 지녔고 무지렁이에 불과한 환자를 조종할 힘이 있었다. 하지만 그보다 더 단순한 이유 때문에 대화가 이루어질 수 없다. 약의 복용량이 늘면서 환자는 제대로 말하는 능력을 상실하기 때문이다. 그러면 환자의 병세가 심해졌다고 진단하면서 복용량을 늘리거나 다른 약을 더 쓰게 된다.

두 의사 중 누구도 내가 겪는 증상에 이름을 붙이거나 진단을 내리지 않았다. 나는 그것이 악랄하고 비뚤어진 전략이었다고 생각한다. 정신분석가 본인은 곤란한 일을 직접 하지 않고 그 일을 동료에게 떠넘기기 때문이다.

초기에는 처방받은 대로 약을 소량 복용했다. 하지만 진료를 받을수록 처방전은 점점 더 길어졌고, 어느 날 약사가 3주치 약이 든 봉투를 건네면서 "여기 있습니다, 손님. 2,400프랑입니다"라고 말했을 때 나는 큰 충격을 받았다. 그러면서 나는 내가 예상보다 훨씬 더 미쳐 있다고 생각했다. 다른 이유를

26 정신의학에서 처방되는 약품에 속하는 솔리안은 비정형 약물이다. 복용량에 따라서 항정신병약물로 사용되거나 항우울제로 사용될 수 있기 때문이다.

생각해낼 수 없었다.

당시 내가 겪는 질병에는 어떤 진단도 내려지지 않은 상태였다. 약을 처방해주는 의사는 아무런 설명도 하지 않았고, 다른 의사(정신분석가)는 진료 시간 내내 거의 아무 말도 하지 않았다. 참으로 납득하기 힘든 인물이었다. 그가 정신분석가일 뿐 아니라 약을 처방할 자격이 있는 정신의학자라는 사실을 나중에 알게 되었을 때, 그가 어째서 직접 약을 처방하지 않았는지 궁금했다. 지금까지도 나는 그 질문에 대한 답을 모른다. 단지 두 의사 사이에서 당근과 채찍 게임이 벌어지는 것인지도 모른다고 짐작할 뿐이다.

아직도 해답을 찾아내지 못한 또 다른 수수께끼는, 내가 치료를 받는 수년 동안 그가 단 한 번도 나더러 환자용 침상에 누우라고 말하지 않았다는 사실이다. 다른 환자들은 그 침상을 사용한다는 사실을 알고 있었는데 말이다(내가 진료를 받으러 들어가면 의사는 침상을 정리하곤 했다). 그 뒤로도 내가 진료를 받은 의사 중 나더러 (심리치료를 대표하는) 수평 자세를 취하라고 요구한 사람은 없었다. 그 '특별대우'에 대해 그 분야 종사자든 아니든 그 누구에게서도 납득할 만한 설명을 들은 적이 없다. 그러니 나는 또다시 나만의 말장난으로 답할 수밖에 없는 처지다. 프랑스어로 환자용 침상(divan)은 아랍어 '디완'(diwan), 즉 집안의 주요한 공간 그리고 거기에서 확장된 의미로 정부(政府)를 뜻하는 말에서 유래하는데, 이 아랍어 단어는 시인의 전체 작품을 일컫는 페르시아어 '디반'(divân)에서 유래한다. 흥미로운 것은 페르시아어에 발음상 비슷한 단어로 '디바네'(divâne)가 있는데, 이 말은 '미쳤다'라는 의미다. 체코어 표현으로 말하자면, 나는 다시 집으로 되돌아왔다. 단, 나는 정신과 환자로서 환자용 침상에 누울 수 없었으니, 신분증 없이 어느 나라에 밀입국한 상황보다 더 나빴다.

이어질 이야기를 위해 한 가지 사실을 언급하자면, 나는 아주 어렸을 때부터 심리학에 흥미를 느꼈다. 그 분야의 책을 여러 권 읽었고, 도서관에서 관련 코너를 샅샅이 뒤졌다. 어린아이가 정신의학과 신경학 매뉴얼을 대출하는 모습을 보고 도서관 사서가 어떤 반응을 보였는지는 별로 신경 쓰지 않았기에 잘 모르겠다. 그랬다가 독일에서 오래된 어떤 책에 나온 정신병 증상 목록에서 심리학 매뉴얼을 강박적으로 읽는 증상에 대한 문구를 보고 심리학에 대한 흥미를 잠시 잃기도 했다. 정신병원에서 지낸 사람들의 몇몇 증언도 읽었고 그 글들이 마음에 들었다. 철학자 루이 알튀세르의 『미래는 오래 지속된다』(이매진, 2008)는 침대 머리맡에 두고 읽던 책이었다. 청소년기였던 나는 작가의 문체와 극적 내용에 매료되어 그 책을 여러 번 읽었다. 그 뒤로 정신과 치료가 끝나갈 무렵에는 비슷한 책들을 읽었다. 사람들이 이해할 수 없을지도 모르고 내가 처한 입장에서 얼토당토않아 보일 수 있겠지만, 나는 정신병원에서 근무해보고 싶다. 내가 지닌 제약을 감안하면 확실히 비현실적인 몽상이겠지만…. 온갖 실망을 겪었어도 나는 그 분야에 대해 그리고 인간적, 지적으로 더없이 흥미로운 여러 주제에 대해 아직도 애착이 있다.

내가 박사 논문을 작성하기 시작한 초기, 여전히 항정신병 약물을 견뎌내느라 힘겨워하던 시기에(어떤 약을 복용할 때면 일주일에 평범한 책 한 쪽을 읽기조차 어려웠다) 나는 미셸 푸코의 책을 여러 권 읽었다. 푸코는 의사나 정신의학자가 아니었지만 내가 느낀 것과 비슷한 호기심에 이끌렸고, 적어도 일부분은 그 호기심을 만족시킨 인물이다.

내가 겪은 정신과 치료 과정이 내가 상상했던 정신의학과 전혀 달랐다는 사실은 인정하기 힘들었고 무척 실망스러웠다. 정신과 의사의 환자 또는 고객은 의사를 관찰할 수도, 질문을 던질 수도 없었다. 그래서 내가 치료를 받는 동안 여러 오해가 생겼다. 나는 솔리안이라는 이름과 거기에 부가된 약물들을 인터넷에서 검색해가며 홀로 발견을 계속할 수밖에 없었다. 그러면서 나는 며칠 만에, 정신적인 측면에서는 정신병의 나라에서 살게 되었다. 물리적 의미에서 말하는 정신병동이 아니라, 그에 대한 정신적인 대용물이라고 해야 할 세계였다. 나는 전기충격요법을 받을 마음의 준비까지 했다. 나는 전기충격의 뜻을 알았고 정신병동을 거쳐 간 사람들에 대한 글을 머릿속에 간직하고 있었기에, 내가 다니는 진료실에는 전기충격요법을 받기 전에 입을 틀어막기 위해 소금물 적신 수건이 있을 것이라는 생각까지 했다.

인터넷과 엄청나게 많은 단서에 힘입어 별안간 내가 단단히 미친 사람이라는 여러 증거를 찾아낼 수 있었다. 곰곰이 생각해보면 그리 놀랄 일도 아니다. 일단, 나는 예전부터 내가 아주 이상하다는 사실을 알고 있었고, 특히 알튀세르의 글에서 하루아침에 미칠 수 있다는 증언들을 접했기 때문이다.

정신질환에 관해 조사하면서, 많은 질병이 처음에는 가벼운 증세만 보이다가 점점 심해짐을 알았다. 조현병처럼 말이다. 나는 내가 초기 단계라고 믿었다. 거기에 덧붙여 조금 오래된 매뉴얼에 따르면, 겉으로 증상이 드러나지 않는 조현병이 있으며, 그 범주로 모든 것을 정당화할 수 있었다. 더 현대적인 용어로 표현하자면, 결손 증상 혹은 음성 증상 조현병에서는 관찰 가능한 양성 징후가 전혀 나타나지 않는다. 즉, 환청이나 환각이 없고 잘못된 믿음을 가지지 않아도, 완벽하게 정신이 멀쩡해보여도 심한 정신병에 걸릴 수 있다.

법원장 슈레버[27]도 그러지 않았던가? 나는 약간 조롱하는

27 법원장 슈레버는 독일의 법관으로서 자서전 『한 신경병자의 회상록』(자음과모음, 2010)에서 본인이 직접 전한 정신병적인 망상으로 유명하다. 1893년에 그는 드레스덴 고등법원의 법원장으로 임명된다. 처음에는 과로 때문이라고 생각한 불면증을 겪던 그는 머지않아 요양원에 입원한다. 이듬해에 그는 독일 의회 선거에 출마하고, 선거에서 떨어진 후 자살을 시도한다. 몇 달 후 여러 환각에 사로잡힌 그는 정직당하고, 금치산자가 되어 정신병동에 입원한다. 결국 1911년에 정신병원에서 생을 마감한다.

뜻에서 일부러 '법원장'이라는 용어를 택했다. 놀라운 사실은, 그 훌륭한 독일제국 법관의 사회적인 관록과 그가 보인 극심한 광기가 떼려야 뗄 수 없이 혼재되어 있었다는 점이다. 그 전체가 상식을 완전히 벗어난 것처럼 보이기에 치료해야 할지 말지를 판가름하기 어려운 광기였다. 세련되고 위엄을 갖춘 그의 글은 논리적으로 치밀했으며 문장도 훌륭했다. 오늘날의 편찬자라면 초고를 다듬어서 정신병의 흔적이 전혀 드러나지 않는 글을 만들어낼 수 있을 정도다. 그의 글에서 가장 어이없고 경탄을 자아내는 부분은 그가 겪은 치료 과정이었다. 거기 등장하는 인물들은 법원장보다 더 우스꽝스럽다. 또 다른 흥밋거리이자 내가 아직 분명한 답을 얻지 못한 점이 있다. 어째서 법원장의 광기는 니체를 비롯한 다른 잘 알려진 인물들의 광기와 마찬가지로 의료적인 기준에 부합하지 않을까? 현대 의학에 따르면 법원장이 겪은 광기는 의학적으로 진단을 내릴 수 없다고 알고 있다.

나는 독서를 하면서 스스로 혹은 주변 사람들이 생각했던 것보다 더 광기와 연관되어 있다는 사실을 확신하게 되었다. 그러자 지금도 자주 던지는 질문이 떠올랐다. 미친 것은 그들일까 아니면 나일까? 정신과 치료를 받으면서 그에 대한 답은 확실해졌다.

내가 지옥으로 하강한 일은 놀랍지 않았다. 나를 상담하던 정신의학자가 약 복용량을 늘렸으니 조현병이 한창 발병하는 중일 테고, 이제껏 기적적으로 명백한 증상을 보이지 않던 광기가 금세 만천하에 드러날 거라는 사실은 분명했다. 더욱이 나의 '정신의학자이자 고문자'는 초기 상담에서 그런 사실을 분명히 밝혔다. 내가 약을 먹든지, 아니면 며칠 지나지 않아 감금되든지 둘 중 하나라고.

거기에 덧붙여 내가 읽은 글과 어느 정신의학자가 내게 알려준 바에 따르면, 정신질환(특히 조현병의 경우)의 신호 중 하나는 환자가 자신이 정신질환과 아무 관련이 없다고 믿는 것이라고 한다. 이 모든 사실을 더하면 매우 특별한 정신상태에 놓일 수밖에 없다. 나는 주변 사람들에게 내 광기가 이제 온 세상에 드러날 테니 단단히 준비하라고 예고까지 해놓았다. 의료진이 조만간 환청을 들을 거라고 장담하면, 당신은 언제 환청이 들릴지 신경 쓰게 마련이다. 예를 들어 길거리나 집에서 무슨 소리가 들리면, 그게 환청이 아닐까 하는 의문이 가장 먼저 든다. 그래서 확인해본다. 그런 식으로 편집증이 자리 잡는다.

2001년 10월 또는 11월쯤, 한순간 나는 정말 정신적으로 흔들려서 다른 세계로 넘어갔다. 1920년대, 1930년대, 1940년대의 정신병원을 재구성한 세계 같았다. 처음에는 그 세계가 머릿속에 존재했지만 머지않아 현실로 영토를 넓혔다. 약 복용량이 늘어나고 종류가 많아지면서 나는 정신뿐 아니라 육체적으로도 흔들렸다. 다양한 약물이 내 안에 들어와 발레를 하는 느낌이라고 해야 할까? 이런 상태가 수년간 지속되었다. 나는 약국에서 파는 약을 거의 다 먹어봤을 것이다. 단, 할돌

(Haldol)[28]만 빼고(페르시아어로 'hal'은 '상태', 'dol'은 프랑스어 법률 용어로 '기만'이란 뜻이다). 심지어 나는 제3세대 항정신병약물인 아빌리파이(Abilify)를 프랑스에서 최초로 복용한 사람이라는 영예를 얻었다.

약마다 미치는 영향이 달랐다. 광인으로 '지목된' 초기에 나는 솔리안을 하루에 100밀리그램 정도의 소량만 복용했는데, 그때는 조금 졸리고 사고 과정에 어려움을 겪었다. 처음에는 복잡한 것들을 생각하기 힘들었는데, 나중에는 훨씬 더 간단한 것들조차 생각하기 어려워졌다. 감정의 고통과 불안이 너무 컸다. 그런데도 그것을 말로 표현하거나 머릿속으로 하나하나 짚어낼 수 없었다. 내 경험을 돌이켜보면, 솔리안을 복용함으로써 마음 상태는 변하지 않은 것 같다. 도리어 전보다 더 마음속 깊은 곳에 갇혀버린 느낌이 들었다.

약물 복용량은 늘어났다. 그러다가 부작용을 보정해준다는 약물까지 처방받기 시작했는데, 그런 약들은 다른 약의 부작용은 물론, 그 약 자체의 부작용도 보정하지 못했다.

나중에는 솔리안 복용량이 아주 많이 늘어났다. 그 약이 근본적으로 효과가 없었기 때문이다. 그러면서 신경성 부작용이 나타나기 시작했고, 등근육 전체가 하루에 한두 차례 심하게 수축해서 척추가 무척 아팠다. 내 힘으로는 어떻게 해볼 수

28 심한 정신병 증상을 조절하는 데 사용되는 항정신병약물.

없는 고통이 밀려올 때가 하루 중 가장 불쾌한 순간이었다. 또 턱을 마음대로 조절하지 못할 때가 있었다. 턱이 견딜 수 없는 위치에 멈춰서 꼼짝도 하지 않는 것이다. 부모님은 구급차를 불렀으나 별 소용이 없었다. 그 영향으로 말하는 능력이 뚝 떨어졌다.

그렇게 2년쯤 지낸 후, 내가 그런 어려움을 겪는 걸 보고 정신과 의사는 솔리안이 아무런 효과가 없을 뿐 아니라 부작용이 너무 심하다는 사실을 인정했다. 그래서 나의 정신의학자이자 고문자는 어느 날 이렇게 말했다. "솔리안은 그만. 이제부턴 자이프렉사(Zyprexa)[29]를 복용해보죠." 처음에는 천국에 온 것 같았다. 누가 뭐라고 하든 자이프렉사는 솔리안에 비하면 훨씬 진보한 약물이기 때문이다. 등근육과 턱에 부작용이 생기는 일은 없었다. 하지만 그 약에도 나름의 특징이 있다! 그 약을 복용하면 대부분 잠을 많이 잔다. 나도 예외는 아니었다. 어느 시기에는 하루에 23시간 30분이나 잤다. 화장실에 가려고 일어나는 일 자체가 참 불안했다. 반쯤 잠에서 깨었을 때, 지금부터 몇 시간 안에는 정말로 일어나야 한다는 사실을 분명히 깨달았기 때문이다. 그런데도 자이프렉사가 자폐인의 사회화를 돕기 위해 자주 처방된다는 사실은 아이러니가 아닐 수 없다.

29 항정신병약물이며 기분 조절제로 작용한다고 여겨진다.

또 다른 부작용이 있었는데, 사실 그건 무척 반가웠다. 자이프렉사를 먹으면 살이 쪘다. 식욕부진 환자에게는 더없이 좋은 약이었다. 키가 2미터 가까이 되는 사람이 내세울 만한 몸무게는 아니지만 59킬로그램에서 몇 달 만에 115킬로그램이 되었으니 말이다.

하지만 불행은 계속되었다. 전보다 편안해지기는 했지만, 자이프렉사만으로는 효과가 없었다. 그래서 정신과 의사는 '칵테일 시대'의 막을 열었다. 정신과 의사라도 보통은 여러 가지 항정신병약물을 동시에 복용하라고 권하지 않는다. 그렇지만 나는 그런 처방을 받았다. 칵테일이 약의 장점을 더하는지 아니면 부작용을 더하는지가 관건이었다. 내가 처방받은 칵테일은 후자의 경우에 가까웠으니 또다시 실패였다.

당시 나의 정신과 치료 과정은 새로운 국면에 접어들었다. 초기 몇 년 동안 입은 피해가 너무 큰 나머지 친구 하나가 다른 정신의학자에게 상담을 받아보라고 권한 것이다. 그 전문가를 '리스페달(Risperdal)[30] 의사'라고 부르겠다. 리스페달은 그가 내게 처방한 새 약의 이름으로, 무기력증이나 긴장증 환자를 자극하는 작용을 한다고 알려져 있다. 칵테일 약물은 서서히 리스페달로 바뀌었고, 내 상태가 개선되지 않자 복용량은 차츰 늘어났다.

리스페달 복용 시 겪은 어려움 중 하나는 그 약이 나를 원

30 제2세대 항정신병약물의 이름.

래 상태보다 더 불안하게 만들었다는 점이다. 그러면서 '진정제' 국면이 추가로 시작되었다. 나는 진정제 계통의 모든 약을 탐색했다. 항정신병약물과 달리 진정제는 의존성이 심하게 나타난다. 따라서 나는 새로운 체험을 할 수밖에 없었다.

항정신병약물과 진정제에 이어 '항우울증 약물' 쪽으로 잠시 우회했다. 아마도 지금 내게 있는 약을 암시장에 가져다 팔면 그 수입으로 안락한 노후를 보낼 수 있을지도 모른다.

나는 솔리안 의사와 리스페달 의사 그리고 온갖 유형의 정신과 의사 목록의 첫 인물인 분석가 의사 사이를 오가며 정신병 약제 목록이라는 미궁을 헤맸다. 그러다가 전혀 예견하지 못한 이유 때문에 치료 과정은 다른 국면으로 빠르게 접어들었다. 내가 정기적으로 찾아간(가끔은 세 명, 네 명에 이른) 그 정신과 의사들의 해석은 서로 상충했다. 그 점이 마음에 걸렸지만, 나는 그들이 자기가 무슨 일을 하는지 확실히 안다고 고집스레 믿었다. 알튀세르는 정신의학자들과 매우 버거운 힘겨루기를 했으나 단 한 번도 그들의 말을 의심하지 않았다. 나는 남에게 말하지는 않았으나 그런 비유를 동원하고, 또 책에서 읽은 내용을 바탕으로 정신의료계의 권력을 격렬하게 비판한 푸코의 비판도 이론적이었다고 되뇌며 스스로 '안심'시켰다.

하지만 금세 모순이 드러나고 타협은 불가능해졌다. 약의 복용량이 얼마간 줄어서 반항할 수 있었는지도 모르겠다.

어느 날, 리스페달 의사의 진료실을 나와 정신의학자이자 고문자, 즉 솔리안 의사의 진료실로 갔다. 방금 상담받은 내용을 두 번째 의사에게 설명하려 했는데, 그는 "그 사람은 아무것도 몰라!"라고 말하며 동료 의사를 불쾌한 수식어로 지칭했다. 그 일을 계기로 나는 깊이 생각했다. 어느 토요일 아침, 고문자 의사와 상담을 마친 직후 약을 먹고 다시 정신이 멍해진 상태에서 파리 중심가의 벤치에 앉아 허공을 멍하니 바라보다가 나는 앞으로 그 의사를 찾아가지 않겠다고 결심했다. 왜 바로 그날 그런 결정을 내리게 되었는지는 모르겠지만, 어쨌거나 나는 그 결심을 지켰다. 그날 곧바로 의사에게 편지를 써 보냈고, 이후로 다시는 그를 찾아가지 않았다.

나는 '모범생'으로서 또는 그저 반사적으로 계속 치료를 받았지만 치료의 강도는 덜했고, 약을 아예 안 먹거나 덜 먹었기 때문에 조금 더 제대로 생각할 수 있었다. 이후 두 번째로 떨쳐낸 인물은 정신분석가였다. 나는 그 의사에게도 편지를 보냈다. 그는 나를 계속 진료하려고 애썼지만 소용없었다.

돌이켜 생각해보면 나는 파리에서 손꼽히는 정신분석가요 최근에 무척 중요한 연구소의 소장이 된 사람에게 약 5년간 치료를 받았다. 그에게는 훌륭한 정기 수입원이었을 테다. 시간이 흐른 뒤에 그때를 톺아보면서 나는 가끔 몽상에 빠지곤 한다. 만약 내 부정적인 생각이 현실로 이루어져 내가 곧 노숙자가 될 상황에 처한다면, 나는 진료실을 개업해서 엄청난 진료비를, 그것도 현금으로 요구할 수 있을 거라고.

2007년 학교가 개강할 즈음인 초가을에 내가 환자로서 마지막으로 헤어진 정신과 의사는 리스페달 의사였다. 치료 기간 막바지에 이르렀을 때 우리는 거의 친구가 되었다. 난 그의 이름을 밝힐 수는 없으나 그에게 경의를 표한다. 마침내 올바른 진단을 내렸기 때문이다. 그 내용은 뒤에서 이야기하겠다.

2001년 8월 말 이후로 6년이 흘렀다. 로빈슨 크루소가 (자폐의?) 섬에서 돌아오며 말했듯, 나는 아주 오랫동안 떠나 있던 런던(또는 파리)으로 다시 돌아왔다.

소소한 순간들과 작은 이야기들

그 6년 동안 많은 사건이 있었다. 그 일들을 이야기하면서 어쩌면 나는 자폐인답게 홀로 이른바 프로이트적인 분석을 이어가는 것인지 모른다. 그 시기가 '지옥으로 하강'한 시기, 의료 진단이 끔찍하게 갈팡질팡한 시기였다 해도 미소를 지으며 말이다.

나를 담당한 정신분석가는 의도치 않게 그러한 방황 사례를 여러 번 보였다. 그는 진료실에서 상담 중에 대체로 침묵했다. 그는 내게 인사를 한 뒤 자리에 앉아서 자신만의 독특한 어조로 내게 말했다. "이야기해보세요!" 그런 다음에는 상담이 끝날 때까지 아무 말도 하지 않았다. 어쩌면 그는 나보다 심한 자폐를 지녔을지도 모른다. 아주 드물게 그가 말을 좀 더 많이 하면서 나에게 몇 가지 질문을 던진 적이 있었다. 예를 들면 이런 것이다. "누가 당신한테 전화를 걸까요?" 상담 초기에는 전화에 대해 이야기를 나누었기 때문이다. 이미 밝혔다시피 난 전화벨이 울리는 걸 견디지 못한다(그 사실은 지금도 거의 변함이 없다). 그런데 그의 질문에는 '누군가 내게 전화하는 것'을 불안해한다는 확신이 깔려 있었다. 난 "아무도 나한테 전화하지 않는데요"라고 대답했다. 그러자 그는 내가 실제로는 울리지 않는 전화벨 소리를 듣거나, 아니면 UFO나 CIA, 또는 다른 기관이 나에게 연락한다고 믿는 것이 틀림없다고 은근히 암시했다.

또 다른 예로, 내가 가게에서 느끼는 불안에 대해 말하자 그는 사실 내가 물건을 훔치거나 남을 공격하려는 충동을 너무 강하게 느껴서 그 충동을 억압하는 순간 불안해지는 것이라고 설명했다. 그런데 그런 정신적인 기제의 특징은 그것을 증명할 수도, 반박할 수도 없다는 데 있다. 가령 내가 가게에서 물건을 훔친 적이 한 번도 없다는 게 사실이더라도(그런데 이 사실도 과연 확신할 수 있는가? 어쩌면 내가 깨닫지 못한 채 물건을 훔쳤거나, 또는 상징적인 의미에서 물건을 훔쳤을지 모른다) 그들에게는 위에서 말한 충동을 억누르고 있다는 것을 증명해줄 뿐이었다.

초기에 그런 상담을 받고 나면 나는 상당히 우울했다. 우울증까지는 아니고 우울한 상태였을 것이다. 그런 다음에는 약 때문에 기억의 백지 상태, 곧 기억되는 체험이 없는 상태에 놓였다.

내가 받은 치료를 돌아보며 의문이 들기 시작했다. 사실 내가 일관된 치료를 받았는지도 확신할 수 없었다. 어느 날 그 정신분석가가 별안간 말했다. "당신은 내가 은퇴할 때까지 나를 찾아올 겁니다." 그랬다면 고용 안정성 면에서 그에게는 더할 나위 없이 좋은 일이었겠지.

또 다른 의문은 실제로 내가 고분고분해졌다는 것이다. 주변 사람들은 자기들이 만약 같은 상황에 처했다면 며칠 만에 의사든 약이든 걷어찼을 거라고 말했다. 그렇다면 아이러니하게도 오로지 자폐증 때문에 그러한 상담 치료가 가능했던 것은 아닐까? 조현병 같은 정신질환 환자는 보통 어느 순간에 이르면 약을 거부한다고 알고 있다.

지금 돌이켜 보면 의사가 약을 처방할 때, 무척 우스꽝스럽게 느껴지는 순간들이 있었다. 정신의학자는 복용량을 어떻게 정해야 할지도 몰라 내 앞에서 전공 서적과 안내 책자를 들척이곤 했다.

시간이 지나서 돌이켜 볼 때, 최고의 순간 중 하나는 정신의학자가 나를 어느 시설에 입원시키겠다고 한 일이다. 그곳은 '시각장애 청소년 치료소'였다. 당시 나는 약을 많이 먹어서 멍한 상태였고 어떤 진단이든 순순히 받아들일 각오가 되어 있었지만, 그래도 잠시 놀라서 의사에게 왜 그런 제안을 했는지 물었다. 그는 솔직하게 답했다. "당신이 내 눈을 똑바로 쳐다보지 않아서죠." 그는 시설 담당자의 이름과 연락처를 적은 처방전을 작성해서 내게 주었다. 그때는 치료의 막바지 시기였고 그 정신의학자는 앞선 두 의사보다 훨씬 인간적이었기에, 자기의 처방을 강요하지는 않았다. 나는 친구인 플로랑스와 로익의 권고를 듣고 그 시설에 연락하지 않았다. 지금도 가끔씩 시각장애인 친구들과 만날 때 내가 겪은 일을 이야기하며 실컷 웃곤 한다.

다른 어느 날, 그 정신의학자는 다시 한번 나를 도우려 했다. 그는 나더러 한정능력자 처분을 받도록 권고했다. 당시 나는 코토렙(진로지도 및 취업 분과 기술위원회. 지금은 지역 장애인센터로 전환됨)이 장애인에게 주는 수당을 받았다. 의사의 말에 따르면 내가 한정능력자 처분을 받아야 하는 이유는, 돈을 너무 쓰지 않기 때문이었다. 보통 그 처분은 수입에 비해 지출이 너무 많은 사람에게 내린다. 재산 관리를 비롯해 모든 것이 병증이라고 간주된 것이다.

다른 의사들보다 더 용의주도한(비록 실수와 오류를 저지르긴 했지만) 리스페달 의사는 이런저런 약물을 처방하기에 앞서 내가 치료에 동의하는지 여러 번 물어보았다. 다른 의사들은 그렇게 하지 않았다. 그가 물었을 때 한번은 이렇게 대답했다(그러지 말았어야 했다). “모나코에서는 왕령(ordonnance souveraine)[31]이라고 말한다죠….” 그건 사실이다. 모나코의 대공(大公)이 서명하는 문서는 왕령이라고 부른다. 그런 식으로 나는 결정은 정신의학자의 몫이라고 말하려 했다. 그러자 의사는 잠시 침묵했고, 분명히 이렇게 생각했을 것이다. ‘저 사람이 헛소리를 하네. 리스페달을 충분히 처방해야겠군….’

31 ordonnance는 프랑스어로 ‘처방전’, ‘명령’이라는 뜻을 모두 지닌다.

내가 받았던 석연찮은 진단들

나는 살면서 여러 진단을 받았으나 그건 사실 무(無)진단이라 불러야 한다. 어렸을 때 나는 일반의나 전문의가 부모님에게 무슨 말을 했는지 몰랐다. 하지만 그들 중 정신과 의사는 한 명도 없었다. 나는 식욕부진, 청각장애, 심장 문제, 음식 섭취 거부에 대한 치료를 받았다. 돌이켜 생각해보면 이는 모두 자폐증과 연관되어 있는 증상이었고 그 정도가 상당히 심했음에도 의사들은 만족스러운 진단을 내리지 못했다. 부모님이 보통은 위급한 상황이 생겨야 의사를 찾아가곤 했던 것도 그런 결과가 나오는 데 한몫했을 것이다.

청소년 때에는 나를 두고 우울증 혹은 과도한 불안 상태라는 말이 거론되었다. 아무도 '자폐증'이라는 용어를 말하지 않았는데, 그 시절에는 자폐증을 일컬을 때 분열병질(schizoïde), 정신병질자(personnalité psychotique) 등의 용어가 사용했다.

내가 정신과 치료를 받으며 암울한 시기를 보내는 동안에 나는 의사 뒤파뉴가 개설한 웹사이트의 조현증 토론방을 자주 찾았다. 올라온 글은 충실히 읽었지만 직접 글을 올리진 않았다는 뜻이다. 나는 그 일을 조금 후회한다. 당시 내 가상 '친구', 그러니까 한 방향으로만 교류한 친구 몇 명은 토론방에 글을 올린 뒤 자살했다. 나는 많은 것을 배운 그 시기가 한편으로는 그립기도 하다.

아주 기이한 진단을 받은 적도 있다. 내 성을 여성으로 바꾸려고 한 것이었다. 그 진단을 내린 정신의학자는 내게 법원장 슈레버에 대한 이야기를 해주었다. 그는 동료 의사와 그 문제를 상의하기까지 했다.

내게 '아스퍼거증후군'이라는 말을 처음으로 한 인물은 리스페달 의사였다. 당시에 프랑스에서 그 용어를 아는 정신의학자는 드물었다. 그는 나를 동료 정신의학자에게 보냈고, 그 의사는 좀 더 확실한 진단을 내렸다. 그는 훌륭한 전문가인 것 같았고, 최근에 다른 사람들이 내 판단이 옳았음을 확인해주었다. 하지만 나는 그 의사를 단 세 번 찾아갔다. 의사와 약속을 잡으려면 비서에게 전화를 걸어야 했기 때문이다. 지금도 전화 거는 일은 어렵지만, 당시에는 아예 할 수 없었다. 진단이 내려졌다고 해서 그 자체로 이어지는 과정 또는 악순환이 멈춘다고 믿어서는 안 된다. 전혀 그렇지 않다. 어쨌거나 나는 그랬다.

아스퍼거증후군 진단을 받은 다음에도 조현병으로 분류할 수 있는 정신질환에라도 걸린 것처럼 약 2년 동안 계속 항정신병약을 먹었다. 정신의학자에게 내가 '싫다'라고 말할 수 있음을 깨닫고 감히 그렇게 하기까지 오랜 시간이 걸렸다. 불행히도 내가 그런 시도를 할 수 있게 도와준 의사는 한 명도 없었다. 진단을 받음으로써 어떤 요소들, 가령 내가 남들과 똑같은 관심사를 지니지 않았던 이유 등을 이해할 수 있었다. 다른 사람들은 주말에 영화관에 가거나 금세 커플을 이루었지만, 나는 그러지 않았다. 나는 내가 가진 질문들에 대한 답을 찾아내기 시작했고, 어린 시절에 겪은 일들, 즉 내가 어째서 쉬는 시간에 여느 아이들과 똑같은 방식으로 행동하지 않았는지 등을 이해하게 되었다. 하지만 결국 모든 사람은 자폐를 지녔든 아니든 유일한 존재다. 우리는 자신만의 독특한 생각과 성격을 지녔다.

어쩌면 나는 아직도 또 다른 여러 질병에 걸려 있으며, 전문가들은 앞으로 새로운 진단명을 만들어낼지 모른다. 어찌 되었든 나는 정신과 의사들을 거친 후, 빙 돌아서 제자리에 와 있었다.

4장

자폐증이란 무엇인가?

조금 이상한 사람은 행복하다. 그들은 빛을 통과하게 놔두니까

미셸 오디아르(프랑스의 영화감독, 시나리오 작가)

별로 내키지는 않지만 "자폐증이란 무엇인가?"라는 문제에 한 장을 반드시 할애해야 했다. 이 장을 책의 흐물흐물한 복부에 신중하게 집어넣었으니, 첫 페이지부터 읽어온 독자는 이 장에 이를 때쯤이면 정신이 또렷하지 않을 것이다. 내가 가끔 하듯 책을 맨 끝부터 거꾸로 읽어나가는 독자도 마찬가지리라. 이 장은 분명한 순서가 없이 키워드들로 이루어져 있다. 하지만 자폐증의 특징을 다루는 데 과연 체계적인 순서가 필요할까?

도입부에 몇 가지를 밝혀두려 한다. 겸양으로 하는 말이 아니라, 독자가 이미 짐작하고 있겠듯이 나는 자폐증에 관해 문외한이다. 따라서 자폐증에 대한 내공 있는 강연을 할 수도 없다. 다만 나 자신에 대해 말할 수 있을 뿐이다. 듣는 사람들이 그 이야기에서 자기가 겪은 상황과 비슷한 특징을 알아차리길 기대하면서 말이다. 또한 나는 어떤 방식으로든 자폐인을 대표하는 사람도 아니다. 강연이 끝나고 부모들이 내게 다가와 자신의 자녀가 나와 공통점을 지녔다고 친절하게 말할 때, 나는 속으로 '가엾은 녀석'이라고 생각한다. 하지만 다행스럽게도 개개인은 서로 상당히 다르다.

독자 친구여, 이 사실을 염두에 두라. 자폐증에 관한 이야기

를 들을 때면 자기도 자폐를 지닌 것 같다는 생각을 하게 되는 순간이 반드시 온다. 절대 두려워하지 마라. 한두 가지 사례에서 그런 모습이 있더라도 마음을 편히 먹어야 한다. 소아정신질환을 다룰 능력이 있는 유명한 의사에게 달려가느라 돈을 낭비할 필요는 없다. 물론 수의사를 찾아가서는 더더욱 안 될 것이다.

'마음의 감옥'은 누구에게나 있다

자폐증에 대해 가장 오래되고 가장 자주 거론되는 정의 중 하나로 '마음의 감옥'에 대한 비유가 있다. 또는 정신의학의 역사에 관심이 많은 사람에게라면 '텅 빈 요새'에 대한 비유도 들어보았을 것이다. 조금 다른 비유들도 있다. 내 친구에게 어느 정신의학자가 던진 질문과 진단은 다음과 같다.

"길을 걸을 때, 무인도에 있다고 느끼나요?"

"아니오."

"그렇다면 당신은 자폐인이 아닙니다. 안녕히 가십시오."

우스갯소리는 이쯤 하고 본론을 말하자면, 사람들이 지닌 마음의 감옥이란 과연 무엇을 말하는지 생각해봤다. 자신은 완벽하게 정상이라고 생각되는 사람들을 나는 알고 있다. 그들은 아침에 출근해서 저녁 늦게까지 일하다가 지하철을 타고 집으로 돌아와 한 시간 정도 텔레비전을 보고, 음식을 차려 먹고, 잠을 자고, 그다음 날 같은 일을 되풀이한다. 그들과 대화를 시작하면 이야기할 만한 주제가 두세 가지 있을 테고,

10초만 지나면 그들은 자기 신념의 밑바닥을 드러낸다. 예를 들어 그들이 이런저런 축구 클럽을 응원하고 특정 정당에 투표한다고 말할 때 이유를 물어보면, 그들은 이렇게 대답한다. "상대는 얼간이잖아요! 그렇게 형편없으니 모 씨가 이길 게 확실하죠!" 이런 사람들은 지극히 정상이며 자유로운 성향으로 간주된다. 자폐증을 지닌 사람들을 정직하게 살펴보려는 노력을 기울여본다면, 그들은 아주 많은 점에서 여느 사람들보다 더 유연하다고 나는 믿는다.

물론 다른 사람과 공유하지 않는 나만의 내적 세계가 내게도 있다. 특히 내게 15초마다 "지금 무슨 생각을 하시죠?"라고 추궁하듯 묻는 정신의학자와는 공유하지 않는 세계 말이다. 모든 인간은 자신만의 내적 세계를 지니고 있으며, 그런 세계가 없다면 무척 슬플 것이다. 그러한 마음속 정원을 없애려는 여러 종류의 시도가 이루어진다. 비생산적인 작은 땅, 시간 낭비, 비정상을 없애기 위해 광고를 비롯해 의료적·경제적 압박이 가해진다. 나는 그로 인해 야기될 궁극적인 영향이 매우 처참하다고 생각한다.

서구 사회에서 멀리 떨어진 다른 지역에 가서도 마찬가지겠지만, 사람들은 사마르칸트에 도착했을 때 깜짝 놀란다. 노인이든 젊은 사람이든 많은 사람이 활동하지 않고 가만히 있기 때문이다. 그들은 장시간 길거리나 카페 한구석에 앉아서 생각한다. 그들을 병원에 입원시켜야 할까? 모로코의 라바트에서 열린 어느 토론회에서 옛날에는 우리 조상으로부터 물려받은 시(詩)를 전수하는 것이 삶의 목적이었다고 말한 사람을 요새에 가두어야 할까?

르네상스 시기에 쓰인 『세계의 미궁과 마음의 천국』(*Le Labyrinthe du monde et le Paradis du cœur*)이라는 책이 있다. 표현 자체가 아름다운 이 제목은 주제를 잘 드러낸다. 세상을 발견하길 갈망하며 여러 곳을 여행한 어느 순진한 젊은이의 이야기다. 그가 맞이한 결말은 마르코 폴로가 한 것 같은 영광스러운 귀향이 아니다. 여행은 마지막에 자기 내면으로 빠져든다. 19세기에 통용된 의미에서 살핀 교양소설과는 거리가 멀다.

그럼에도 저자 코메니우스는 발자크나 에밀 졸라 같은 작가보다 더 혁신적이었다. 코메니우스는 르네상스기의 위대한 인문주의자로서 유럽을 여행하며 생애를 보냈다. 그는 또 새로운 교육 방법을 창시했다. 당시에는 라틴어를 가르칠 때 어린이를 때렸는데, 코메니우스는 어린이가 놀이로 더 쉽게 배운다는 사실을 증명해보였다. 더 나아가 그는 여자아이에게도 같은 교육을 실시해야 한다고 주장했다. 하지만 당시에 여자 어린이에게 라틴어를 가르친다는 것은 말도 안 되는 생각이었다!

그러므로 자폐를 이야기할 때 내면의 삶을 지녔다는 사실이 문제되거나 염려거리라고 생각할 수 없다. 염려거리는 불행히도 그보다는 외적인 삶에 있다.

자폐인에게 '규칙'은 어떤 의미일까

자폐를 지닌 사람은 매우 경직되어 있으며, 자폐인은 흔히 "규칙은 규칙이다"라는 말로 이를 표현한다. 간단히 설명하자면, 그 말을 한 사람은 규칙이 엄격하게 적용되는 것을 중시한다는 뜻이다. 하지만 이 표현은 "싱글은 싱글이다" 같은 동어반복은 아니다.

나는 자폐를 지닌 사람의 경직성이 여러 상황에서 실제로 확인된다 해도 그것이 자폐인의 절대적인 특성은 아니라고 생각한다. 연구에 따르면, 어떤 분야에서는 자폐를 지닌 사람이 다른 사람들보다 훨씬 덜 경직되어 있다고 한다. 나와 개인적으로 연관되는 주제인 국적을 봐도 그렇다. 나는 어떤 사람이 독일 사람인지 혹은 벨기에 사람인지의 여부가 무엇을 뜻하는지 이해하기 어렵다. 내겐 너무 추상적인 문제다. 내가 인도네시아 사람이라고 상상하는 일은 문화적 차이 및 외모 차이 때문에 어려울 수 있겠지만, 만약 누가 나더러 국적을 바꾸라고 요구하면서 쉽게 그렇게 하도록 도와준다면, 당장 에스토니아 사람이 되거나 적어도 스스로 에스토니아 사람이라고 말하는 일이 전혀 불편하게 느껴지지 않는다. 이 경우에는 부모님이 체코 출신이라는 나의 개인사가 자폐증에 더해져 더 확실히 작용하는 듯하다.

하지만 인간의 복잡성을 감안하면 자폐증이라는 요인만 따로 떼어 고려하는 일은 거의 불가능하다. 나는 의기소침해진 순간이면 스스로 무국적자라고 느끼고, 세상에 대한 열정에 사로잡힐 때면 내가 세계 시민이라고 느낀다. 가장 나쁜, 또는 가장 좋은 점은 내가 나의 성(姓)과 이름을 어떻게 '올바르게' 발음해야 할지 모른다는 사실이다. 그건 나의 대화 상대방에게 달린 일이긴 하다. 프랑스어가 아닌 다른 언어를 말하는 사람과 이야기할 때면 나의 성과 이름은 다르게 발음된다. 나는 상대방에게 프랑스어 식으로 발음하라고 요구하지 않는다. 하지만 놀랍게도 많은 사람은 자기 이름을 발음하는 방식에 상당히 민감하다. 당신이 나를 조제프(Jose), 죠제프(Djozef), 요세프(Yossef) 혹은 유수프(Youssouf) 등 어떻게 부르든 간에 그게 나라는 사실을 내가 알아듣는 한 전혀 문제가 되지 않는다. 사람들이 나를 스테파니라는 여자 이름으로 부른다고 '합의'를 본다 해도 나는 아무렇지도 않을 것이다.

자폐를 지닌 사람이 대체로 더 유연한 또 다른 부문은 젠더에 관한 편견이나 사회적으로 구성된 개념이다. 가령 남자는 축구와 자동차, 맥주를 좋아한다고 생각하는 것 말이다. 여기에서도 역시 이론적으로 순수한 자폐증에서 기인하는 것과 많은 자폐인이 주변에서 느끼는 것을 구분하기 어려울 수 있다. 주변인은 보통 사회적 관례를 덜 중시하기 때문이다.

하지만 자폐증을 지닌 사람이 대체로 환경에 적응하거나 예기치 못한 상황에서 행동의 해결책을 찾아내기 힘들어하는 것은 사실이다. 바게트를 사려고 빵집에 갔는데 그 빵이 다 팔렸다면 당장 대안을 찾아내어 어떤 조처를 해야 한다. 그런데 자폐인에게는 이런 일이 버겁다. 내가 중학교 1학년 때, 하루는 프랑스어 선생님이 시간이 다 되었는데도 몇 분이 넘도록 계속 수업을 했다. 나는 울음을 터뜨렸다. 선생님이 다가와 다정한 태도로 나를 달래며 왜 우는지 물었다. 내가 마음이 동요된 이유를 설명하자 선생님은 얼굴이 일그러진 채 교실 밖으로 나갔다. 돌이켜 생각해보면, 선생님은 화가 났을 것이다.

전형적인 경우로 자폐를 지닌 아동은 수업 중에 떠들거나 시험 중에 커닝을 하는 반 친구를 일러바칠 수 있다. 자폐 아동이 반 친구들을 좋아하지 않거나 아이들에게 못되게 굴고 싶어서 그러는 게 아니다. 그런 행동은 단지 규칙을 적용하는 일에 해당한다. 자폐 아동이 담임선생님이나 다른 교사에게도 똑같이 한다는 게 그 증거다. 교사가 실수하면 자폐 아동은 그 점을 반 친구들에게 하듯 준엄하게 정정한다.

이에 대하여 여러 흥미로운 일화를 이야기할 수 있겠지만, 그중 하나만 전하겠다. 초등학교 5학년 때 장학관 한 명이 우리 학급에 왔다. 교사진은 장학관을 무척 두려워한다. 그래서 담임선생님은 우리에게 그날만큼은 얌전하게 굴고 수업에 집중하라고 단단히 일러두었다. 장학관은 떠나기 전 짧은 강연을 했는데, 나는 그때 손을 들고 장학관에게 이렇게 말했다. "장학관님, 잘못 생각하시는 거예요. 발표된 교육 이론을 모르시는 모양인데요…." 나는 말을 계속할 수 없었다. 선생님이 믿을 수 없으리만치 과격하게 내 말을 끊었기 때문이다. 어린이는 선생님의 말을 정정해선 안 되는 법인데, 하물며 장학관의 말을 고치려 들다니!

살아가면서 예기치 못한 상황과 마주하는 일은 너무나 많다. 그래서 각각의 상황에 대한 해결책을 전부 가지고 있기는 불가능하다. 무언가를 배웠다고 해도 결코 완벽할 수는 없으며, 어떻게 해야 할지를 계속 배워야 한다. 이른바 '플랜B', 즉 차선책을 미리 마련해두는 방법이 있다. 예를 들어 숙소를 예약해두었는데 그 호텔이 이런저런 이유로 갑자기 나더러 숙박할 수 없다고 말할 때, 미리 준비해놓은 다른 해결책이 있다면 좀 더 마음이 편할 것이다. 그러나 평범한 상황에 대해 지나치게 많은 대체 시나리오를 대비하는 것은 자폐인에게 도리어 독이 된다. 여러 예측 가운데서 갈피를 잡지 못할 테고, 결국 의심에 쌓인 채 살아가게 되기 때문이다. 따라서 대비하는 정도를 적당히 조절해야 한다.

몇 년 전에 나는 어느 공공기관 여성 행정관의 립스틱을 실수로 훔쳤다. 나는 모임이 시작하기 전에 도착했는데, 내게 할당된 자리의 탁자에 참석자에게 주는 볼펜 같은 작은 선물을 비롯한 여러 물건과 립스틱 하나가 놓여 있었다. 나는 립스틱도 선물 중 하나라고 생각해 가방에 넣었다. 몇 분 후에 여성 행정관이 도착했을 때, 나는 당황스러운 상황에서 벗어날 해결책을 찾아내야 했다.

또 다른 경우는 칭찬을 주고받는 상황이다. 칭찬에 긍정적으로 반응하면서 상대방이 하는 말에 무관심하지 않는다는 사실과 함께 겸손한 태도를 보여야 한다. 상대방의 가치를 높이 평가하는 것도 잊지 말아야 한다. 다른 사람들과 함께 있을 때 누군가에게 칭찬을 하면 보통 그에 대한 답을 기대하게 마련이기 때문이다. 선물에 대해서도 마찬가지다. 나는 "고맙습니다. 이 모든 게 당신 덕분이고, 함께하면 다음번에 더 잘할 수 있겠지요" 같은 상투적인 문장들도 배웠다. 다만 그 문장들을 설득력 있는 어조로 말해야 하고, 같은 사람에게 똑같은 문장을 다시 말해서는 안 된다는 점이 어렵다.

이와 관련해서 자폐증을 지닌 어느 소녀의 아버지가 들려준 이야기가 깊이 와닿는다. 모든 훌륭한 부모가 그렇듯 그 아버지도 딸의 잠재력을 발견하고 사회성을 키워주기 위해 자극하는 수단으로 칭찬이라는 방법을 쓴다. "아주 좋아! 좋은걸! 제대로 해냈구나! 넌 참 똑똑한 사람이야!" 어느 날, 그런 칭찬을 들은 딸이 그에게 답했다. "아빠, 그 말 어제 했잖아요!" 배우자에게 "사랑해"라고 말한다면, 어째서 그 말을 내일 또는 한 달 후에 또다시 한단 말인가? 부정하지 않는 한 그 말은 유효한데…. 또 가끔은 칭찬이 기만적이며 상대방을 오류로 이끌거나 조종하는 데 사용된다는 사실을 알아야 한다. 여성 잡지에서는(나는 한때 여성 잡지사에서 일했다) 당신의 남편이 집안일을 하게 만들려면 어떻게 해야 하는지 설명했다. 자주 소개되는 방법 중 하나는 치켜세우는 말을 하라는 것이다. 이 경우 치켜세우는 말은 타산적이고 심지어 거짓이다. 실제로 직장에서는 그런 방법이 자주 사용된다. 고용주는 고용인에게 자신이 느끼는 호의를 보란 듯이 과시한 뒤 그에게 일을 맡긴다. 그러면 고용인은 자신이 받은 높은 평가를 자랑스럽게 생각하며 맡은 일을 열심히 한다.

사람들은 자폐인이 반복해서 즐겨 하는 판에 박힌 행동들을 보며 경직되었다고 말한다. 그런데 자폐인 편에서는 그런 행동을 함으로써 심리가 안정되며 별다른 의문을 제기하지 않아도 된다. 옷을 입을 때 항상 맨 앞쪽에 놓인 셔츠를 입는다면 아침에 일어나는 일이 쉬워진다. 또 셔츠를 고른 다음에 해야 할 다른 일이 정해져 있다면 안심이 되는 알고리즘을 지닌 셈이다. 또다시 여성 잡지를 살펴보면 거기에는 연인 사이를 돈독하게 만들고 상대방을 깜짝 놀라게 하는 방법이 무엇인지 나와 있다. 대체 왜 사랑하는 사람을 놀래주어 그가 스트레스와 불쾌감을 느끼게 만든단 말인가? 자폐를 지닌 사람은 규칙성, 판에 박힌 반복되는 행동, 예측 가능성을 더 기분 좋게 여긴다.

전혀 모르는 사람과의 만남이 스트레스가 덜한 이유

친숙한 사회집단 내에서 갖는 접촉보다 전혀 모르는 사람과 만나는 일이 더 단순할 수 있다고 말하면 얼핏 직관에 어긋나는 것처럼 보인다. 하지만 이 말이 옳은 경우도 있다. 여행은 확실히 스트레스를 일으키는 요인이다. 하지만 프랑스에서는 내가 실수하면 이상한 사람 또는 자폐인으로 간주되는 데 반해, 다른 나라에서는 똑같은 실수를 해도 그렇게 나쁘게 보지 않고 내가 외국인이라서 그렇다고 생각할 수도 있다는 사실 덕분에 스트레스가 상대적으로 줄어든다.

나는 최근에 사마르칸트에서 위구르 음식을 파는 가게에 갔다가 주인에게 인사를 제대로 하지 못했다. 주인은 침착하게 영어를 할 줄 아는 자기 아들을 불렀다. 나는 가급적 영어로 말하는 것을 피하려 한 터라 참 유감스러운 일이었지만 말이다. 생각해보면 외국인이 조금 낯설게 행동하는 것은 더없이 자연스럽다.

또 다른 예를 들면, 자폐를 지닌 아이들은 쉬는 시간에 자기와 확연히 다른 아이들과 다른 곳보다 학교 운동장에서 쉽게 가까워지곤 한다. 남자아이들은 여자아이들과, 여자아이들은 남자아이들과 말이다. 하지만 이런 관계 맺음은 초등학교에서 일상적인 일로 간주되지 않는다. 구체적으로, 당신이 자폐를 지닌 소년인데, 여자아이 무리에 끼어 있다가 작은 실수를 하면 문제가 덜 될 것이다. 여자아이들은 "그건 정상이야, 남자아이니까! 그 애한테는 설명해주어야 해"라고 말할 테니까. 더 나아가, 여자아이들이 화장에 대한 이야기를 하고 있는데 당신이 아무것도 이해하지 못하면서도 그 자리에 계속 남아 이야기를 듣는다면, 여자아이들은 대체로 즐거워하면서 당신에게 이런저런 이야기를 해줄 것이다. 그리고 여자아이들과 쇼핑을 가서 그들이 옷에 대해 이야기하는 것을 들을 용기가 있다면, 당신은 평생 친구를 만들 수도 있다.

나는 가끔 노인네들과 쉽게 친해진다. 물론 '노인네'는 정답게 부르는 말이다. 치매에 걸린 사람들하고도 쉽게 친해진다. 대체로 소외된 처지의 그들은 자기가 젊은이와 이야기를 나눌 수 있을 거라고 기대하지 않는다. 하지만 그들에게는 삶에서 우러난 이야기가 많다. 상투적인 생각인지도 모르겠지만, 노인은 내가 어린이 또는 청소년 때에 사용한 언어와 비슷한 방식으로 말한다.

시선 처리와 감정 읽기의 어려움

자폐를 지닌 사람에게 가장 힘든 요소 중 하나는 아마도 시선의 움직임과 작용일 것이다. 각 언어에는 시선과 연관된 무수한 표현이 있다. '얼음처럼 차가운 시선을 지녔다'(avoir un regard glacial)라거나 '눈총을 주다'(fusiller quelqu'un du regard)라는 표현은 무엇을 뜻하는가? 자폐인이 그런 표현을 이해하지 못한다고 해서 비웃지 마라. 당신은 그 뜻을 정확하게 설명할 수 있는가? 어떤 점에서 눈이 '총'인가? 그에 대해 물으면 돌아오는 대답은 대부분 이런 식이다. "그냥 느껴지고 보여서 분명히 알 수 있는 거야." 하지만 자폐인에게 그런 일은 분명하지 않다. 그러니 시선을 둘러싸고 온갖 사회적 오해가 생길 수 있다는 사실을 상상하기란 어렵지 않다.

자폐를 지닌 사람들은 대체로 다른 사람의 눈을 똑바로 쳐다보는 걸 어려워한다. 그래서 시선이 이상한 곳으로 향할 수 있으며, 그런 이유로 무례하거나 이중성을 지녔다고 오해받는 일이 흔하다.

하지만 사실은 그렇지 않다. 자폐를 지닌 사람은 누군가에게 등을 돌리고 말하기도 한다. 이는 사회적으로 대단히 무례

한 행동이라고 간주되지만, 그들은 절대 그런 의도로 한 행동이 아니다. 그렇다고 대화 상대방을 바라보아야 한다는 규칙이 절대적인 것은 아니어서, 상대방을 계속 뚫어져라 쳐다보는 것 또한 예의에 어긋난 행동으로 간주된다.

그토록 복잡한 상황에 직면하면 어떻게 해야 한단 말인가? 나는 이와 비슷한 내용이 설명된 경영 서적을 읽었다. 거기에는 상대방의 두 눈 사이 어느 지점을 정해 20초 정도 바라본 다음 시선을 떨구고, 잠시 후 다시 그 지점을 바라보라는 요령이 적혀 있었다. 경험에 따르면 이 방법은 잘 통하지만, 취업 면접이 한창 진행되는 중에 20초가 지났는지 확인하려고 손목시계를 쳐다보고 있을 수도 없는 노릇이다. 삶은 참 복잡하고 때로는 희극적인 면을 띠는 것 같다.

시선을 조절할 뿐 아니라 타인의 얼굴에서 감정을 읽을 줄도 알아야 한다. 자폐인에게 감정을 읽는 능력이 결여되어 있다는 주장은 옳지 않다. 하지만 자폐인은 그 능력을 자연스레 발휘하는 것이 아니라 학습으로 얻으며, 그렇기에 감정을 잘못 읽어내는 일이 빈번하다는 것은 사실이다. 구체적으로, 당신이 울고 있는 누군가를 보면 어떤 태도를 취할까? 누군가가 당신에게 어떤 특정한 표정을 지으며 말할 때, 그 사람은 빈정대는 중일지 모르고, 또 당신의 말에 동의하거나 반대하는 것일지도 모른다. 그러한 단서들을 제대로 이해하지 못하면, 사회적으로 실패할 위험이 크다.

하지만 사람의 실제 감정이 항상 얼굴 표정과 일치하는 것은 아니다. 사람들은 실제로 느끼지 않는 어떤 감정을 내보이는 데 능숙하다. 게다가 이렇게 감정을 부호화하는 일은 대부분 문화적으로 결정된다. 일본이나 유럽, 중동에서는 서로 똑같은 빈도로, 똑같은 이유로 미소 짓지 않는다. 그 모든 상황을 알려면 참으로 많이 학습해야 한다. 사정이 그렇다 보니 자폐를 지닌 사람에게는 적어도 한 가지 이점이 있다. 그들은 얼굴 표정을 학습하는 데 익숙하기에 다른 문화에서 짓는 얼굴 표정을 배우는 일이 상대적으로 쉽다. 반면에 '직관적인' 표정 읽기에 의존하는 사람들은 다른 문화 상황에 놓였을 때 자신의 습관에서 벗어나기 어려울 수 있다.

인사할 때의 오만 가지 고민

상대방과 얼마만큼 떨어진 곳에서 인사하는 것이 적절할까? 그것은 문화적 변수에 달려 있다. 일본 또는 미국에서 그 거리는 유럽에서 통용되는 것과 다르다. 그런 걸 익히려면 배워야 한다. 상대방에게 말 그대로 딱 달라붙어 있는 자폐 아동은 경우에 따라서 예의가 없거나 사랑스럽다고 간주될 것이다. 하지만 어른이 그러면 가해행위가 된다. 더욱이 그 거리는 상황에 따라서도 달라진다. 만약 누군가에게 애착을 표현하고자 한다면 가까이 다가가야 한다. 직업적인 관계라면 거리를 더 많이 두어야 한다. 자폐를 지닌 사람에게는 까다롭기 짝이 없는 문제다.

아주 최근까지 내게 골칫거리였던 또 다른 문화적 요소가 있다. 바로 인사할 때 볼에 입을 맞추는 관습[32]이다. 생각해보면 그 관습은 참 이상하다. 어떤 외국 사람들은 그걸 보고 웃는다. 예를 들어 프랑스에서는 여자들이 서로 볼에 입을 맞추고, 남자와 여자도 서로 볼에 입을 맞추지만, 남자끼리는 그러지 않는다. 중동 여러 나라에서는 여자들이 서로 볼에 입을 맞추고, 남자들끼리 볼에 입을 맞추지만, 남자와 여자는 절대로 그러지 않는다. 누군가를 만나면 항상 어떤 방식으로 행동해야 할지 곰곰이 생각해야 하는데, 그것은 힘겨운 정신 작용이지만 그렇게 함으로써 실수를 막을 수 있다! 나는 어느 유럽인이 다른 문화에 놓이면 과도하게 누군가의 볼에 입을 맞출 거라 장담한다.

이런 상황이다 보니 내가 누군가에게 인사하는 일은 특공작전을 방불케 한다. 세부 사항은 각자 자연스럽게 이해한다고 생각해 명시되지 않는다. 하지만 볼에 입을 맞춰 인사하는 정확한 방법은 나라나 지역에 따라 다르다. 경우에 따라 세 번, 네 번, 두 번 입을 맞춰야 한다. 또 입을 맞추면서 쪽 소리를 내는 게 옳은지 그른지도 신경 써야 한다.

생각해보면, 악수를 하는 행위도 참으로 복잡하다. 힘도 적절하게 주어야 하고, 손가락을 특정하게 움직여야 한다. 손의 어느 지점을 잡아야 할까? 손가락 끝? 혹은 가운데나 다른 곳

32 프랑스에서는 가족과 잘 아는 사람을 만나면 보통 양 볼에 입을 맞추어 인사한다.

을 쥐면 될까? 악수할 때, 어느 정도까지 팔을 뻗어야 할까? 팔을 지나치게 뻗으면 상대방은 당신이 자기를 거부하거나 일정한 거리를 둔다고 믿을 것이다. 만약 팔을 충분히 뻗지 않으면, 당신이 인색하거나 거만하다고 생각할 것이다. 또 어떤 협회 회원들은 자기들만의 특별한 악수법을 지녔다. 그러니 내 입장에서는 어리둥절할 수밖에.

순진함 구분하기

순진함은 자폐를 지닌 사람들의 또 다른 특징이다. 이때 두 종류의 순진함을 구분해야 한다. 먼저 실질적인 순진함, 즉 사람들이 말하는 모든 것을 믿는 순진함이다. 그리고 겉으로 보이는 순진함, 즉 다른 사람들이 그가 무척 순진하고 남의 말을 쉽게 믿는다고 생각하게 만드는 순진함이다. 후자는 나쁜 의도를 지닌 사람들이 남을 자기 뜻대로 조종할 때 쓰는 수단이기도 하다.

어린 시절 내 두드러진 특징 중 하나는 순진함이었다. 나는 사람들이 하는 말이라면 얼토당토않은 내용조차 전부 믿었다. 그 점에서 지금 나는 그때와 달리 냉소적이고 비관적이 되었다. 보통 누군가 내게 말을 걸면, 나는 그가 한 말이 사실일 수도 있고 아닐 수도 있다는 두 가지 가설을 검토한다. 또한 뜻밖의 상황에 처하거나 조종당하는 일을 피하려고 항상 노력했다. 경험이 조금 쌓이면 자신을 조종하려 시도하는 사람들을 가려낼 수 있다고 믿는다. 이때 지나친 피해망상에 빠지지 않도록 주의해야 한다.

어떤 사람들은 겉으로 보이는 나의 순진함을 완화시키려고 노력했다. 그들은 그런 순진함이 나의 어조에서 드러난다고 알려주었다. 또 내가 웃는 방식이 신뢰성을 떨어뜨린다는 사실도 보여주었다. 그래서 나는 늘 말과 행동을 조심하고자 노력한다. 불행히도, 혹은 다행히도 그런 노력이 항상 성공하는 것은 아니다. 결국 어느 정도의 천진함은 삶에 필수불가결하다고 생각한다.

현실에서 상황은 두 가지 이유 때문에 더 복잡해진다. 첫째, 나쁜 의도를 지닌 사람을 가려낸다고 해서 항상 자기를 보호할 수 있는 것은 아니다. 둘째, 사회규범을 그대로 적용하기만 해서는 바르게 행동할 수 없다. 나는 이 두 가지를 모두 개선하려고 애쓴다. 자폐를 지닌 사람들은 이런저런 사람을 피해야 한다는 사실을 깨닫더라도, 가끔은 친절한 마음에서 혹은 관례를 지키느라 그를 계속 만난다.

나도 살면서 그런 시기가 있었고, 여러 번 속았다. 자폐증을 소개하는 자리에 초대받은 적이 있는데, 행사가 끝나고 한참 후에 이야기를 나누다가 우연히 나를 제외한 참석자들 모두가 교통비를 환급받았거나 따로 수당을 받았다는 사실을 알아챘던 적도 있었다. 내가 그들보다 훨씬 가난했는데 말이다. 나는 부당한 대우를 자주 깨닫긴 하지만(순진한 구석이 있기는 해도 관찰력은 좋은 편이니까), 그냥 넘기는 경우가 많다. 정도가 지나치면 모호한 항의를 담은 메일을 보내는데, 대부분 답장도 돌아오지 않는다.

위에 언급한 두 번째 사항에 대해 말하자면, 나는 젊은 자폐인에게 규칙을 따르면 사회생활을 제대로 할 수 있다고 가르치는 것만으로는 충분치 않다고 생각한다. 그가 그렇게 하는 게 좋은지 아닌지를 스스로 판가름해야 한다. 이론적으로는 누군가에게 "오! 너는 잘생겼어. 너는 아름다워. 집도 정말 좋다!"라고 말하는 것이 가능하다. 아첨하는 법은 충분히 배울 수 있으니까. 하지만 그 말이 거짓일 때, 그렇게 말하는 게 과연 옳을까? 예의를 지켜야 한다는 핑계로 경쟁하듯 그런 말을 해야 할까? 아쉽게도 정답은 없다.

나는 거짓말을 하지 않으면서 악의가 담겼다고 생각될 말은 삼가려고 노력한다. 곡예사가 재주를 부리듯 균형 잡기가 필요한 일이다. 그러다 가끔 서로 모순되는 몇 가지 명령 사이에 끼어 옴짝달싹하지 못할 때도 있다. 차를 운전하거나 보도를 걸을 때 등 살면서 규칙을 앞세워야 할 때가 있다. 그 규칙 중 하나는 나이든 사람이 먼저 지나가도록 배려해야 한다는 것이다. 하지만 그걸 말로 표현해서는 안 된다. 당신은 길에서 마주친 할머니에게 "먼저 가세요! 당신은 연세가 아주 많으시네요. 얼굴에 주름이 많은 걸 보면 알겠어요"라고 말해서는 안 된다. 그건 상처를 주는 말이다. 물론 할머니는 연장자가 먼저 지나가게 하려는 상대방의 의도를 알고 있지만, 굳이 그런 말을 듣고 싶은 마음은 없다.

불안이 계속되어서 좋은 점

나는 심하게 불안해한다. 내 손톱을 보면 내가 느끼는 불안 수준을 어느 정도 알 수 있다. 아주 어렸을 때부터 나는 손톱을 물어뜯는 버릇이 있다. 하지만 정도가 너무 심해 물어뜯는다는 표현만으로는 부족할 정도다. 부모님은 내 버릇을 고치려고 상상할 수 있는 모든 방법을 시도해보았지만 아무런 소용이 없었다.

의료진 또는 의료 분야에 대한 지식을 조금이라도 가진 사람을 만났을 때, 그가 내게 처음 하는 말은 한결같다. 내가 지나치게 불안해한다는 것이다. 이는 자폐를 지닌 사람, 적어도 어린이와 청소년이면 거의 어김없이 보이는 특성이다. 나는 시간이 흐르면서 단지 불안을 덜 드러내고 조금 더 차분한 모습을 보이는 데 성공했을 뿐이다. 마음속으로 느끼는 매우 강한 불안감과 차분해보이는 겉모습 사이에 괴리감이 느껴질 정도다. 나는 다른 사람들보다 기분과 관련된 분노를 덜 느끼기에, 어떤 사람들보다는 더 안정적인 기질인지도 모른다. 나의 불안 수준도 상당히 안정적이 되었다. 단, 몹시 불안한 상태가 안정적으로 지속된다는 것이 문제다.

불안과 관련해 몇 가지 이점도 있다. 다른 사람보다 불안을 일으키는 상황에 대처할 능력이 더 있다는 점이다. 가령 웬만한 사람은 바칼로레아 구술시험을 앞두고 스트레스를 크게 받겠지만 내게는 그것이 일상의 다른 일과 비슷한 수준의 불안감이므로 더 큰 스트레스를 받을 일도 없다. 이미 높은 스트레스를 느끼는 데 익숙해져 있으므로 거기에 추가로 덧붙는 스트레스에 쉽게 대처할 수 있다는 의미다.

불안의 또 다른 장점은 음식 섭취에서 찾을 수 있다. 난 하루 세 끼를 패스트푸드로 때워도 지나치게 뚱뚱해지지 않을 것이다. 내가 잘못 알고 있는지는 모르지만, 어쨌거나 느낌이 그렇다.

나는 지금도 가끔 매우 심한 불안을 느낀다. 사람들은 기차역 승강장에서 하염없이 서성이는 내 모습을 보면서 내가 극도로 스트레스를 느낀다는 사실을 알 수 있을 것이다. 하지만 난 지나치게 심한 수준의 불안을 지워버리거나, 관리하거나, 교묘하게 피하는 전략을 마련하는 데 성공했다. 이런저런 상황, 가령 떠들썩한 가게나 경찰이 잔뜩 늘어선 길거리 등을 피해야 한다는 사실을 알고 있으므로, 스트레스 수준이 어느 한계에 이르면 어떻게 대처할지 알고 있다. 비록 나만의 임시방편이기는 해도 많은 경우에 효과적이다.

감각 때문에 생기는 문제

자폐증을 지닌 사람은 빛이나 소리에 과민하다. 그래서 자주 어려움을 겪는다. 자폐증을 지닌 어린이가 견딜 수 있는 조명 시설을 갖춘 방이 얼마나 될까? 특히 형광등은 문제가 될 수 있다. 빛에 민감한 사람은 형광등이 깜빡이는 것을 감지할 수 있는데, 이것이 지속되면 매우 괴롭다. 사람들이 화창하다고 부르는 시기가 오면, 햇빛은 자폐 아동뿐 아니라 성인에게도 대단한 문제를 야기한다. 햇살 때문에 생긴 밝은 네모 무늬가 탁자에 그려져 있는데 어떻게 제대로 생각하고 일하며 교사의 말을 들을 수 있단 말인가? 몇 분 동안 노력해보지만 곧 쩔쩔매게 된다.

교실에 있으면 항상 작은 소리들이 들려온다. 아이들이 움직이거나 수다를 떤다. 맨 앞줄에 앉아 있다면 그런 상황을 어떻게든 견뎌낼 수 있지만, 맨 뒷줄에 앉아 있으면 소음에 완전히 잠기고 만다. 그러면 수업에 집중하기가 불가능하다. 어떤 소리는 크게 들릴수록 불안감을 높여서 마음속 기능을 완전히 마비시킨다. 나는 커다란 트럭이 소음을 내며 지나갈 때 그런 불안을 느낀다. 또한 학교에서 종소리, 특히 옛날식으로 커다란 소리가 날 때마다 정신적인 충격을 받는다. 아이들이 종소리가 나길 고대한다는(그래야 쉴 수 있으므로) 글을 읽으면 도저히 이해하기 힘들다. 이를 방지하기 위해서 새 시스템을 설치하거나 종소리가 곧 날 거라고 알려서 자폐 아동이 귀마개를 착용하게 해주는 등 간단한 해결책을 상상해볼 수 있을 것이다.

특히 잡담을 나누는 듯한 소리가 지속될 때 몹시 피곤하다. 장시간 그런 소리를 듣고 있으면 신경회로가 둔화되어 제대로 생각하거나 행동하기가 매우 힘들다.

어렸을 때 나는 다른 아이들보다 촉각과 미각, 질감을 더 예민하게 느꼈던 것 같다. 그래서 옷을 많이 껴입을 수 없었다. 지금도 옷장에는 수년간 입어서 익숙해진 옷들만 걸려 있다.

사회적 맥락에 대한 이해 부족

우리는 글로 쓰지 않은 규칙들에 둘러싸여 살면서 무의식중에 그런 규칙들을 지킨다. 하지만 자폐를 지닌 사람이 그런 규칙을 학습하는 일은 참 어렵다. 안내해줄 누군가가 없으면 많은 오류와 실수를 저지르게 된다. 그리고 그런 상황은 수년, 심지어 수십 년에 걸쳐 자폐를 지닌 사람의 삶을 힘들게 한다.

가장 전형적인 사례는 기차 검표원이 승객에게 다가와 이렇게 묻는 상황이다. "당신 표를 볼 수 있을까요?" 그러면 이렇게 대답한다. "아니오, 당신은 표를 볼 수 없습니다. 그 표는 내 주머니 안에 있으니까요." 자폐를 지닌 사람, 그중에서도 특히 자폐를 지닌 어린이는 대체로 사회적인 상황에 대한 이해가 부족하다. 어른은 이미 기본적인 실수 정도는 피할 줄 안다. 하지만 우리가 처한 상황은 다양하고 변화무쌍하며 전례가 없고 예측할 수 없으므로, 어른이라도 실수를 저지르게 마련이다.

사회에서 정한 규칙을 배우는 일은 외국어를 학습하듯 이루어질 수 있다고 생각한다. 처음에는 무척 힘들고 인위적인 노력을 해야 하지만 서서히 편해진다. 그리고 조금 운이 좋다면 어느 순간부터 어떤 상황에 홀로 잘 대처할 수 있다. 하지만 실수를 완전히 막을 수는 없다. 문법이 틀리거나, 이런저런 규칙을 잘못 적용하거나, 사회적 관례에 익숙한 다른 사람이 하는 일을 잘못 이해하는 경우가 생긴다. 예를 들어 전혀 예기치 못한 상황에서 누군가 당신에게 윙크를 한다고 해보자. 그런 움직임은 대체 무엇을 뜻할까? 어떻게 해석해야 할까? 자폐를 지닌 사람은 이런 상황에서 제대로 대처하기 어려워한다. 매우 총명하고 이미 많은 것을 학습한 사람도 마찬가지다. 노벨상을 받고도 사회적으로 적절한 방식으로 인사하지 못할 수 있다. 이 둘은 서로 완전히 다른 능력이기 때문이다.

사회적 관례를 학습한 자폐인은 간헐적으로 공연계에 종사하는 사람이나 배우에 비유할 수 있다. 그 모든 규칙을 끊임없이 지키고 적용하는 일에는 얼마간 인위적인 측면이 있기 때문이다. 이는 자폐인이 그 규범들을 지키느라 얼마나 피곤할 수 있는지도 보여준다. 가끔 내가 기차를 탈 일이 있을 때, 사람들은 누가 나와 같이 가주기를 원하느냐고 묻는다. 그 질문에는 기분 좋게 여행하려면 동반자가 필요하지 않겠느냐는 뜻이다. 하지만 사람들은 누군가와 함께 여행하는 일이 내게는 추가적인 의무일 뿐이라는 사실을 모른다. 기차를 타고 가는 동안에 나는 일종의 '연기'를 해야 할 텐데, 그것은 스트레스나 피로감을 더하는 또 하나의 요인일 뿐이다.

"거짓말은 못 해요"

자폐를 지닌 사람이 거짓말을 못 하거나 거짓말하기 어려워한다는 사실은 잘 알려져 있다. 어떤 자폐인이 거짓말하는 법을 배우자, 정신의학자들은 이를 두고 '훌륭한 일'이라고 축하하기도 했다. 이런 방법을 배우는 데 더딘 자폐인도 상당수다. 내가 그렇다. 우리는 일상생활을 하면서 비록 의도적이지는 않더라도 어쩔 수 없이 작은 거짓말들을 한다. 가령 더 늦게 돌아오거나 아예 돌아오지 않으리라는 사실을 알고 있어도 "2분 후에 돌아올게"라고 말한다. 사회적으로는 다르게 해석되더라도 자폐를 지닌 사람에게 이것은 엄연한 거짓말이다. 또는 누군가에게 아첨하는 말도 마찬가지다. 당신은 상대방에게 이런저런 옷이 참 예쁘다고 말한다. 당신 눈에 그 옷이 흉해보여도 말이다. 어떤 거짓말은 원활한 관계를 맺기 위해 꼭 필요하며, 그런 사회적 요구에 따르지 않으면 괴로운 처지에 놓일 수도 있다.

나는 그런 상황을 교묘히 피해가려 한다. 조금만 깊이 생각해서 행동하면 거짓말을 하지 않고도 어려움을 극복할 수 있다. 예를 들어 상대방에게 불쾌한 주제는 아예 말을 하지 않는 것이다. 만약 어떤 사람이 내가 별로 안 예쁘다고 생각하는 옷차림을 칭찬하라고 내게 요구할 때 거짓말을 할 수 없다면, 나는 사실과 어긋나지 않는 다른 칭찬이나 다른 아첨거리를 찾아내려 노력한다. 가끔은 골똘히 궁리해야 하지만 아주 유용한 방법이다.

취업 면접을 치를 때 당신은 해당 직무에 가장 적절한 사람이라고 소개하면서 약간의 거짓말을 더해 이력을 부풀려야 한다. 단, 티가 날 만큼 과장해서는 안 된다. 또 자신의 뛰어난 능력에 대해서도 말해야 한다. 취미를 언급할 때도 채용 담당자가 흥미를 지닐 만한 분야, 즉 직업과 어느 정도 연관된 취미를 말해야 한다. 결론적으로 취업을 위해 자기를 판매할 줄 알아야 한다. 모든 사회적 상호작용, 심지어 친구들 사이에서 이루어지는 상호작용에서도 이와 같은 일이 벌어진다. 여러 회사에서는 월요일 오전 커피 자판기 주변에서 이야기꽃이 핀다. 이때는 주말에 자신이 한 일을 미화해서 이야기해야 한다. 설령 배우자와 말다툼을 했더라도 그보다는 더 듣기 좋은 일들을 말해야 한다. 사람들은 교양 있거나 세련되어 보이려고 이런저런 전시회를 언급하기도 한다. 실제로는 아예 가지 않았거나 몇 분 머무른 게 고작이면서 말이다. 사회가 이런 것들을 요구한다. 그렇게 하지 않으면 불행이 닥칠 것이다.

사람들이 지난 주말에 무엇을 했느냐고 물으면, 나는 사회적으로 높이 평가되거나 흥미롭다고 생각되지 않는 대답을 할 수밖에 없다. 따라서 나는 입소문의 대상이 되는 걸 감수하고 커피 자판기를 피하거나, 거짓말이라는 암초와 차마 말할 수 없는 적나라한 진실 사이로 교묘하게 항해하려 애쓴다. 사람들은 저녁에 집으로 돌아와서는 '왜 이렇게까지 해야 하나?' 라고 생각할 것이다. 모두가 이런저런 방식으로 속인다는 사실을 잘 알고 있을 만큼 현명하기 때문이다.

나는 언젠가 이성을 만나 유혹하는 자리에서 이런 생각을 했다. '나를 아주 그럴듯하게 소개한다 해도, 상대방이 완전히 바보가 아닌 한 그런 멋진 말이 현실에 들어맞지 않는다는 사실을 깨달을 게 분명해.' 하지만 그게 사회적인 관례다.

취업 면접 때 보일 수 있는 부적절한 반응의 대표적인 예는, 미래의 직장 상사(이렇게 하면 그 사람이 미래의 상사가 될 가능성은 거의 없겠지만) 앞에서 이렇게 외치는 것이다. "여기 냄새가 참 고약하네요!" 사회적 위계에 함축된 내용 중 하나는 상급자는 어떤 특정한 결점을 지닐 수 없다는 것이다.

조금만 과장해서 말해보면, 위계질서에서 높은 곳에 위치한 사람은 항상 옳다. 그러므로 실습생이 철자를 잘못 쓰면 고쳐줘도 문제가 없지만, 사장이 그럴 때는 정정하면 안 된다. 사장이 말도 안 되는 소리를 해도 바로잡으면 안 된다. 나이가 많거나 과음한 탓에 그런다고 해도 마찬가지다.

하지만 자폐인이 일정한 지위를 이미 획득했을 때는 사회적 위계 문제가 그에게 유리하게 작용할 수도 있다. 그런 경우 사람들은 자폐인이 보이는 이상한 행동을 함부로 비난할 수 없다. 프랑스의 어느 거물 은행가는 쉴 새 없이 손을 씻는 습관이 있었다고 한다. 그래서 사무실에 작은 세면대까지 설치해 두었고, 다른 사람과 면담하는 중에도 수시로 손을 씻었다. 일반적인 경우라면 미친 사람 취급을 받았겠지만, 그는 예외였다. 이런 사례는 별난 행동에 대해 그리고 그렇게 행동하는 사람을 비판하거나 비난하거나 배제하는 상황에 대해 깊이 생각해보게 한다.

성급한 판단을 보류하다

다음 지점에서 나는 사람들과 견해가 완전히 다를지도 모른다. 자폐인은 특유의 경직성 때문에 관용이 부족하다고들 생각한다. 하지만 내 생각은 다르다. 오히려 성급한 판단을 내리지 않는다. 예를 들어 확실히 얼굴 표정을 읽어내는 능력이 있는 사람들은 특정 범주들, 그러니까 피부색이 다른 사람이나 외모가 떨어지는 사람 등을 배제하는 경향이 있다. 하지만 자폐를 지닌 사람들은 그런 식으로 사고할 수 없기 때문에 이런 범주의 사람들을 훨씬 더 쉽게 받아들일 수 있다. 물론 때로는 안타깝게도 이런 점이 그들에게 손해로 작용하지만….

나는 자폐증에 대해 소개할 때 종종 여러 사람의 사진을 보여주면서 그들의 위험도를 가늠해보라고 요구한다. 그러면 거의 어김없이 유색인을 위험인물로 지목한다. 잘 알려지지 않은 간디의 청년기 사진을 보여주었을 때조차 그랬다.

자폐인이 훨씬 빨리 지치는 이유

자폐를 지닌 사람들은 다른 사람들보다 훨씬 빨리 지친다. 여러 과제를 한꺼번에 수행해야 하기 때문이다. 사람들은 자폐를 지닌 아동이 학교에서 지리와 수학뿐 아니라 사회 관례까지 배워야 하므로 이중 또는 삼중 교육과정을 거친다고 말한다. 자폐 아동은 교과 진도를 따라가는 동시에 선생님이 하는 말과 학급 친구들이 하는 일들에도 각별히 주의를 기울여야 한다.

예를 들어 내가 있는 교실에 누군가 들어오면 사회적 규칙에 따라 나는 그에게 인사를 해야 한다. 나는 상대방에게 말하는 동시에 나의 정신 활동의 일정 부분을 같은 교실에 있는 다른 사람들의 움직임을 살피는 데 할애해야 하고, 누군가 움직이면 그가 이미 그곳에 있었는지 아닌지 알아내기 위해 골똘히 생각해야 한다. 그 사람이 이미 그곳에 있었다면, 나는 다시 인사를 해서는 안 된다.
이처럼 지속적으로 주의를 기울여야 할 일이 많고, 주의를 기울이지 않으면 더 많은 실수를 저지를 것이다. 나는 샤를 드골이 다음과 비슷한 말을 했다고 들었다. "나는 아내와 대화를 하고 나면 각료 회의를 세 차례 마쳤을 때보다 더 많이 지친다." 물론 농담일 것이다. 하지만 이 말을 통해서 자폐를 지닌 사람이 사회적 관계를 유지하는 데 들여야 하는 노력의 양을 짐작해볼 수 있다(그렇다고 샤를 드골에게 자폐증이 있었다고 말하는 것은 아니다).

셜록 홈즈가 자폐적인 성향?

자폐를 지닌 사람은 전체보다는 세부적인 사항에 주목하는 경향이 있다. 내 경우에는 어떤 사람의 얼굴보다 양말 색깔을 기억하는 게 더 쉽다. 하지만 양말 색깔은 수시로 바뀐다. 그래서 사람을 식별하는 기준이 될 수 없다.

나는 내 앞에 있는 사람이 지인인지 혹은 그를 닮은 누군가인지 모를 때가 많다. 따라서 여러 전략을 마련해두어야 한다. 가령 나는 그런 사람들 앞을 지나갈 때 고개를 약간 옆으로 돌린다. 만약 내가 아는 사람이면 그들이 내게 인사를 할 것이고, 그러면 고개를 옆으로 돌리고 있어서 그들을 못 본 것처럼 가장할 수 있다.

나는 오히려 예외적이고 드물며 사소한 사례를 더 잘 기억하는 경향이 있다. 어려서 동사 변화 규칙을 배울 때, 규칙적으로 변화하는 1군 동사보다는 불규칙하게 변화하는 것들을 훨씬 쉽게 외웠다. 대체로 세부 사항에 주의를 기울이는 일이 내게는 더 수월하다.

사람들은 가끔 농담으로 셜록 홈스가 자폐적인 성향이 있었다고 말한다. 셜록 홈스가 다른 형사나 수사관들과 구별되는 점은 도둑이나 살인자가 아무도 눈치채지 못하리라 생각하며 남긴 세부 사항을 누구보다 빨리 알아본다는 점이다.

역사에 푹 빠진 자폐 청소년에게 말을 걸면 그는 온갖 날짜와 숫자, 역사적 사실을 늘어놓을 것이다. 반면 역사가는 그보다 훨씬 더 종합적인 연구를 한다. 나는 종합적으로 사고하는 방법을 배우고자 오랫동안 노력했지만 쉽진 않았다. 논술을 제대로 작성하려면 어떻게 해야 할까? 프랑스식 논술은 상당히 개괄적인 글로서 아름다운 문장과 서론, 중간 부분, 결론으로 이루어진다. 사례는 본문에 통합하거나 웬만하면 쓰지 않는다. 나는 그런 유형의 학습 과제를 어떻게 해야 할지 모를 때가 많았다. 방법을 배우긴 했지만 적용하는 건 여전히 어렵다. 일화를 이야기하고, 사실과 날짜, 숫자, 인물의 이름을 제시하는 형식이 내게는 더 잘 맞는다. 사정이 그랬으니 나는 사회과학고등연구원에서 박사 과정을 수강하기에 앞서 미리 학습을 해야 했다.

일관성이 결여된 말들

생각들이 빠르게 연속되어 이어지다 보면 때때로 주제가 갑자기 바뀔 수 있다. 하지만 자폐를 지닌 사람이 즉흥적으로 주제를 바꾸는 일은 거의 일어나지 않는다. 내가 만약 고대 중동의 역사에 대해 말하다가 갑자기 여가수의 화장법을 언급한다면 대화 주제를 갑자기 바꿨다고 생각할 수도 있지만, 어쩌면 나는 그렇게 함으로써 그 둘을 비교하고 관찰한 점이나 둘 사이의 공통점, 논리적 구조를 강조하려 했을지도 모른다.

안타깝게도 자폐 아동이 말할 때 사람들은 여러 질문을 던지지 않는다. 대부분 아동이 무슨 말을 하는지 모르면서 횡설수설한다고, 즉 프랑스식 표현으로 "수탉(coq)을 말하다가 당나귀(âne) 말하는" 것이라고 결론짓는다. 아무튼 자폐를 지닌 사람은 일관성이 결여된 말을 한다는 생각을 넘어서야 한다.

내가 조현병에 걸렸을지 모른다고 의심하면서 내 상태를 확실하게 진단하지 않았던 몇 해 동안, 조현병 진단을 뒷받침하려고 거론된 논거 중 하나는 '사고의 비약'이었다. '이덴플루흐트'(Ideenflucht)라는 그 개념은 스위스의 유명한 정신의학자 루트비히 빈스방거가 제시했다고 한다. 나는 내가 그 현상과 관련 있다고 느껴서 정신의학자에게 내 생각들이 빠르게 스쳐 지나간다고 설명했으니, 정신의학자가 보기에 그것은 내가 조현병에 걸렸을 수 있다는 거의 확실한 증거였다.

가끔 사람들은 자폐를 지닌 사람이 인식하는 세부 사항과 그들이 떠올리고 느끼는 생각 및 감각을 표현하기 위해, 그들이 하나의 세계가 아니라 '다세계'에서 산다고들 말한다.

빠름과 느림에는 분명한 이유가 있다

사람들은 자폐를 지닌 사람이 느리다고 단언한다. 아마도 많은 상황에서 옳은 말일 것이다. 여러 변수를 감안하다 보면 결정하는 데 시간이 많이 걸린다. 그리고 나처럼 결단력이 병적으로 부족하면 더 그렇다.

하지만 자폐인은 자기가 아는 것에 대해서만큼은 판단이 무척 빠를 수 있다. 자폐인 수학자와 누가 빨리 문제를 푸는지 경쟁해보라! 그리고 빠른 결정은 원래 매우 쉬운 일이다. 독재정권에서 사법절차가 빠르게 진행되는 걸 보면 알 수 있다. 성급히 판단을 내리는 일은 어렵지 않다. 그러니 판단을 빠르게 내린다고 쉽사리 자랑스럽게 여겨서는 안 된다.

자폐인은 어떤 결정을 내리기에 앞서 제기된 문제 또는 주어진 상황의 모든 측면을 생각해본다. 만약 여행을 떠난다면, 여행의 모든 단계를 계획한다. 여행 가방을 어떤 날에 준비해야 할지 알아야 하고, 가져가야 할 물건 목록뿐 아니라 그 물건들을 어떤 순서로 가방에 넣을지도 미리 생각한다. 그러려면 시간이 많이 걸린다. 하지만 그렇게 하면 여행이 순조롭게 진행될 가능성이 커진다.

나는 작은 일들을 하는 데 시간을 더 많이 들이고 싶지만, 일상의 소용돌이에 휩쓸리다 보니 발걸음이 점점 빨라진다. 아무 일도 하지 않으며 보내는 때가 어쩌면 내게는 가장 흥미로운 시간일 듯하다. 내가 운이 좋게 접할 수 있었던 다른 문화권들에서는 작은 활동에 시간을 더 많이 할애하는 것을 보았다. 어떤 나라에서는 텔레비전 화면에 새로 등장하는 인물이 먼저 기도문을 한 마디 읊은 다음 청중에게 인사하면서 청중의 가족이 잘 지내고, 하는 일이 잘되도록 기원한다. 그런 다음에야 비로소 자기가 할 말을 한다. 자신의 무지에 대해 용서를 구하는 말도 잊지 않는다. 서구에서는 방송 시간을 허비하는 그런 말은 전부 잘라낼 것이다. 지금도 우리가 시대에 뒤떨어졌다고 간주하는 어떤 나라들에서는 여전히 청취율이 가장 높은 시간대에 라디오를 켜면 전통 시편을 낭송한다. 서구에는 짧은 시간 동안 사람들의 마음에 커다란 영향을 미치도록 제작된 광고가 나온다. 이처럼 문화는 참으로 제각각이다.

"자폐인=지적장애"는 아니다

자폐인이 보이는 지적장애 문제는 이미 오래전부터 알려져 있지만, 그에 대한 연구는 아직도 충분하지 않다. 자폐인에게도 지적장애가 나타날 수 있다. 하지만 자폐증이 단 한 가지 형태로만 알려져 있었고 그것을 무조건 지적장애와 연관시키던 시절에 사람들이 거론한 수치보다는 비율이 낮을 것이다.

자폐증은 지적장애와 함께 나타날 수도 있고 아닐 수도 있다. 탈모증이나 콩팥 기능 부족, 신체의 특수한 증상이 자폐증과 동시에 나타날 수 있거나 아닌 것처럼 말이다. 자폐증과 지적장애 사이의 연관 관계는 필연적이지도, 확실하지도 않다.

자폐를 지닌 사람이 보이는 지적장애를 어떻게 평가해야 할까? 일부 지능지수 검사에 따르면 나는 심각한 지적장애를 가졌다. 만약 간단하다고 생각되는 질문들과 유아학교 아동이 갖추어야 할 능력으로 나를 평가한다면, 내 점수는 형편없을 것이다. 그 점수를 기준으로 삼는다면 초등학교 입학도 장담할 수 없다.

나는 프랑스 최고 보건청(HAS)의 최근 권고 사항을 보고 몹시 당황했다. 자폐 현황에 대해서 한 장에 걸쳐 제시된 해결책 중 하나는 '검사하는' 것이다. 평가하고 점수를 매기면 상황이 달라지기라도 한다는 것인가? 사회적 성공을 거두었다고 여겨지는 몇몇 자폐인, 즉 대학교수이거나 노벨상을 받은 자폐인의 사례를 살펴보자. 그들이 어렸을 때 사람들은 그들에게 정신적으로 큰 문제가 있으며 지적장애자라고 말했다. 아인슈타인을 가르친 어느 교사가 한 말은 잘 알려져 있다. "이 아이에게서는 좋은 것이 하나도 나오지 않을 겁니다." 지금은 많은 사람이 자신의 주장을 관철하고자 아인슈타인을 끌어다 붙인다. 또한 고흐의 그림 한 점을 수프 한 접시와 바꾸자는 제안을 거절한 사람들의 후손은 지금 씁쓸해할 것이다.

내가 어렸을 때 학교에서 선생님들은 나의 지적 능력 결핍과 성공 가능성 부족, 내가 바로 몇 주 후면 겪게 될 실패에 대해 온갖 이야기를 늘어놓았다. 유아학교 5세반에 다닐 때, 나는 학급 꼴찌였고 할 줄 아는 게 아무것도 없었다. 신발 끈도 못 묶었고, 색칠도 못했으며, 그림도 못 그렸다. 굴렁쇠를 굴리지 못한 건 물론 쉬는 시간에 반 친구들과 싸울 줄도 몰랐다. 나는 겨우 걸었고 계단은 아주 힘겹게 올라갔다. 부모님이 나의 학교생활과 성적이 처참하다는 사실을 깨닫고 침묵하던 저녁 시간이 기억난다. 또 중학교 4학년 때 어떤 선생님은 학급 학생들이 다 있는 자리에서 이렇게 말했다. "조제프, 모자라다고 부끄러워할 것 하나 없어! 자기가 모자란 것 같으면 그렇다고 말해." 나는 그때 학급에서 1등이었다.

상황은 변하는 법이다. 자기가 잘 안다고 자처하는 사람의 충고를 무조건 신뢰할 필요는 없다. 가끔 교사들은 자신의 경험에 기대어 이런저런 아이가 미래에도 열등생일 거라고 추정하는데, 이는 아이에게 낙인을 찍으며 그런 말을 들은 아이가 정말 그렇게 되도록 만들 위험이 있다.

선택적 기억력

다른 사람과 마찬가지로 내가 흥미를 느끼는 것들은 나도 잘 기억한다. 차이가 있다면 내가 흥미를 느끼는 것이 사람들과 다르다는 점이다. 할리우드 배우 부부에 관한 글을 읽고 나면 나는 그들의 이름조차 기억하지 못한다. 반면 내 마음을 사로잡은 어떤 언어의 문법적 특징은 훨씬 쉽게 기억한다. 나의 기억력은 들쭉날쭉하고, 이는 지극히 평범한 일이다. 하지만 자페인이 빼어난 기억력을 지녔길 바라는 사람들은 실망할 게 뻔하다.

나는 기억력 테스트를 받은 적이 없고, 기억력 수준을 측정하는 신뢰할 만한 검사법이 존재한다고 생각하지도 않는다. 다만 다른 문화권에서 온 사람들의 기억력에 감탄한 적은 있다. 나는 인도 사람들이 책을 쉼표까지 통째로 외울 수 있다는 사실을 알고 경악했다. 그들이 그렇게 할 수 있는 비결은 단순하다. 그들의 문화에는 우리에게 없는 특정 학습법이 존재하기 때문이다. 요즘 사람들은 전화번호도 외우지 못한다. 20년 또는 30년 전에는 많은 사람이 전화번호를 여러 개씩 외웠는데 말이다.

자폐를 지닌 사람이 사회적 역할을 제대로 해내려면, 다른 사람들에게는 반드시 필요하지 않은 상당한 자원을 갖추어야 한다. 사회적 상황에 대한 추론, 기억에 연관된 자원 말이다. 대부분이 직관이나 본능에 기반한 능력으로 충분히 살아갈 수 있는 상황에서도 우리는 훨씬 더 인위적으로 개발한 무언가를 필요로 한다.

조금 엉성하더라도 비유를 들자면, 신체장애를 지닌 사람은 가끔은 고도로 기술이 집약된 장치이기도 한 휠체어를 필요로 한다. 그에 비교하면 양다리로 걷는 일은 훨씬 평범하게 보일 수 있다. 마찬가지로 자폐를 지닌 우리가 다른 사람들과 똑같은 일을 무리 없이 수행하려면, 적절한 상황에 사용할 수 있도록 짧은 문장들, 심지어 농담까지 포함하는 데이터베이스를 구축하기 위해 미리 사회적 상황들을 '암기'할 필요가 있다. 또 난감한 상황에서 벗어나려면 해당하는 내용을 어떤 칸에서 찾아 끄집어내고 어떤 자원을 동원해야 할지 알아내기 위해 깊이 사고하는 능력도 지녀야 한다. 기억력은 비(非)자폐인과 마찬가지로 자폐인도 훈련을 통해 기르는 능력이다. 식당 종업원의 예를 들면, 처음에 그들은 매우 간단한 주문 하나도 외우기 힘들어한다. 그러다 경험이 쌓이면 여러 주문도 별 어려움 없이 기억한다.

자폐인은 천재일까?

자폐증을 지닌 천재. 미디어에서 소개되거나 대중의 인식 속에 등장하는 상투적 이미지다. 하지만 내가 보기에 그것은 그 사람의 인간성을 과도하게 축소하는 일이다. 사람들은 이런 아이가 텔레비전에 나와 계산이 불가능해 보이는 곱셈을 거뜬히 해낸다는 사실은 쉽게 받아들이지만, 그 아이가 어른이 되어서 가능한 한 정상적(그의 선택에 따라서는 비정상적)이고 자율적인 삶을 살아가고 자기 운명의 주인이 되기를 원할 수 있다는 생각은 좀처럼 하지 않는다. 더욱이 가끔 매체에서 소개되는 '괴짜' 자폐인(이를 표현할 다른 용어는 없다)은 완벽하게 가공된 인물임을 똑똑히 알아야 한다. 가령 만년 달력, 즉 어떤 날짜에 해당하는 요일을 알아내는 묘기는 누구든 할 수 있다. 알고리즘을 익히기만 하면 된다. 그런 묘기를 천재 자폐인이라는 증거로 제시하지만, 윤리적인 차원에서 보면 그것은 속임수에 불과하다.

이른바 특별하다는 능력에는 부분적으로 학습된 내용이 포함되고, 그 밑바탕에는 어떤 자질이 깔려 있을 수도 있다. 어떤 사람은 음악에 대한 재능이 풍부한데 난 그렇지 않다. 당신이 내게 음조 세 개를 연주해 들려주더라도 나는 5초 만에 그 음들을 잊어버린다. 내게 음악을 가르쳐야 한다면, 더없이 유능한 교사라도, 그는 절망에 빠져 자살할지도 모른다.

나는 작은 비유를 즐겨 든다. 사람들은 고대 언어를 배울 때, 19세기에 독일의 '미친 현자들'이 작성한 매뉴얼과 사전, 문법책을 주로 사용한다. 그 현자들은 40년 동안 매일 밤 촛불을 밝힌 채 나로서는 알 수 없을 고대 언어의 이런저런 형태와 통사적 특징에 관한 글을 썼다. 그들의 글은 무척 훌륭하다. 훗날에도 그 작업을 능가하기 어려울 만큼 거의 완벽한 수준이다. 그런데 그런 성과를 이루어낼 수 있게 한 요인은 무엇일까? 단순히 그 저자들이 많은 것을 포기하고 어려움을 견뎌냈기 때문일까, 아니면 그들이 특별한 재능을 지녔던 것일까? 위대한 작가가 작품을 창작하도록 만드는 요인은 무엇일까? 그가 학교에서 배운 언어의 요소들을 사용하기 때문일까, 아니면 10년 동안 산속에서 은둔할 수 있는 피학성 취미 덕분일까? 분명하게 알 수는 없다. 다행히도 인간에게는 내밀한 본질을 이루려는 갈망과 본인이 원해서 즐겁게 하는 측면이 모두 존재한다.

좋아하는 일에 파고드는 힘

자폐를 지닌 사람을 만날 때 가장 인상 깊은 점은 그가 이른바 특수한 관심사를 지녔다는 사실이다. 즉 그는 자유 시간 대부분을 자기가 무척 좋아하는 일을 하면서 보낸다. 19세기의 러시아 배터리 수집품, 특정한 언어의 문법, 또는 말[馬]처럼 많은 사람이 흥미를 갖는 대상 등 무엇이든 그들의 관심사가 될 수 있다.

부모는 가끔 자폐증을 지닌 자녀가 얼토당토않거나 시시한 주제에 몰두하게 놔두어도 좋은지 궁금해한다. 우리는 그들에게 도리어 이런 식으로 질문을 던져볼 수 있다. "당신은 집에 돌아가서 무엇을 하나요?" 어떤 사람들은 텔레비전을 보거나 음악을 듣는다. 그런데 그 일이 그들에게 반드시 필요할까? 사람들은 그렇다고 말한다. 자폐를 지닌 아동이나 어른에게 그들이 지닌 특수한 관심사는 인성을 구축하고 심리적으로 균형을 유지하는 데에 다른 사람들이 음악을 듣거나 영화관에 가거나 친구들과 수영장에 가는 일만큼이나 유용하고 필요한 요소다. 사람들은 때로 이 사실을 이해하지 못하고, 이런저런 가수의 노래를 듣는 일은 사회적으로 용납할 만한 취미라고 하면서, 도서관에서 전문적인 책을 뒤적이는 일은 부수적이고 이상하며 불필요한 취미라고 여긴다.

일본에서는 바둑을 잘 두면 사회적으로 유용한 능력을 가졌다고 여겨진다. 그래서 바둑 급수를 이력서에 적기도 한다. 하지만 프랑스에서는 바둑이 무엇인지 모르는 사람도 많다. 만약 자폐를 지닌 아동이 바둑에 푹 빠져 있다면 부모는 아이에게 "너 대체 뭐하는 거니? 더 흥미로운 일에 관심을 가져야지. 가서 테니스를 치렴"이라고 말할 것이다.

그렇다면 그런 특수한 관심사는 어떤 점에서 유용할까? 그것은 단지 터무니없이 엉뚱한 취미가 아니다. 그 관심사들은 인간으로서 우리 존재를 형성하는 데 기여한다. 몇 년이 지나면 관심이 직업으로 이어질 수 있다. 만약 자폐증을 지닌 어느 청소년이 컴퓨터에 열중한다면, 그는 장차 컴퓨터 공학자가 될지 모른다.

그 특수한 관심사들은 사회통합에도 도움을 줄 수 있다. 자폐증을 지닌 사람들은 내가 이미 설명했듯 대체로 자기 자신에 대해 매우 나쁜 이미지를 가졌다. 모두가 그들이 얼마나 쓸모없는 바보인지 반복해서 말하기 때문이다. 그가 복잡한 기술이 필요한 영역에서 뛰어난 능력을 지녔다는 사실을 안다면 사람들은 "아니, 알고 보니 그렇게 어벙한 건 아니네!"라고 말하면서 태도를 바꿀 수 있다. 만약 당신 주변 사람들의 컴퓨터가 고장 났고 당신이 그것을 고칠 줄 알면, 그들은 아마도 다음번에 당신에게 연락할 수 있으며, 당신은 처음으로 인간과 교제하게 될지도 모른다. 나는 특수한 관심사는 결코 적이 아니며, 그것을 금지하거나 정면으로 반대하는 일은 좋은 해결책이 아니라고 생각한다.

자폐증을 지닌 어떤 아동들은 단 하나에만 관심을 보인다. 나는 그렇지 않았다. 다양한 분야에 관심을 가졌고, 때로는 관심 가는 분야가 바뀌거나 중첩되기도 했다. 덕분에 나는 많은 분야를 발견할 수 있었지만 그 어떤 것에도 전문가가 되지 못했다. 이미 말했듯 나는 어렸을 때 몇 년 동안 고대 이집트에 푹 빠져서 파라오 왕조 30년 역사에 관하여 많은 것을 섭렵했다. 최근에는 인터넷에서 이집트 왕조 이전 시대를 다룬 연구를 우연히 접하고서 거기에 완전히 빠져들었다. 어렸을 때는 그런 자료가 없었기에 이집트의 시조인 초기 파라오들 이전 시기가 어땠을지 늘 궁금했기 때문이다. 그 문서를 접하고 상당히 혼란스러우면서 정서적인 충격을 받았던 기억이 난다.

자폐증을 지닌 어린이가 이런저런 일에 열중하는 것은 일시적인 변덕 때문이 아니다. 그 관심사는 아동의 인성 구조를 결정하고 평생 유지된다. 그렇기 때문에 그러한 특수한 열정을 감안하여 각 단계에서 자폐를 지닌 아동, 뒤이어 자폐를 지닌 어른이 그런 취미를 잘 발달시키도록 도와줄 필요가 있다.

나는 기상학에도 열중했다. 여러 지식이 필요하고 변화무쌍하며 다양한 과학 분야라서 흥미로웠다. 날씨는 일정하지 않고, 구름도 결코 똑같지 않다. 끊임없이 새로 발견해야 하는 어떤 현상을 판독하기 위해 매우 복잡한 수학적·과학적 모델을 활용해야 한다.

나는 한때 일본에도 열중했지만 일본어를 배우지는 못했다. 그때 나는 너무 어렸고, 내가 다니던 학교에는 그런 선택과목이 없었다. 당시에 누군가와 대화가 가능했던 유일한 주제는 일본의 역사와 경제, 사회학이었다. 사정이 그랬으니 나는 또래와는 대화 상대가 없었다. 지금은 인터넷이 있으니 상황이 다를 것이다.

누구에게나 상동증이 있다.

나는 나이가 더 어렸을 때 여러 유형의 상동증[33]이 있었다. 지금은 그런 증상이 조금 덜해서 다행이지만, 여전히 몇 가지는 남아 있다. 몇 년 전만 해도 나는 몇 시간 동안 계속 손뼉을 칠 때가 있었다. 내 앞에 있는 사람이 무언가 흥미로운 이야기를 하면 더 빠르게 손뼉을 쳤다. 그런 행위를 상대방이 불편하게 여길 수 있다는 걸 몰랐다. 전보다는 덜하지만 집에서는 아직도 그렇게 한다. 사람들 앞에서 나는 손을 흔들지 않으려고 애쓰고, 실수하지 않으려고 조심한다. 기뻐서 펄쩍 뛴다는 말은 내게 비유가 아니라 실제 상황이다. 그런 일을 다른 사람들 앞에서 공공연히 또는 밤늦게 아래층 이웃이 잠을 자고 있을 때 하지 않으려고 애쓴다.

어른이 어린이보다 외국어를 배우기 힘든 이유 중 하나는 대부분 이른바 '품위'를 지나치게 신경 쓰기 때문이다. 어른은 실수하면 교사가 실수를 정정해주는 걸 받아들이기 힘들어한다. 어린이는 그런 면에서 과감하기 때문에 훨씬 쉽게 배운다. 나는 어른들이 하는 일들을 볼 때면 어린이로 남아 있다 하더라도 전혀 나쁠 게 없다고 생각한다. 어린이도 끔찍한 행동을 하거나 남을 조종하려 들긴 하지만, 어른만큼 심하기야 하겠

33 무의미한 말이나 운동, 행위를 지속적으로 반복하는 증상으로 긴장형 조현병에서 나타난다.

는가?

나는 인터넷으로 보도물을 읽는 데 많은 시간을 보낸다. 이는 내 직업[34] 때문이기도 하지만 기본적으로는 흥미가 있기 때문이다. 그런데 내게는 겉으로 보이지 않는 상동증이 하나 있다. 한정된 수의 보도 사이트를 반복해서, 항상 똑같은 순서로 찾아보는 경향이다.

그렇다 해도 자폐인만 상동증을 지닌 게 아니다. 비자폐인의 상동증은 단지 더 자연스럽다고 간주되며 사회적으로 쉽게 용인될 따름이다. 이런 면은 대중교통을 이용할 때 사람들을 살펴보면 알 수 있다.

"전화 받기가 너무 두렵다"

이메일과 달리 전화는 곧바로 응답해야 한다. 그 일을 해내려면 어느 정도의 정신적 유연성이 필요하다. 예를 들어 지금 하는 일을 끝낸 다음 전화에 답하겠다고 생각할 수 없다. 전화벨은 원치 않는 때에 울린다. 게다가 이를 위해서는 또 다른 정신적 유연성, 즉 곧바로 적절하게 대답할 줄 아는 유연성을 지녀야 한다. 전화를 받기 전까지는 상대가 무슨 말을 할지 알 수 없다. 회사에는 온갖 전화가 걸려온다. 우편물을 배달하는 사람부터 이런저런 납품업자, 공공기관, 세무서, 불만스러운 고객에 이르기까지 누구나 당신에게 전화를 걸 수 있다. 그러

34 6장 참조

면 당신은 곧바로 전화를 제대로 받고 적절한 사람을 연결해 주어야 한다. 또 스트레스를 관리할 줄도 알아야 한다. 전형적인 예로서 당신이 어느 회사의 안내 부서에서 근무한다고 가정하면, 몇 시간 동안 할 일이 하나도 없을 수 있다. 그러다 어느 순간에 불가사의한 이유로 모든 사람과 모든 일이, 온갖 전화와 온갖 방문객이 동시에 들이닥친다. 당신은 그런 상황에서 실수해서는 안 된다. 그런 점에서 비서 업무는 참으로 중요한 직책이지만, 하는 일에 비해 인정은 못 받는다.

그보다 더 까다로운 일도 있다. 바로 목소리로 사람을 식별하는 일이다. 그 일을 아주 잘해내는 사람들이 있다. 가령 파리 시청의 내 상사가 그랬다. 나는 그런 사람들에게 감탄할 수밖에 없다. 많은 자폐인이 사람의 얼굴을 알아보기 힘들어한다고 말하곤 하는데, 나는 목소리에도 그와 비슷한 요소가 있다고 생각한다.

여기에서 전화벨이라는 기본적인 문제도 함께 괴롭힌다. 요즘에는 벨 소리를 얼마간 조절할 수 있지만, 전화벨은 여전히 심한 스트레스를 유발한다. 이제는 인터넷과 이메일이 발달한 덕분에 전화를 점점 덜 사용하고 거의 걸지 않는다. 얼마나 마음이 편한지 모른다. 몇 년 전 전화 때문에 몇 주 동안 끙끙 앓았던 기억이 아직도 생생하다.

전화하는 사람들의 모습은 한 편의 공연 같다. 잘 관찰하면 엄청나게 많은 사실이 눈에 띈다. 그들의 어조에서 나타나는 작은 현상을 통해 지금 상대방이 말하는 중인지, 그들이 상대방의 말을 끊는지, 혹은 대화가 거의 끝나가는지를 가늠할 수 있다.

자폐인은 대체로 이런 것을 감지하지 못한다. 그래서 끔찍한 오해가 생긴다. 자폐인 두 사람이 통화하면 아주 기본적인 문제에 대해서조차 대화가 종잡을 수 없이 흘러가곤 한다. 둘 중 아무도 어느 순간에 말해야 할지 모르고, 침묵이 감돌면 상대방이 대답을 기다려서 그러는지 아니면 전화가 연결되지 않아서 그러는지 잘 분간하지 못한다.

내가 전화를 거는 경우는 아주 드물다. 전화하는 법을 배우려고 노력하기도 했다. 그러면서 나는 다른 사람들이 통화를 할 때, 자기가 계속 수화기를 들고 있다는 사실을 알리려고 은연중에 짤막한 말을 한다는 사실을 깨달았다. 그래서 나도 그렇게 하려고 시도한다. 상대방이 어떤 주제에 대해서 혼자 장광설을 늘어놓는 중이라도 15초 또는 20초 이상 아무 말도 하지 않고 있으면 안 된다. 손목시계를 쳐다보면서 가끔 작은 소리를 내는 게 좋다. 그럴 때면 서커스나 장터에 와 있는 느낌을 받기도 하지만, 그 방법은 효과가 크다. 물론 자폐인과 통화를 할 때는 소리가 상대방을 혼란스럽게 만들 수 있으므로 그렇게 하면 안 된다. 동의한다는 표시도 마찬가지다. 사람들은 대체로 상대방의 동의를 구하려 하지만, 자폐를 지닌 사람들은 조금 다르다.

나는 많은 정치인이 그런 동의의 몸짓, 박수 소리에 얼마나 크게 의존하는지를 보면서 항상 놀란다. 그런 것들이 없으면 그들은 마치 마약 중독자가 약을 끊었을 때처럼 괴로워하면서 약해질 것이며, 다른 사람들의 호응과 감탄이 없으면 단 며칠도 버틸 수 없을 것이다. 이는 정치인이 가끔 분별없는 행동을 하는 이유 중 하나가 아닐까? 그들은 타인의 관심에 의존하기 때문에, 자기 몸이 간절히 원하던 '모르핀'을 몇 초 동안 투여해주었다는 이유로 어떤 단체에게 갑자기 엄청난 금액의 보조금을 줄 수 있다. 이는 생각해볼 만한 문제다. 나는 자폐인으로 구성된 정부가 어떤 모습일지 감히 상상할 수 없다. 그 결말은 상당히 좋지 않으리라!

이메일도 힘든 건 마찬가지

이메일은 전화와 반대다. 원할 때 써서 보낼 수 있다. 한밤중에 답할 수 있고, 여러 통의 메일을 동시에 쓰기 시작하면서 어떤 메일에 한 문장, 다른 메일에 한 문장을 덧붙일 수 있다.

이메일은 겉보기에 기술적으로 간편하지만, 내 경우에는 이메일을 쓸 때 정서적인 문제도 고려해야 한다. 어떤 이메일에는 답하기 힘들다. 그 메일이 매우 친절할 때조차 그렇고, 도리어 매우 친절하기 때문에 그렇기도 하다. 특히 칭찬을 늘어놓는 메일은 참으로 두렵다.

누군가 "당신 강연이 참 좋았습니다"라고 내게 메일을 써서 보냈다. 거기에 뭐라고 답해야 할까? 나는 나중에 답하겠다고 생각한다. 하지만 메일을 쓰는 일을 미루면 그에 대한 심리적 압박감이 더 커져서 몹시 괴로워진다. 이런 식의 메일을 쓰는 일은 상당한 노력을 필요로 한다. 아마도 기술적인 내용의 메일이 가장 쓰기 쉬우리라.

이메일을 쓰려면 다양한 관용표현을 알아야 한다. 하지만 내가 아는 표현은 몇 가지에 불과하다. 몇 년 동안 나는 메일의 도입부, 상대방에게 말을 거는 방식에 무척 신경을 썼다. 최근까지 한 번도 시도해보지 않은 일인데, 메일을 "안녕하세요"라는 인사로 시작해도 될까? "~ 씨"라고 시작할까, 아니면 "친애하는 ~ 씨"라고 써야 할까? 프랑스가 아닌 나라에서 프랑스어를 쓸 때에는 '앙드레 씨'(Monsieur André)처럼 'Monsieur'를 쓴 다음에 성이 아닌 이름을 쓰는 일이 흔하다. 하지만 프랑스에서는 관습에 어긋난다. 그런데 내가 프랑스에서 프랑스인이 아닌 사람에게 프랑스어로 메일을 쓸 때는 이런 표현을 사용해도 될까?

또 메일을 어떻게 마무리하면 좋을까? 편지를 쓸 때 관용적으로 쓰는 것처럼 "삼가 인사드리며"(Veuillez agréer…)로 시작하는 정중한 경구를 사용해야 할까? 새로운 표현이 계속 등장하기에 참으로 당황스럽다. 어떤 시기에는 "곧 만나자"(À très vite)가 유행이었다. 요즘에는 "따뜻하게"(Chaleureusement)라는 문구로 끝맺은 메일을 점점 더 많이 받는다. 하지만 나는 "안녕!"(Bien à vous)[35] 은 절대 쓰지 않는다. 이 표현이 마음에 들었

35 편지에 쓰는 가벼운 경구로 '안녕히' 정도의 뜻

던 적은 없다. 내 솔직한 취향을 따른다면, 옛 편지에서 볼 수 있는 "~ 각하께 존경 어린 헌신을 담아, 매우 순종하는 충실한 당신의 봉사자 올림"같이 예법을 차린 문구를 썼을 것이다. 사실 처음에는 그런 편지를 썼는데, 그것을 받은 사람은 어느 토론방에서 그 문구를 '딱하다'라고 표현했다.

이런 문제를 쉽게 해결하려고 나는 그때그때 받아치는 전략을 쓰기 시작했다. 상대방이 나를 부르듯 상대방을 부르는 것이다. 상대방이 내게 "친애하는 조제프"라고 하면, 나도 그 사람의 이름을 붙여서 똑같이 한다. 그 사람이 내게 반말을 하면 나도 반말을 한다. 하지만 이 전략도 완벽하지는 않다. 특히 상대방이 여자일 때 그렇다. 어느 여성이 내게 "친애하는 조제프"라고 썼길래 나도 "친애하는 모 씨"라고 답했더니 그 다음에 오는 답장에는 아예 인사말조차 담겨 있지 않았다. 마치 내가 큰 실수라도 한 것처럼 말이다. 상황은 미묘하다. 내가 (상대방처럼 함으로써) 대뜸 다가선다는 느낌을 준 걸까, 아니면 (격식을 차린 용어를 사용함으로써) 싸늘하다는 인상을 준 걸까? 잘 모르겠다.

자폐인의 풍부한 감정

아주 오래된 어느 이론에 따르면 자폐인에게는 정서적인 삶이 아예 없거나 매우 빈약하다고 한다. 이에 대한 치료법으로 자폐인의 정서적인 삶을 재창조하려는 시도가 이루어졌다. 나는 이런 시도가 심각한 오류라고 확신한다.

인간은 누구나 그렇듯 자폐를 지닌 사람도 자신만의 정서가 있다. 어떤 자폐인은 자기가 다른 사람들보다 조금 더 풍성한 정서를 누린다고 말한다. 나는 그렇게까지 말하지는 않겠지만 어쨌거나 자폐인에게도 나름의 정서가 있다. 단, 그들의 정서는 남들과 다른 형태로 표현될 수 있다. 어떤 사람은 웃고 울고 소리를 지른다. 하지만 자폐인은 조금 달리 감정을 드러내기도 한다. 그렇기 때문에 우리 앞에 있는 사람이 어떤 감정을 '자신과 똑같은 방식으로' 표현하지 않으면, 그가 우리와 같은 감정을 느끼지 않는다고 말하고 싶은 유혹을 받는다.

나 역시 상당히 풍부한 정서를 느끼며 살아간다고 생각한다. 서로 중첩되거나 공존하는 여러 감정을 경험한다. 나와 자주 만났던 사람들은 처음 만나는 사람보다 내 행동을 더 잘 판독할 것이다. 나는 자폐를 지닌 젊은 시인들을 만날 때, 그들이 자신의 글에 불어넣은 풍성한 감정들을 보며 놀랄 때가 많다. 위대한 작가들, 위대한 화가들의 약력을 읽을 때면 거기에서 자폐인이 경험하는 요소를 너무도 많이 찾아볼 수 있어서 그들에 대해 여러 궁금증이 생긴다.

5장

약물 중독 그리고 내가 만난 새로운 세계

중대한 고백을 하나 해야 할 때가 되었다. 나는 약물 중독자다. 예술적 상상력을 펼치게 만드는 게 아니라 기본적인 메커니즘을 고장 나게 만드는 중독이다. 물론 내가 먹는 약은 치안 유지를 담당하는 공무원이 떠올리는 불법적인 성분으로 된 것은 아니다. 하지만 그로 인해 생기는 기능 이상은 똑같이 심각하며, 중독 메커니즘도 비슷하다.

덫에 걸리다

대학은 지금은 점점 잊혀 가는 은유법을 사용해 보통 '알마 마테르'(alma mater), 즉 먹여 기르는(nourrissant) 어머니라고 불린다. 따라서 대학생들은 젖먹이(nourrisson)다. 영어에서는 아직도 졸업생이라는 뜻으로 '얼럼나이'(alumni)라는 용어를 쓰는데 이는 라틴어로 '젖먹이들'을 뜻하는 알룸니(alumni)에서 유래했다.

위에서 말한 어머니의 젖먹이에게 결국 사달이 났다. 내가 그 덫에 걸린 것이다. 어머니의 젖과 같이 달콤한 함정이었다. 그리고 이상한 함정이기도 했다. 보통 치즈로 쥐를 유인하거나 글루텐 혹은 젖당이 함유되지 않은 잼으로 자폐 쥐를 달콤하게 유인해서 덫에 가둔 다음에 혹독하게 다루는 법인데, 내 경우에는 덫에 붙들리는 일이 어렵고 힘겨웠던 반면 이후 과정은 쉬웠다. 결국 나는 영원한 학생이 되었다. 누군가의 말마따나 소아 정신병까지 덤으로 지닌 채.

영원한 학생의 삶에서 중요한 순간 중 하나는 그 학생의 활동 반경 내에 위치한 서로 다른 여러 대학의 강의 계획서가 발표되는 때다. 보졸레누보 포도주가 출시되는 순간에 비견할 만하다(나는 전혀 이해할 수 없지만). 매년 훌륭한 강의가 있고 별 볼 일 없는 강의가 있다. 경영대학들의 강의 계획서는 디자인에서 시선을 끌지만 내용은 부실해서 젖먹이는 굶주릴 수밖에 없다. 반면 고등 연구 실천원에서는 대체로 황홀한 계획서를 제시한다. 고문서 해독, (제목 읽는 것 자체가 이미 대단한) 책들의 강독, 존재한다고 상상하지도 못한 언어들에 대한 강의가 있었다. 음식을 섭취하는 방에 몰려드는 인파는 10여 명을 넘는 일이 거의 없어서 감각적인 자극을 지나치게 받을 일도 없었다. 그야말로 젖먹이에 대한 특별 대우였다.

젊은 독일인 교수와 함께 쿰란 사본을 공동으로 해독한 소규모 강의가 아직도 기억난다. 매번 수업 때 우리는 집에서 다음 수업을 준비할 수 있도록 파일로 변환한 글 일부를 받았다. 수업 중에 교수는 내가 파피루스나 가죽의 흠에 불과하다고 생각한 것, 또는 완전히 유실된 구절에 어떻게 의미를 부여하는지 보여주었다.

그 수업들에 끌린 이유는 거울 현상 때문인지 모른다. 수업들이 처한 주변성이 내 상황과 닮았기 때문이다. 이유야 어떻든 나는 명망 높은 일류 학교에서 수업을 듣는 것보다 문서를 해독하는 소규모 강의를 듣는 것이 정신적으로 훨씬 자극이 된다고 생각한다. 이런 견해를 말하면 사람들은 대체로 내 말에 동의하지만, 그들은 그런 수업에 몰두하지는 않는다.

만들려다 실패한 기압계부터 호주의 동물 이름 목록에 이르기까지 내 어린 시절 관심사를 제외하고 지금의 나를 형성하는 데 기여한 두 분야를 들자면 수학과 역사학일 것이다.

수학은 몇 년 동안 미래에 직업으로 삼고 싶었던 과목이었다. 대학에서 가르치는 교과목 중에서 가장 쉽게 잘해낼 수 있는 과목이기도 했다. 수학을 하면서 내가 마치 특별한 노력을 들이지도 않고 한 곡조를 연주하거나 작곡하는 음악가와 같다고 느꼈다. 수학은 사회적인 접촉이라는 측면에서 덜 까다롭기도 하다. 말을 거의 하지 않는 사람도 단체에 소속되어 연구할 수 있다. (지나친 일반화를 하고 싶지는 않지만) 수학과 학생 대다수는 정치학과 학생보다 사회적 소통 능력이 부족하다. 그래서 수학을 전공하면 스트레스도 훨씬 덜 받을 것이다.

게다가 수학은 온갖 다른 분야와 접근법, 방법론으로 세분화되어 있다. 예를 들어 위상수학과 대수학의 차이는 비유하자면 중국 언어학과 미국 지리학의 차이와 비슷할 정도다.

역사학은 어떤 점에서는 그와 정반대로 보인다. 시간을 뛰어넘는 어떤 진실을 진술하기보다는 다가오거나 지나간 사건들을 다룬다. 역사학에서 잠재적으로 어려움을 일으키는 또 다른 특징은 어느 정도 문학적인 언어를 사용한다는 점이다. 이 때문에 온갖 일탈이 발생한다. 내 아버지는 자신이 학교를 다닌 기간 중에만 10월 혁명의 역사 서술이 몇 번이나 바뀌었으며, 그때마다 교과서에 나온 이런저런 인물의 얼굴에 잉크를 덧칠하고 (가령 '진정한 프롤레타리아 영웅'이란 문구를 지우고) 그 자리에 '제국주의 침략자에게 매수된 배반자'라고 써넣어야 했다는 사실을 즐겨 이야기한다. 그러니 역사도 항구성의 한 형태요 과거를 기억으로 유지하려고 하는 시도라고 볼 수 있었다. 그것이 내가 어렸을 때 내린 해석이었고, 이런 해석 덕분에 역사학이 유쾌하게 느껴졌다.

거기에 덧붙여 역사 교과서에는 구구절절한 설명보다 자료와 수치, 가끔은 사진이 많이 담겨 있다. 이는 자폐 아동에게 천국과 같다. 콘라트 아데나워(독일 정치가, 서독 초대 수상)의 정책을 분석하는 일은 무척 지루하고 이해하기 어려울 수도 있지만, 그의 생년월일과 세부 약력을 파악하는 일은 무척 흥미로울 수 있기 때문이다.

특히 나는 역사학으로 풍부한 교양을 쌓았다. 어쩌면 역사학 덕분에 이른바 '인간세계'에 마음의 문을 열었는지도 모른다. 날짜와 역사적인 인물 목록에 흥미를 가지면서 나는 서서히 추상적인 사고를 하게 되었다. 라브렌티 베리야(구소련의 군인이자 정치가) 또는 다른 인물이 어느 날짜에 처형되었는지 알면, 뒤이어 어떻게 처형되었는지 알게 되고, 그가 누구에 의하여 어떤 이유 때문에 처형되었는지도 배운다. 모스크바 재판[36]에 관한 문서들을 읽으면서 특정한 정치 용어들을 접하

36 1930년대 후반 스탈린 시대에 이루어진 숙청 재판을 총칭하는 말

고, 이념이라 불린 사상 체계가 어떻게 작동했는지 발견한다.

집단 수용소에 관한 이야기를 어린이에게 들려주는 것은 부적절하다는 견해에는 합당한 근거가 있다. 어린이가 동화에 관심을 보이지 않고 솔제니친[37]의 작품을 읽는다는 게 얼마나 얼토당토않은 생각인가? 하지만 가만히 생각해보면 동화도 마냥 순진하고 착하기만 한 어린이용 이야기만은 아니다. 동화가 잔인할 수 있다는 사실은 이제 굳이 증명할 필요도 없다. 게다가 아동이 포근한 보호막 안에서 성장하다 보면 어느 순간 지독한 현실에 눈뜨게 되는 시기를 맞이한다. 장기적으로 보았을 때 최상의 선택은 아니다.

가령 내 부모님이, 자기들이 처한 상황과 프랑스에서 망명생활을 하고 있다는 중대한 사실을 자식에게 어떻게 숨길 수 있었는지 의문이다. 구체적으로 말하자면, 그분들이 공산주의 장벽 너머에 남아 있는 사람들에게 전화를 걸 때 상대방과 전화가 연결되기까지 왜 그토록 오래 기다려야 했는지, 또 한마디라도 실수하면 전화가 끊겼기에 극도로 조심하며 말해야 한 이유가 무엇이었는지 숨기는 일은 얼마나 힘들었을까? 역사는 진실을 가르치는 더없이 훌륭한 수업이다. 끔찍한 사건들과 서로 모순되는 정보에 직면했을 때 가장 힘든 도전은 무수한 정치 망명자, 특히 1989년 이후 자기가 벌이던 투쟁의

37 스탈린주의와 소비에트 정책에 비판적인 작품을 발표한 러시아 소설가이자 역사가

목표가 사라지고 그토록 열망했던 나라가 자기를 받아들이지 않았을 때 망명한 사람들이 보이는 특유의 냉소주의와 비관주의에 굴하지 않는 일이었다.

도서관에 중독된 시절

나는 교실에 들어가지 않을 때면 도서관을 드나들었다. 그러면서 나만의 방식으로 책을 접했다. 처음에는 부모님이 소장한 엄청난 양의 책들을 보았고, 이후에는 시립도서관을 이용했다.

그런 도서관 원정은 사람들의 이목을 끌었다(비록 나는 깨닫지 못했더라도). 나는 도서관이 너무 시끄럽지 않으면 구석 자리에서 오랫동안 머물곤 했다. 대체로 다른 사람들이 거의 오지 않는 분야의 책이 꽂혀 있는 서가 근처에 자리 잡고 앉아, 거기 있는 책이나 같은 저자의 책을 차례대로 읽었고 심지어 같은 책을 반복해서 읽곤 했다.

하루에도 두 번, 세 번, 네 번씩 도서관을 드나들었다. 커다란 책가방을 각각 앞뒤에 매고, 가끔은 손에도 든 채로 책을 운반했다. 전문 은어로 나는 '암노새'(mule)[38]인 동시에 소비자였다. 부모님은 내가 대출 가능 기준보다 더 많은 책을 빌릴 수 있도록 사서와 타협을 보는 데 성공했다. 중학교 도서관에

38 프랑스에서 사용하는 경찰 은어로 마약 같은 불법적인 물건을 운송하는 사람

서도 마찬가지여서 사서가 먼저 나에게 몇 가지 타협안을 제시했다. 그 사서는 사람이 거의 오지 않는 도서관을 누군가가 좋아한다는 사실이 흐뭇했던 것 같다. 그리고 그녀는 내가 책을 제때에 반납한다는 사실을 알았기에 걱정할 필요가 없었다. 내게는 매우 기분 좋은 기억이다.

모든 중독이 그렇듯 괴로운 시기도 있었다. 중학교 도서관에서 기쁨을 누리기 전인 초등학교 때, 나는 교실 한쪽 구석에 놓인 책들을 읽을 수 있었다. 나중에는 대부분의 시간을 그곳에서 보냈다. 담임선생님이 참다못해 나더러 자리로 돌아가라고 으름장을 놓을 때면, 나는 책상 밑에 책을 숨겨놓고 '나쁜 짓'을 계속했다. 그러다 들킨 적이 한두 번이 아니었다. 어느 날 담임선생님은 내가 책을 읽는 현장을 발각했는데, 내가 숨겨놓고 보던 책이 『예의범절 안내서』임을 알고 놀라워했다.

간단한 것과 복잡한 것이 바뀌다

내가 어떤 책을 읽었는지는 단순한 일화 수준을 넘어 자폐를 지닌 아동·청소년의 취학 및 장래에 상당히 큰 영향을 미치는 보편적 문제를 생각해보게 한다. 바로 간단한 것과 복잡한 것에 대한 문제다. 이른바 '상식'에 따르면 아동의 학습은 보통 간단한 것으로 시작해서 복잡한 것으로 넘어간다. 나는 바로 이 암묵적인 원칙을 깨닫고 나서야 비로소 중학교 교사 한 명이 내게 "쇼바네크 군, 복잡하게 할 수 있는데 왜 간단하게 하나?"라고 말했을 때 그게 나를 비웃는 말이었다는 사실을 깨달았다. 관건은 무엇이 간단하고 무엇이 복잡한지 아는 일이다. 내가 보기에는 지금도 언론매체 중에서 타블로이드판 대중지의 제목만큼 이해하기 어려운 것은 없다. 반면에 『파이낸셜 타임스』같은 경제지는 무척 명료하다. 그런 신문이 마음에 들고 안 들고를 떠나서 거기에는 이해할 수 있는 자료와 숫자가 담겨 있다. 대중지는 은연중에 독자에게 눈을 찡긋하며 무엇을 암시하고, 많은 사람이 아는 지식을 전제로 논리를 전개하며, 초심자로서는 거의 이해할 수 없는 자기만의 언어를 사용한다. 영국의 타블로이드판 대중지 『더 선』이 그렇다. 거기에 실린 어떤 기사는 전혀 이해할 수 없다. 이 모든 사실은 자폐를 지닌 아동에게 읽을 책을 선별하여 제시할 때 깊이 생각해볼 만한 일이다. 『백설 공주』는 표현에 이중적인 뜻이 담겨 있다. 따라서 나와 비슷한 이력을 지닌 아동에게는 이것이 쉽고 매력적인 이야기가 아니라 어른을 위한 동화처럼 느껴진다. 그래서 어린 시절에 남이 봤으면 이상하다고 여겼을 책을 주로 읽었다. 곰팡이에 관한 보고서, 동물과 기술을 다룬 백과사전 등은 아직도 가끔 생각난다. 신경생물학자 장피에르 샹죄가 쓴 『신경 회로 인간』(*L'Homme neuronal*)도 있다. 이 책은 몇 년 간격을 두고 두 번 대출해서 매우 주의 깊게 읽었다. 물론 시간이 흐르면서 점점 그 책에 비판적이 되었지만.

책의 내용 중 무엇을 이해했고 무엇을 이해하지 못했는지 지금 특정하기는 어렵다. 중요한 건 그런 게 아닐 수 있다. 완벽하게 이해하는 책만 읽어야 한다면, 우리는 아무것도 읽지 못할 것이다. 독서를 하면서 느끼는 적당한 어려움은 인간을 형성하는 데 반드시 필요하다.

나만의 책 분류법

이처럼 나는 도서관과 오래전부터 관계를 맺어왔다. 몇 년 동안은 도서관에 가는 일이 내가 할 수 있는 유일한 사회적 활동이었다. 지금도 나는 도서관을 무척 좋아한다. 물론 점점 더 변덕을 부리며 도서관을 까다롭게 선별하기는 하지만. 어렸을 때 나는 여러 도서관의 대출 카드를 소지했고 어른이 된 지금도 그렇다. 내게 무척 즐거운 순간 중 하나는 업무를 일찍 마치고 도서관에 가는 일이다. 저녁에는 도서관이 더 조용하다. 어떤 나라에서는 도서관이 밤새도록 문을 연다. 꿈같은 일이 아닐 수 없다. 저녁나절 또는 밤이면 보통 도서관의 소음 수준은 0에 가까워지고, 드나드는 사람 수도 마찬가지다. 다급하다는 느낌, 무언가 '유용한' 일을 해야 한다는 느낌은 사라지거나 상대적으로 줄어든다. 도서관에 관한 기억 중 최고의 순간은 사람이 거의 없던 때다. 비행기를 탄 가장 좋은 기억이 비행기에 사람이 거의 없을 때인 것과 마찬가지다.

카프카가 이상적인 집에 대해 깊이 생각한 것과 비슷하게, 나는 한동안 이상적인 도서관을 상상해보았다. 서가의 배치와 책의 선별, 내부 구조 등이다. 이제는 그런 도서관이 존재하지 않음을 알지만, 현존하는 도서관들을 관찰하면서 사람들이 책을 읽으며 무엇을 얻는지에 디자인 요소들이 영향을 미친다고 확신하게 되었다. 나는 전 세계에 있는 몇몇 도서관을 방문할 수 있었고, 그 경험을 바탕으로 도서관의 바탕에 깔려 있는 문화적 요인, 즉 얼마나 많은 책에 직접 접근할 수 있는지, 책들이 어떻게 분류되어 있는지 등이 도서관의 전체 디자인에 미치는 영향이 크다는 사실을 알고 놀랐다.

책의 분류법은 자폐 전문가들이 상당히 등한시하는 문제지만, 그 분류법을 살펴보면 어떤 사실들을 이해할 수 있다. 출처는 정확히 모르지만 누군가 내게 칼 포퍼(영국 철학자)의 말의 전해주었다. "지식인은 자기 책을 정리할 줄 모르는 사람이다." 인격과 정리 방법 사이에 존재하는 깊은 관계를 지적한 것이다. 나는 자폐를 지닌 성인이 자기 책을 어떻게 정리하면 좋을지 알아보려고 이야기를 나누어보았다. 내가 예견한 것처럼 그들은 평범하지 않은 분류법을 사용했다. 그중에는 출간일로 분류하는 방법이 있다. 물론 일반적이지는 않지만 음악이나 사상의 역사에 관심을 가졌다면, 나름의 논리가 있고 유용한 방법이다.

나는 책을 분류하지 않는다. 책이 쌓이고 쌓여서 결국 내가 감당할 수준을 넘어선다. 하지만 금전적인 여유가 별로 없어서 책을 드물게 구입하는 편이다. 다른 사람들이 내게 선물한 책만으로도 나의 생활공간이 꽉 찬다. 책을 일정 높이 이상 쌓으면 그 더미 전체를 쓸 수 없게 된다. 내 친구 한 명은 자신이 책 더미, 특히 가장 좋아하는 사전 더미에 깔려 죽을 거라며 두려워한다. 부모님의 친구 중에서 지금은 세상을 떴고 확실히 자폐증을 지녔던 것 같은 한 사람은 욕조에 책을 쌓아두었다가 바닥이 무너져서 책이 전부 아래층 집으로 떨어졌다. 조르주 뒤메질이 인생의 황혼 무렵에 했던 인터뷰가 생각난다. 그 신중한 언어학자는 평소에 거의 하지 않던 자신의 과거 이야기를 하면서, '장서 더미'(bibliopile)[39]의 책들을 더 이상 만질 수 없는 슬픔을 토로했다. 책을 건드리면 집이 무너져 내릴 수 있기 때문이다. 끝으로 비극적인 사례를 하나 소개한다. 내가 아는 어느 자폐인 연구자는 책과 자신이 쓴 글을 보관하려고 넓은 아파트 일곱 채를 임차했다가 파산했다. 결국 그는 스스로 목숨을 끊었다.

분류법에 덧붙여 서가들 사이를 거니는 방식도 고려 대상이다. 나는 어렸을 때부터 사람들이 가장 많이 드나드는 도서관의 서가, 가령 예전에는 카세트테이프, 지금은 CD가 있는 서가에는 가지 않았다. 반면 내가 관심 있는 주제를 다룬 책들이 꽂힌 서가는 금세 찾는다.

나는 스스로 정한 순서에 따라 책을 읽었다. 가령 알파벳 순서대로 읽거나, 책장의 어느 한쪽에서 시작해서 한꺼번에 책 열 권을 대출해 집에서 읽고, 다음번엔 뒤이은 열 권을 대출하기도 했다. 또는 서가의 한 줄에서 가장 두꺼운 책부터 읽기

39 프랑스어로 'bibliophile'은 '애서가, 장서가'라는 뜻인데 거기에서 h를 빼어 새로 만든 말로 'pile'은 '더미'라는 뜻이다.

시작해서 가장 얇은 책들로 옮겨갔다. 내가 가장 좋아하는 책은 매년 같은 시기에 대출했다. 불행히도, 혹은 다행히도 내가 정확하게 어떤 순서로 책을 대출했는지는 또렷하게 기억나지 않는다. 하지만 주제가 가장 중요했다는 건 분명하다. 내가 곤충과 나방에 흥미를 느낄 때, 서가에 꽂힌 책이 그 주제와 관련 없다면 읽지 않았다.

내가 사랑한 책들

사람들은 어째서 책을 좋아할까? 단지 내용 때문만은 아니다. 출판사들은 사람들이 거의 읽지 않을 게 분명한 책들도 출간한다. 예를 들어 아일랜드의 공항에서 제임스 조이스의 두꺼운 책들을 사간 사람들 중에서 과연 실제로 읽은 사람이 몇이나 될까?

내 경우는 책 한 권을 판단할 때 종이의 종류, 색깔, 질감 같은 내용 외 요인들을 고려한다. 특히 냄새가 중요하다. 나는 어떤 책의 냄새를 맡지 않으면 그것을 진지하게 읽을 수 없다. 다른 사람들 앞에서 공공연히 그런 행동을 해서는 안 된다고 들었기에 이제는 숨어서 책 냄새를 맡는다. 책 제목과 저자는 금세 잊어버리지만, 종이의 냄새와 질감, 종이 재단 방식, 완벽하게 똑바르게 재단되었는지 아니면 약간 오톨도톨하게 재단되었는지, 표지의 색깔은 무엇인지 등은 상당히 잘 기억한다. 내가 보기에는 저자의 이름보다 이러한 것들이 책의 정체성을 만들어내는 진정한 특징이다.

나는 나이가 꽤 들었을 때까지 책은 인간 저자가 쓴 것이 아니라 돌멩이와 강이 존재하듯 자연에 주어진 어떤 정보라고 생각했다. 나는 어떤 사람이 특정한 시기에 책을 썼다는 사실을 깨닫지 못했다.

책은 에너지를 불어넣고 생각을 제자리에 되돌려 사회적인 상호작용을 시도하게 만든다. 물론 이것이 책의 궁극적인 목적도 아니고 독자가 책을 읽으면서 계속 그런 생각만 하지도 않겠지만, 이런 사실은 독서에 매력을 더할 수 있다. 당신이 산딸기 먹는 것을 좋아한다고 가정해보자. 그렇다고 당신이 그 외의 어떤 사회적 상호작용도 하지 않는다는 뜻은 아니다. 자폐를 지닌 사람도 마찬가지다. 도서관을 좋아하면서 동시에 몇몇 친구들과 접촉할 수 있다(적어도 그러길 희망한다). 사람들이 믿는 것과 달리, 독서는 타인을 손쉽게 발견하는 통로가 된다. 내가 그랬듯 겉으로 보기에는 아무것이나 닥치는 대로 읽는 것 같지만 그 과정을 통해 사고의 지평을 넓혀가는 것이다.

물론 클럽에 가도록 도와주는 코칭을 받는 일이 어느 잊힌 저자의 먼지 풀풀 날리는 책 한 권을 읽는 것보다는 사회화 측면에서는 훨씬 더 효과적으로 보인다. 하지만 독서는 사회화에 장기적인 도움을 준다. 예를 들어 당신은 책을 읽음으로써 어떤 나라의 수도를 알게 되고, '각하'를 사용해야 할 때 '씨'를 사용하는 말실수를 저지르지 않을 것이며, '몽 콜로넬'(mon colonel)이라고 말해야 할 때 '콜로넬'(colonel)이라고 하

지 않을 것이다.[40]

쥘 베른 작품의 등장인물들은 대부분 조금씩 특이하다. 물론 좋은 의미다. 그리고 쥘 베른은 과학에 천착하는 매우 독특한 세계관, 또 여성성이 부수적이거나 거의 전무한 세계관을 지녔다. 얼핏 보기에 그의 책들은 사회적 상호작용을 배우는 데 적절한 도구가 아닌 듯하지만, 주요 수단은 될 수 있다. 그의 책 몇 권은 내게 깊은 인상을 주었으며 나는 그의 책들을 다른 언어로 읽고 또 읽었다. 번역가가 원서를 다른 언어로 옮길 때 어려운 장애물을 어떻게 교묘히 피해갔으며, 작품의 출발 언어에 담긴 문화를 다른 문화권의 언어로 어떻게 재현하고자 시도했는지 알아보는 일이 무척 재미있었다.

내가 그 책들을 첫 페이지부터 마지막 페이지까지 속속들이 알고 있다고 말할 수는 없지만, 어떤 구절은 종종 통째로 떠오르곤 했다. 내게 『지구 속 여행』은 단어들 속으로 떠나는 여행이었다. 책을 읽으면서 쥘 베른이 왜 어떤 때에는 마침표를 쓰고 다른 때에는 쌍반점(;)을 썼을지 궁금해했다. 한 문장을 두고 그런 식으로 궁리하며 몇 시간을 보낸 적도 있었다. 내가 시간을 허비한 것일까? 그랬을지도 모른다. 그때 한 생

40 프랑스의 군대 규정에 따르면, 대령(colonel)이 남성일 때에는 몽 콜로넬, 여성일 때에는 콜로넬이라 칭해야 한다. 여기에서 'mon'은 남성에 대한 존칭인 'monsieur'의 약자다.

각들을 전부 잊어버렸으니 더 그렇게 느낄 수도 있다. 다행스럽게도 어린 시절에 하는 일들이 이른바 계산적인 의미에서 유용한 경우는 드물다. 여성의 매력에 푹 빠진 이 방종한 인물조차 결국은 자신의 젖먹이 신분을 충분히 활용하지 못했다며 요란스레 후회한다. 이처럼 인간은 실패와 게임을 겪으며 성장하는 법이다.

쥘 베른에서 카프카로

내가 지금까지 그럭저럭 제대로 읽은 허구 작품의 작가는 단 두 명, 쥘 베른 그리고 더 나중에 읽은 카프카다. 물론 다른 저자들의 작품도 읽었지만 나는 이 두 사람의 작품을 읽는 데 유독 많은 시간을 들였다. 그 외에는 맛보기 수준에 머물렀다.

쥘 베른은 내게 몹시 매력적인 작가였다. 소설의 저자이자 과학자였기 때문이다. 특히 두 번째 특징 때문에 첫 번째 특징을 받아들일 수 있었다. 왜냐하면 나는 몇 년 동안 사실이 아닌 것, 즉 허구 작품을 읽는 일이 유용하다는 생각을 하지 못했기 때문이다. 쥘 베른은 독자가 간접적으로 여행을 떠나도록 이끌고 상당히 정확한 수치와 사실들을 접하게 해주었다. 또한 풍광과 장소를 묘사하는 재능도 빼어났다. 그는 평생 거의 여행하지 않았으나 가끔은 자신이 전혀 가보지 않은 장소도 훌륭하게 그려냈다. 한마디로 쥘 베른은 내가 옹알이를 벗어나서 책 읽는 법을 배우고, 프랑스어를 배우고, 조금 경직된 형태이긴 했지만 그래도 엄연히 사회적인 관례를 배우는 과정에서 나와 함께해준 저자였다.

내가 카프카를 만난 것은 지금부터 약 12년쯤 전이다. 당시 그는 내가 마음이 통한다고 느낀 몇 안 되는 저자 중 한 명이었다. 마음이 통한다는 것이 이런저런 정치적이거나 철학적인 견해를 공유한다는 뜻은 아니다. 카프카의 작품에서는 그런 견해를 찾아보기도 힘들다. 다만 카프카가 묘사하고 체험한 세계가 내가 가진 세계와 똑같은 방식으로 진동했다. 카프카는 그의 어느 책 한 권을 좋아하고 다른 책은 싫어할 수 있는 저자가 아니다. 그의 작품은 물질적으로(종이, 흩어져 있는 사본 등) 매우 다르지만 전부 훌륭하다. 그의 독일어는 매우 독특하고 명료하며, 완벽한 형식을 갖췄다.

나는 카프카의 작품 중에서 『성』을 가장 먼저 읽었다. 처음 읽었을 때 나는 그 작품을 잘 이해하지 못했다. 돌이켜 보면 카프카에 대한 탐구를 그 책으로 시작하지 말았어야 했다. 뒤이어 나는 그의 에세이와 단편들을 읽고 경탄했다. 당대의 상황을 다룬 시사적인 글이었는데, 내게는 내가 처한 상황에 걸맞은 글처럼 보였다. 단편 소설 『학술원에 드리는 보고』가 특히 인상적이었다. 내용은 학술원 회원들 앞에 선 어느 원숭이의 이야기다. 원숭이는 다음과 같은 말로 연설을 시작한다. "학술원의 높으신 나리들이여! 원숭이로서의 삶에 대해 보고하라고 영광스럽게도 제게 요청하셨으니…." 조금 더 지나서 나는 『중년의 노총각 블룸펠트』라는 소설에 열광했고, 몇 달 동안 그 책을 반복해서 읽었다. 그 이야기는 어떤 현상, 즉 두 개의 공이 주인공 블룸펠트의 방에서 통통 튀어 오르는 상황을 둘러싸고 시작된다. 놀라운 상황이지만, 카프카의 세계에서 흔히 그렇듯 이 일은 특별한 놀라움을 불러일으키지 않는다. 두 개의 공은 감안해야 할 추가적인 변수일 뿐이다. 가장 비정상적인 것은 결국 튀어 오르는 두 개의 공이 아니라 삶의 나머지 요소다.

나는 『변신』을 상당히 늦게 읽었다. 하지만 그 소설로 시작했으면 좋았을 뻔했다. 그만큼 그 이야기는 내 상황과 맞닿아 있었으며 앞으로 내게 현실로 다가올 일을 묘사하는 것 같았다. 끝으로 카프카와 더불어 나는 내게 친숙했지만 정작 모르는 세계, 지금은 영영 사라진 옛 중유럽 세계를 발견했다.

쓸모가 없어서 호기심을 갖게 된 언어 공부

내가 언어에 관심을 가지리라고 예상한 사람은 없었다. 언어 이론가들의 저작을 전혀 이해하지 못하는 나였기에 더욱 그랬다. 사람들이 나만 그런 게 아니라고 말해주어서 조금은 위안이 된다. 내가 처한 환경의 영향으로 이른바 '다중 언어 능력'을 자연스럽게 지닐 수 있었던 것일까? 언어에 대한 취미가 없어도 자기도 모르게 여러 언어를 말하는 튀니스와 룩셈부르크, 탈린, 사마르칸트의 운 좋은 주민들처럼 말이다. 전문 분야와 관련된 글과 수사본을 해독하기 위해 언어를 습득해야만 했을까?

결론적으로 언어 능력은 내게 꼭 쓸모가 있는 것은 아니다.

그러지 않았다면 나는 금세 싫증을 느꼈을 것이다. 사연은 상당히 길다. 내게 어떤 실마리를 주고 정신적인 기준이 되어주는 언어는 독일어다. 독일어는 모국어인 체코어와 학교에서 공부한 프랑스어 다음으로 배운 최초의 외국어다. 하지만 독일어를 체계적으로 배운 적은 없다. 독일어는 타자성(altérité)에 기반해서 학습한 언어다. 내가 맞닥뜨리고 그 안에 푹 잠겨들면서 자연스럽게 습득했다. 나는 여러 언어를 학습하면서 이런저런 순간에 어쩌면 무의식적으로 독일어나 독일어와 연관하여 체험한 상황들을 떠올렸는지도 모른다.

언제 어떻게 독일어를 처음 접했는지는 나도 모르겠다. 아마 학교에서였을 테지만, 정확히 그 계기가 무엇이었는지도 기억나지 않는다. 나는 독일어 수업에서 다른 아이들보다 빠르게 진도를 나갔기 때문에, 내가 알던 지식이 교과 과정에서 배운 게 아님은 분명하다. 어쩌면 스위스에서 긴 휴가를 보내는 동안 배웠는지도 모른다. 비록 스위스에서 독일어든 다른 언어로든 그 누구와도 상호작용하지는 않았지만 말이다. 나중에는 독일에 가서 언어를 습득했지만, 그것이 내가 독일어를 접한 정황을 전부 설명해주지는 않는다.

학교에서 나는 운 좋게도 독일어를 일찍, 그러니까 초등학교 때 배우기 시작했다. 독일어 선생님이 크게 당황한 모습으로 교실에 들어와 아무것도 이해하지 못할 아이들에게 전날 밤에 장벽이 무너졌다고 말한 그날을 나는 절대 잊지 못할 것이다.

당시 프랑스에서는 언어 조기 교육이 흔하지 않았다. 안타까운 일이다. 독일어 수업에서 나는 글이 조금 더 길어지는 교과서 끝부분을 들여다보고 거기에 실린 글을 읽으며 뿌듯해했는데, 다른 과목들에서는 그런 일이 거의 없었다. 그러니 나는 육칠 세에 독일어에 대한 개념을 지녔던 게 틀림없다. 무엇보다 나는 그 언어에 대해 특정한 심리적 표상을 지녔으며, 독일어가 가령 공간과 맺는 관계나 구문에서 전제로 삼는 기능이 내가 기능하는 방식과 조화를 잘 이룬다고 생각한다.

독일어는 내가 전혀 짐작하지 못한 측면들도 지녔다. 아동·청소년기에 나는 독일어가 실제로는 아무도 제대로 말하지 않는 언어임을 몰랐다. "독일에서 외국인을 알아보는 방법은 무엇인가"라는 유명한 농담이 있다. 정답은 이렇다. "독일어를 완벽하게 말하는 사람이다. 독일에서는 외국인만 독일어를 제대로 말하기 때문이다." 내가 보기에는 독일의 대학에서 접한 여러 교수 중에서 단 한 사람만이 올바르게 말하려고 노력했던 것 같다. 그는 석좌교수요 백작이라는 신분을 물려받은 사람이었다. 그는 늘 천천히 말했고 문장이 흐지부지 얽히는 경우가 드물었으며, 그가 말할 때 문장이 마침표로 다가가면서 축척된 동사들이 완벽하게 변형되어 제자리에 차곡차곡 자리를 잡아가는 과정을 확인하는 일은 참으로 감미로웠다. 수학자가 긴 공식을 적용한 끝에 어떤 메커니즘을 작동시켜 기적처럼 별안간 완벽한 해답을 도출해내는 것과 비슷했다. 프랑스인이면서 종교를 연구하는 전문가인 또 다른 교수는 나도 어렸을 때 이미 관찰한 바 있는 기이한 현상을 언급했다. 독일어로 된 종교 전례(典禮), 즉 극도로 형식적일 뿐 아니라 약간 고풍적인 독일어로 쓰인 전례는 같은 내용을 프랑스어로 쓴 것과 달리 어째서 정서적으로 그토록 강렬한 인상을 주는 것일까? 도무지 알 수 없다. 이와 비슷하게 산스크리트어의 통사 구조와 문법이 엄청나게 복잡하지 않았더라면, 그 언어도 수천 년에 걸쳐 신성한 언어로 쓰이지 못했을지도 모른다.

내가 더 나중에 발견한 독일어의 또 다른 면모는 그 역사적인 측면이다. 독일어를 독일에서 쓰는 언어로만 축소시키는 것은 심한 오류다. 오늘날 국가로 구성된 독일은 독일어 문화와는 극히 미미한 관계일 뿐이다. 나는 지금은 사라진 중유럽의 오래된 글들을 읽으면서 더없이 큰 감동을 느꼈다. 옛 중유럽에서 독일어는 지적인 삶에 생명을 불어넣는 요소였다. 그 때의 감동은 어느 날 저녁 긴 여행 끝에 트란실바니아의 도시 트르구무레슈의 역사적인 광장 피아타 트란다피릴로르에 도착했을 때, 그곳에서 수십 년 동안 끔찍한 암흑의 역사가 펼쳐졌음에도 마자르어와 독일어가 공유 재산이던 과거 흔적을 발견하고 느꼈던 것과 동일했다.

그리스어가 라틴어보다 매력적인 이유

영어는 그보다 훨씬 나중에 접했다. 중학교 3학년이 되어서야 일주일에 겨우 한두 시간씩 배우기 시작했다. 그리고 중고등학교 때 나는 영어를 별로 중요하게 생각하지 않았다.

내가 영어를 제대로 학습하기 시작한 것은 주변적인 요인 때문이었다. 부모님이 사준 나의 첫 컴퓨터에는 영어 설명서밖에 없었다. 나는 그 설명서를 읽기 시작했고 처음에는 글을 이해하기 무척 힘들었다. 영어는 많은 단어가 프랑스어나 독일어와 유사하다. 그래서 프랑스어와 독일어를 알면 무슨 뜻인지 대충 짐작이 가고, 기술적인 글은 더 그랬다.

뒤이어 고대 그리스어에 열중한 시기가 있었다. 비록 나는 더 깊이 파고들지는 못했지만, 적어도 두 해 여름은 그 언어만 배우며 보냈다. 안타깝게도 나는 이런 노력을 건설적인 데로 연결시킬줄 몰랐다. 내가 조금 비뚤어진 구석이 있기 때문이다. 나는 사실 고대 그리스어보다는 동로마 제국의 중세 그리스어 그리고 상당히 매혹적인 그 둘 사이의 언어에 흥미를 느끼고 있으니까.

그리스어는 라틴어보다 훨씬 더 매력적이다. 나는 라틴어에 전혀 호감을 느끼지 못하다가 뒤늦게 『바보배』 같은 책에 매료되면서 중세 말기 라틴어의 매력을 발견했다. 중세 말기 또는 르네상스기의 저작들이 원래 라틴어로 쓰였는지 다른 언어로 쓰였는지는 별로 중요하지 않다. 그 저작들에는 어느 특정 유형의 라틴어가 지닌 것으로 보이는 독특한 특징이 있다. 그 이례적인 여러 텍스트에서 라틴어는 온갖 언어들과 뒤섞여 조금 이상하게 보이며, 하나같이 엄청나게 심각한 것과 익살스러운 것 사이에 위치한다. 그 뒤에 전개된 수 세기 역사를 돌이켜 보면 심각함과 익살스러움은 자주 뒤바뀌곤 했다. 하지만 이 점을 제외하면 라틴어는 어쩐지 불쾌하게 느껴진다. 나는 라틴어를 대할 때 차가운 대리석 판을 마주하는 느낌이 든다. 노력해도 불꽃이 붙지 않는다. 반면에 그리스어 문법은 그 음색과 울림, 글을 쓰는 방법, 심지어 문자에도 애착이 가고, 훨씬 따스하며 풍성하게 느껴진다. 이후에 나는 그런 내 생각에 얼마간 공감하는 사람들을 만났다. 결국 나만 그렇게 생각하는 것은 아니었다.

언어들의 집에서 경험한 즐거운 여행

이후로 온갖 약물을 복용하느라 공백기가 있었다. 유명한 『바보배』보다 겨우 조금 더 근대화됐을 법한 단계에 있던 나의 신경세포 기차가 탈선한 것이다. 기차는 앞으로 나아가지도, 후진하지도 못하며 진창에 깊이 빠져들어갔다. 그러다가 나를 정상적인 궤도에 오르게 해준 것은 이례적인 심리요법이었다. 당시 프랑스에서는 인터넷이 한창 발달하고 있었는데, 어떤 페이지가 내 호기심을 자극했다. 당시에는 상당히 엉성했던 이날코(Inalco)[41]의 웹사이트였다. 이날코는 '랑그오'(Langues O)[42]라고도 불리는데, 이름이 썩 마음에 드는 건 아

41 국립 동양 언어·문화 대학(Institut national des langues et civilisations orientales)

42 직역하면 '0 언어들'이라는 뜻이다.

니다. 일단, 학교의 약호인 이날코가 듣기 좋고, '랑그 오'에는 대문자 'O'가 들어가는데 이는 게일어군의 사람 이름의 성(姓)과 비슷해 보이지만, 정작 설득력 있는 특별한 이유 없이 그 언어들을 이날코에서 다루지 않기 때문이다. 나는 그 웹사이트에 자주 접속해서 거기 실린 몇몇 글을 되풀이해서 있었고 학과목으로 제시하는 언어 목록을 살펴보았다. 점점 그 학교에 대한 관심이 깊어졌다.

마침내 나는 이날코에 등록하기로 마음먹었다. 하지만 무슨 언어를 선택해야 할지는 결정하지 못했다. 처음에는 자신이 없어서 체코어 상급 학년에 편입할까 생각했다. 하지만 그러면 새로운 세계를 발견할 수 없을 것 같았다. 발견에 목마른 데다 어딘가로 이동하는 게 무척 힘들었던 나는(당시 길 한번 건너는 일도 1주일에 한 차례만 모험처럼 시도할 정도였다) 상상 속에서라도 여행을 떠나고 싶었다.

등록일과 더불어 개강일이 다가왔다. '그래 한번 해보자!'라고 마음을 다잡은 나는 학교에 등록하러 지하철을 타고 가면서 최종 후보에 올린 언어들을 머릿속으로 정리했다. 당시 나는 여전히 몇 가지 약을 복용하는 중이었고, 그 부작용 때문인지 사회성이 극도로 떨어진 상태였다. 학교까지 지하철을 타고 가면서 나는 머릿속으로 네 개 언어, 즉 아랍어와 히브리어, 중국어, 일본어를 생각했다. 파리의 릴 거리에 있는 건물 앞에 도착한 나는 잔뜩 긴장한 채 덜덜 떨고 말을 더듬으며 긴 대기 줄에 자리를 잡았다.

이윽고 등록 서류를 나눠 주는 여학생 앞에 내가 설 차례가 왔다. 하지만 나는 등록 서류를 받아들자마자 도망쳤다. 몇 시간 동안 마음속이 뒤죽박죽이었다. 내게는 모험을 시작하기 전 통과의례와도 같았기 때문이다. 사람들이 인정하든 아니든, 편집증 환자를 미행하는 데 있어서는 CIA보다 훨씬 효율적인 정신분석학이 이번에도 다시 나를 따라잡았다. 그때부터 몇 년이 지나서 알게 된 사실인데, 이날코가 훗날 이전하기 전에 위치했던 릴 거리의 학교 출입구 바로 맞은편에는 그 유명한 정신분석학자 라캉의 진료실이 있었다. 그곳의 현판(혹은 '은신처'라고 해야 할까?[43])은 아직도 남아 있다. 이번에는 정신병원이 여러 언어에 능통한 조현병의 모습을 취하고 평소처럼 나를 호시탐탐 노리고 있었다. 더욱이 이날코 본교 건물에 가는 거의 유일한 이유는 등록금 혹은 재등록 비용을 내는 것이었으니, 돈을 지불하는 행위마저 나에겐 정신과 진료와 다를 바 없었다. 독자를 위해 언어와 관련된 잡담은 이쯤 하는 게 좋을 것 같다.

그때부터 지금까지 나는 이날코에 머물렀다.

첫 수업에 갔을 때, 나는 수업 내용을 전혀 짐작하지 못했다. 그저 이번에는 학급의 거의 모든 사람과 접촉하도록 최대한 노력하겠다고 다짐했을 뿐이다. 한편으로는 내가 완전히

43 철자가 비슷한 '현판'(plaque)과 '은신처'(planque)를 은유적인 의미로 사용했다.

잘못 짚은 건 아닌지 의심스러웠다. 이날코는 나를 위한 학교가 아니며, 그 학교에 계속 다니지 못할 것이고, 나의 엉뚱한 생각과 행동이 내가 인정하는 것보다 더 정신병에 가깝다는 확신이 들기도 했다.

하지만 우려했던 것과는 전혀 다르게 처음부터 모든 일이 순조로이 맞물려 돌아갔다. 예상과 달리 나는 학급에 무리 없이 녹아들어갔다. 백지 상태였던 나와 달리 학급 친구들(이제야 나는 이 말을 본래 의미로 사용할 수 있게 되었다)은 해당 과목의 언어학적 지식까지는 아니더라도 문화적인 개념을 어느 정도 지니고 있었다. 우리는 대체로 초심자였고, 아름다운 발견을 향해 함께 나아갔다. 강도 높은 수업이 이어졌다. 일주일에 최소 15시간 이상 강의를 들어야 했고, 그만큼의 시간을 집에서 공부하는 데 들여야 했다. 하지만 내게는 행복한 순간이었고, 저녁에 수업을 마치고 나올 때면 자그마한 신경세포들이 제자리를 되찾는 감각을 느꼈다.

그로부터 몇 년 뒤 나는 시험 삼아 몇몇 선택과목을 수강하기 시작했는데, 대체로 흥미로운 분야를 다루는 수업이었다. 다시금 주변부로 이동한 것이다. 특히 고대 중동 전문가인 다니엘 보디 교수는 내게 강한 인상을 남겼다. 비록 연말에 몸무게가 늘어나는 현상과 초콜릿의 관계를 비롯해서 정치 및 보건에 관한 그의 모든 견해에 동의하는 건 아니었지만 말이다. 그와 함께 공부할 때면 우가리트어나 히타이트어, 다른 고대 아람어가 어김없이 등장했다. 게다가 그는 심리학에도 조예가 깊었다. 이후 나는 다른 대륙의 대학에서 그가 기이한 행태를 보인다는 이야기를 접했다. 나는 그런 풍문이 다 칭찬이라고 생각한다. 그의 수업은 성적에 아무런 도움이 되지 않았지만, 그래서인지 나는 더 열의 있게 들었다.

아무런 생각이 없다가도 음식을 입에 넣는 순간 서서히 식욕이 나듯, 나는 다른 곳에서도 먹이를 조금씩 쪼아 먹기 시작했다. 이날코에는 매혹적인 교과목이 많았다. 아니, 그보다는 수십 년 역사를 거치며 독특한 분위기가 배어든 옛 건물 안에 있다 보면 수없이 유혹을 받을 수밖에 없었다.

복도를 거닐다 보면 온갖 다양한 언어로 말하는 학생들을 만난다. 하다못해 쓰레기통을 뒤져도 온갖 자료가 나온다. 어느 날에는 누군가 복사기에 파슈토어 개론 수업의 처음 몇 장을 두고 갔다. 아프가니스탄의 공용어이고 파키스탄 일부 지역에서도 쓰는 언어다. 어느 날에는 용기를 내어 아프리카 종교에 관한 수업을 들으러 갔다가 강의실이 있던 건물(생각해 보면 분위기가 가장 근사한 곳이었다) 복도에 붙어 있는 안내문에서 현대 에티오피아의 언어 중 하나인 암하라어 수업 시간표를 보았다. 그것을 보자마자 나는 내가 언젠가 그 언어를 배우겠거니 생각했다. 그로부터 1년 반이 지났을 때 예상은 현실이 되었다. 더 시간이 흘렀을 때, 나는 아제르바이잔어와 옛 에티오피아어 강의실에 앉아 있었다. 혹시 이렇게 배우는 것이 병적인 행동은 아닐까? 그럴지도 모르겠다.

나는 언어학자가 아니다. 언어학 자체를 공부한 적은 한 번도 없다. 단지 언어에 흥미가 있을 뿐이다. 내가 언어를 배우는 주요 목적은 고대 문서, 특히 중동의 고대 문서를 이해하는 것이다. 하지만 그게 전부는 아니다. 곁길로 잠깐 빠지거나 고전 산스크리트어 같은 주변적인 발견을 할 때도 있다. 나는 산스크리트어를 계속 공부하고 있다. 지금껏 문법 전문가인 훌륭한 교수들을 만났다. 산스크리트어 공부는 참으로 흥미롭고 가치 있는 경험이었다. 하지만 안타깝게도 수강하는 학생이 적다. 영어 학부는 발 디딜 틈 없지만 특이한 언어 수업은 텅텅 비어 있다. 물론 좋은 점도 있다. 수업이 개인 교습이나 다름없었기 때문이다.

이날코에게는 동생들이 생겼다. 하나는 파리 제3대학교(Université Paris III)의 산스크리트어 학과 과정인데, 이는 프랑스에서 그 언어를 다루는 유일한 공식 과정이다. 나는 물론 그 과정을 수강했다. 또 다른 동생은 파리 가톨릭 대학교(Université catholique de Paris)에 마련된 고대 에티오피아어인 게즈어 수업이다. 이런 학과가 계속 늘어날 거로 생각한다.

어떤 언어를 배운다고 인식하지 않으면서 그 언어를 배우는 일, 어떤 언어를 안다고 인식하지 않으면서 그 언어를 말한다는 것은 앞뒤가 맞지 않는다. 하루에 12시간씩 나라를 다스리고 나머지 시간에는 자신이 일꾼이라고 상상하면서 잠을 자는 왕, 하루에 12시간씩 진이 빠지게 노동을 하고 나머지 시간에는 잠을 자면서 자신이 왕이라고 꿈꾸는 일꾼이 정상일까? 자신이 모든 것을 조금씩 배운다는 사실을 모르면서 그렇게 하는 학생과, 배운다고 생각하지만 아무것도 하지 않으면서 태연자약한 사람이 있다고 가정해보자. 후자의 무위(無爲)는 비난받을 만한 일로 보일 수 있다. 반면, 전자의 활동은 그가 있어야 마땅한 장소, 즉 앞서 여러 번 언급한 정신병원으로 사람을 이끌 수 있다. 그렇다. 바로 내 이야기다.

박사 논문 제목을 잊어버리다

동화는 주인공의 행복을 알리는 상투적인 표현으로 끝난다. 그런 표현을 고루하다고 비판할 수는 있다. 가급적 다양한 표현을 쓰는 게 바람직한 것도 사실이다. 하지만 행복을 표출할 필요성 자체까지 부정할 수는 없다. 이야기가 살아남느냐 흐지부지 잊히느냐의 여부가 달렸기 때문이다. 만약 '잠자는 숲속의 미녀'가 왕자님을 만나지 못한다면, 그 이야기에는 아무도 관심을 갖지 않을 것이다.

이런 맥락으로 볼 때 내가 다시 무리에서 배제당할 가능성을 언급하는 일은 별로 달갑지 않다. 물론 나의 암울하면서도 비이성적인 만큼 매혹적인 예감이 반영된 추측이다. 하지만 그렇다 해도 내가 언어 학습 중독에서 빠져나갈 출구를 발견할 수 있을까? 현실적인 문제를 제쳐두고 생각하면, 두 가지 기제를 언급할 필요가 있어 보인다. 하나는 겉으로 드러나는 기제고 다른 하나는 눈에 잘 띄지 않지만 더 악랄한 기제다.

가장 분명하게 드러나는 사실은 내가 나 자신을 정의 내리는 일이 전보다 훨씬 더 어려워졌다는 점이다. 사람들은 이것을 긍정적인 일이라고 여긴다. 물론 문학적인 측면에서는 그럴지도 모른다. 하지만 전혀 악의 없고 심지어 우호적인 질문에 해당하는 "무슨 일 하세요?"에 대답해야 할 때마다 나는 크게 당황한다. 사적인 자리에서는 유머 있게 받아넘길 수 있다. 하지만 공적 서류가 차갑고 분명하게 이런 질문을 던질 때는 어떤 태도를 취해야 할지 모르겠다. 어쨌거나 나로서는 극복하기 어려운 문제다. 누군가 공적인 자리에서 그 질문에 정직하게 답하라고 요구하고, (머릿속으로는 여러 대답이 떠오르는데) 오직 하나로만 답해야 한다면, 나는 부정행위를 저지르는 듯한 느낌을 받을 것이다.

문서처럼 형식적인 경우뿐만이 아니다. 언어에 대해서도 살펴보자. 언어 학습이 나를 어디로 이끌어갈 것이라고 기대하는가? 나는 내가 어떤 시기에 왜 그런 언어들을 공부했는지, 그 이유를 일관되게 설명할 수 없다. 순전히 개인적인 이야기만 할 수 있을 뿐이다. 심지어 나는 내가 공부한 언어 목록을 점점 숨기게 된다. 며칠 전 어떤 수업의 첫 시간에 교수가 이곳, 즉 중앙아시아의 언어들을 알고 있느냐고 물었을 때에도 그랬다. 내 차례가 왔을 때 나는 한 언어를 말했다. 수업이 끝나고 문화적인 관습에 따라서 나는 교수와 이야기를 나누었고, 내가 아까 말한 것 외에 다른 언어들도 알고 있다는 사실이 자연스럽게 드러났다. 교수는 크게 놀라서 물었다. "그런데 왜 말하지 않았나요? 부끄러운 일도 아닌데…." 나는 뭐라고 답해야 할지 몰랐다. 그리고 조금 후에 교수는 나더러 어떤 목적으로 그 언어들을 배웠느냐고 물었다. 충분히 예견된 일이었지만 나는 당황할 수밖에 없었다. 하지만 그런 난감한 상황에서도 나는 스스로 정한 예방 원칙에 따라 내가 아는 언어 목록을 낱낱이 밝히지는 않았다.

학습의 잠재적인 위협이 드러나는 또 다른 상황은 박사학위 논문과 관련 있다. 비록 정신과 약물 때문에 어려움을 겪긴 했지만 난 비교적 평범하게 박사과정을 시작했다. 그런데 그동안 맛봤던 이런저런 언어가 박사논문에 영향을 끼쳤다. 주제가 전혀 예상치 못하게 바뀌었고, 나는 모든 것을 이해했다는 인상 또는 환상을 여러 번 가졌으며, 가끔은 지도 교수의 칭찬을 받기도 했다. 여러 언어를 공부함으로써 야기된 또 다른 결과는, 논문을 서둘러 대충 마무리했다는 것이었다. 나는 2009년 논문 심사에 통과해 박사 학위를 받았다. 하지만 그 뒤로 내 논문을 들춰 본 적이 없다. 논문을 출간하려는 노력도 하지 않았다. 몇 사람이 이메일로 논문 원고를 보내달라고 끈질기게 요청했지만, 나는 그러지 않았다. 그런데 이 일로 신기하면서도 재미있는 경험을 했다. 내가 어느 분야에 해당하는 박사 논문을 썼는지 명확히 말할 수 없게 된 것이다. 논문을 쓰는 몇 해 동안 게르만어 연구소에 소속되어 있었지만, 학문적인 의미에서 보면 나는 게르만어 학자가 아니다. 괴테도 모르고 실러에 대해서도 문외한에 가깝다. 가끔씩 필요에 떠밀려 내가 철학자라고 말하지만, 철학 중에서 내가 잘 아는 것이라곤 무(無)가 전부다. 자기가 전혀 모르는 분야에서 박사 학위를 취득할 수 있다는 사실이 흥미로울 수 있다. 또 가끔은 광인의 망상보다 현실이 더 어처구니없다는 사실을 보여주기도 한다. 하지만 이는 무엇보다 뒤에 이어지는 구체적인 상황에 파괴적인 영향을 미쳤다.

학문 분야뿐 아니라 단순한 제목도 문제였다. 나의 박사 논문에는 공식 제목과 비공식 제목이 있다. 공식 제목은 진지하면서 진실할 것을 요청한다. 하지만 나는 논문 심사단에게 제출할 사본을 인쇄하기 전날에야 비로소 내 논문에 논제도 없고 심지어 제목도 없다는 사실을 깨달았다. 그래서 매우 늦은 밤, 머릿속이 뒤죽박죽인 상태에서 그럴듯한 제목을 지어냈다. 다른 사람들은 어떻게 했는지 모르겠다. 나와 똑같이 했지만 그 사실을 교묘하게 감추었을 수도 있고, 아니면 체계적이고 진지하게 궁리해서 제목을 정했을 수도 있다. 사실 난 내 논문의 제목도 기억나지 않는다. 누가 집요하게 물어보면, 논문을 준비한 몇 년 동안의 희미한 기억을 더듬어 그럴듯한 제목을 하나 만들어내곤 한다.

이렇듯 사회적 필요와 연관된 불확실함과 막연함이라는 문제가 있는데, 나는 좌절감과 무지가 인간생활 및 사회생활의 핵심적이고 필요한 요소라고 믿게 되었다. 물론 그렇게 말하는 철학 체계들이 있다. 난 그 체계들을 직접 그리고 훨씬 더 강렬하게 확인한 셈이다. 때로는 아는 게 불편한 법이다. 내가 즐겨 하는 활동, 곧 심심풀이라기보다는 강박적으로 하는 활동이 있다. 한 언론매체의 기사가 여러 언어로 번역되어 발표되었을 때 그것들을 서로 비교해 읽는 일이다. 다른 언어로 옮겨지는 과정에서 이따금 자료가 덧붙을 뿐 아니라 일부 요소가 은근슬쩍 빠지기도 한다. 원문을 각각의 문화권에 걸맞게 수용하려면 꼭 거쳐야 하는 작업이다.

종교에서도 비슷한 기제를 관찰할 수 있다. 기독교인이 예수가 말했다고 생각하는 어떤 문장을 두고 불교에서는 석가모니가, 『탈무드』에서는 어떤 랍비가, 이슬람교 시아파에서는 어떤 이맘(imam)이 한 말이라고 간주한다. 그런데 신기하게도 이런 현상을 언급하는 것이 금기로 여겨진다. 물론 '학제성'(學際性)과 '횡단성', '국제적 우수성' 같은 말이 거론되는 학계에서는 서로 비교하는 것이 용납된다. 마치 내 부모님 시대에 '평화'와 '사회주의'를 거론한 것처럼 말이다. 예를 들어 이제는 성서를 중동의 고대 문서들과 비교하는 연구가 허용된다. 하지만 그보다 더 깊이 파고들거나 더 멀리 나아가는 일은 용인되지 않는다. 만약 그런 일을 하면 당신은 광대 취급을 받을 뿐만 아니라 신망을 잃게 될 것이다.

끝으로 세 번째 사례를 들자면, 프랑스식 고위 공무원 교육과정을 생각할 때 나는 그 과정을 밟는 학생들이 알아야 하는 것이 무엇이며 선발시험으로 어떤 능력을 확인하는지, 또 그 학생들이 반드시 '몰라야' 하는 것이 무엇인지에 대해 자주 질문을 던지게 된다. 이런 점에서 특정 교육 장소는 교육의 목적을 완벽히 수행해낸다.

결론을 내리자면, 언어 학습 중독은 어쩌면 지나치게 강력하고 지나치게 고독한 경험이라 사회화에 부정적인 영향을 줄 수도 있다. 미셸 푸코는, 기쁨은 가장 많이, 부작용은 가장 적게 야기하는 '가장 건강한 마약'을 구하라고 호소했다. 푸코가 지금 이렇게 호소했다면 지탄을 받고 판사와 교도관 앞으로 끌려갔을 테지만, 그가 아마도 약물 중독의 핵심적인 문제가 약물의 이런저런 화학적 특성에 있는 게 아니라는 점을 간파했다고 나는 확신한다. 약물 중독자가 약물과 함께하려면 약물이 없는 척해야 한다.

이제는 나의 옛 박사 논문 지도 교수가 된 분과 마지막으로 면담을 하고 헤어질 때, 나는 감동을 느꼈다. 나이 지긋한 그 분이 자기도 기나긴 생애를 살면서 미래를 알 수 없는 내기를 했다고 은근히 암시하는 느낌을 받았기 때문이다.

6장

친구부터 직장까지,
결국 인간관계가 핵심이다

자폐인의 관심사는 어느 강연자가 단언했듯 별로 쓸모가 없는 것일까? 무조건 그런지는 모르겠다. 나는 어떤 여정을 따라왔다. 그러면서 서서히 실수를 줄여갔으며 친구들을 만나고 직업을 가졌다. 하지만 그 과정은 모두가 짐작했듯 몇 사람의 너그러움과 우연한 만남들 덕분에 일상적인 경로가 아닌 곁길을 통해 이루어졌다.

뺨을 맞고 때리면서 배운 것들

고통 없이는 자폐인이 사회생활을 배울 수 없다. 이민자나 장애인처럼 주변적인 사회집단도 마찬가지다. 쉽게 말해, 사회생활을 하면서 실수를 할 때마다 나는 뺨을 맞았고(보통은 상징적인 의미로, 하지만 가끔은 실제로), 그런 일을 겪으면서 얻은 교훈을 기억해두곤 했다. 실수하면서 서서히 배우는 외국어 학습과 상당히 유사하다. 사전에 철저히 계획된 것은 아니기에 오늘은 청소용품에 관한 어휘를 배우고, 내일은 동물에 관한 어휘를 배울 수 있다. 뿐만 아니라 학습 과정은 전혀 예기치 못한 방식으로 진행된다. 낯선 나라에 갔다가 길을 잃어버렸는데 말이 전혀 통하지 않아서 주위 사람들에게 물어볼 수도 없다고 가정해보자. 불안한 마음으로 헤매다가 한 시간 만에 내가 묵는 호텔을 찾아냈을 때, 당장 외국어 참고서를 펴들고 필요한 표현법을 외울 것이다. 내가 잘못 아는 것이 아니라면 언어학에서는 이런 경우에 대해 '무작위 문법'(grammaire aléatoire)이라는 용어를 사용한다.

내 일상이 그러한 실수와 빰 맞기로 가득했다. 시간이 흐르면서 나는 그런 학습을 좋은 방식으로 활용하게 되었다. 비록 초등학교 저학년 때는 실수를 저질렀을 때 어쩔 줄 몰라 했지만, 이후로는 차츰 실수할 때마다 무엇이든 하나씩 배워온 것 같다.

내가 학교에서 저질렀던 큰 실수를 하나 예로 들어보자. 고등학교 1학년 프랑스어 수업 시간에 선생님은 어떤 지문을 설명했다. 쉬는 시간이 되기 몇 분 전에 선생님은 어떤 의견이나 덧붙일 말이 있는지 우리에게 물었다. 그러면서 그 의견이 수업에서 배운 글에 관해서인지 아니면 수업 방식에 관해서인지 명시하지 않았다. 나는 후자라고 판단해서 손을 들었다. 그리고 선생님이 수업 준비를 허술하게 해서 내용의 체계가 제대로 잡혀 있지 않은 게 문제라고 태연하게 말했다. 선생님은 아무런 반응도 보이지 않았다. 수업이 끝난 후, 다른 학생들이 교실을 떠나고 내가 물건을 정리하며 교실에 선생님과 혼자 남았을 때(나는 행동이 서툴러서 물건을 챙기는 데 시간이 많이 걸린다), 선생님은 자기의 감정을 표출하며 나를 질책했다. 그제야 나는 그런 말을 해서는 안 된다는 사실을 깨달았다.

이 이야기를 하고 보니 다른 생각 하나가 떠오른다. 사람들은 흔히들 그런 상황에서는 “말하기 전에 입에서 혀를 일곱 번 굴려야 한다”와 같은 격언을 기억하라고 조언한다. 남에게 상처 주는 말은 변덕스런 기분에서 나오는데, 그런 기분은 시간이 조금 지나 이성적인 판단을 하게 되면 변할 수 있다는 뜻이 담겨 있다. 그런데 자폐 아동이나 청소년은 단지 기다린다고 해서 그런 상황을 피해갈 수 없다. 그들은 보통 말로 상처를 주려는 의도가 없고, 또 자기가 그런 말로 상처를 줄 수 있다는 점도 인식하지 못하기 때문이다.

나는 그 일을 겪은 후 벌어진 일을 복기하면서 무엇이 잘못되었는지 생각해봐야 했다. 물론 그렇게 하면서 스트레스를 심하게 받았지만, 그런 시간은 사회성을 기르는 데 무척 유용했다. 아마도 선생님은 학습에서 1등을 하는 학생이 맨 앞줄에 앉아 너무나 태연한 어조로 그런 이야기를 했다는 것 때문에 상처를 받은 듯했다. 학급의 문제아가 교실 뒤쪽에서 큰 소리로 욕설을 퍼붓는 것보다 더한 일이었을지도 모른다. 비록 힘겨운 순간들이지만, 덕분에 우리는 이전에 몰랐던 것을 배울 수 있다.

가끔은 더 복잡한 상황도 겪는다. 사회적인 실수 때문에 뺨을 맞는 일도 있다. 이런 일은 대부분 교묘하고 겉으로 잘 드러나지 않으며, 때로는 실수를 저지른 직후가 아니라 한참 뒤에 맞을 수도 있다. 한 해가 끝나갈 무렵의 어느 날, 시앙스포의 같은 반 학생 하나가 내게 물었다. "조제프, 너는 왜 여자애들을 안 쳐다 봐?" 나는 예기치 못한 상황에 대처하는 능력이 부족하기 때문에 아무런 대답도 하지 않았다. 정치인에게 가장 중요한 기술은 당황하지 않고 진열을 가다듬어 곧바로 대응할 줄 아는 것인데 말이다. 그 점에서는 파리 시청에서 일하면서 많이 배웠다.

그다음 단계는 실수를 저지르고 뺨을 얻어맞았으면 고스란히 돌려주는 법을 아는 것이다. 어렸을 때에 비해 지금은 대응하는 '근육'이 발달한 듯하다. 대가의 경지에 이르려면 아직 멀었지만, 이제는 적당히 뺨을 때릴 줄도 안다. 나는 가장 좋은 전략을 차분히 생각해서 글로 대응할 때 더욱 강력하고 신랄하며, 심지어 상당히 고약한 힘을 발휘할 수 있다. 내게는 사람들을 관찰하면서 그들의 행동 방식과 기대, 관점 등을 잘 기억해두는 습관이 있다. 그러한 세부 사항을 관찰해두면, 적절한 순간에 꺼내 대응할 수 있다(보통은 마음속에 담아두지만).

친구를 사귄다는 어려운 도전

자폐인에게 매우 중요한 주제이자 어려운 도전을 거론하려 한다. 바로 친구를 만드는 일이다. 몇 년 동안 계속 실패한 끝에 지금은 상당히 성공했다고 믿지만, 거기까지 가는 과정은 확실히 녹록치 않았다.

2002년 6월 29일은 내게 특별한 의미가 있는 날이다. 그날 나는 멘사(Mensa) 프랑스 지부의 인터넷 토론방에서 만난 두 사람에게 답 메일을 받았고, 머지않아 그들과 친구가 되었다. 멘사 프랑스에 관해서는 나중에 다시 말하겠지만, 나는 1년 동안 그 단체의 회원이었다.[44] 지금은 어떤지 모르겠으나 당시 그 토론방에는 흥미로운 사람들이 드나들었다. 여기서 흥

[44] 8장 참고

미롭다는 것은 철저히 내 기준이다. 즉, 조금 별나면서 나와 전문적인 주제를 이야기할 수 있는 사람들이었다. 그 토론방에 들어갈 때마다 나는 놀라곤 했다. 사람들이 내 말에 답을 했기 때문이다. 답이 아예 없거나, 욕하는 이메일만 받아온 내게는 신선한 경험이 아닐 수 없었다.

두 친구 중 한 명은 로익이다. 나는 그를 '나의 언어학자 친구'라고 부르곤 한다. 그는 누구보다 언어학자답기 때문이다. 당시 그는 언어학 박사가 아니었고, 사회생활에서도 지금보다 어려움을 겪고 있었다. 우리가 이메일을 주고받던 초기에도 그는 한결같은 태도를 보여주었다. 그는 흥미 있는 주제에 관해 오랜 시간 진지한 논의를 이어갈 수 있었다. 덕분에 관계를 이어가는 데 미숙했던 나는 큰 도움을 받았다. 그를 통해 이메일을 쓰는 일에도 수완이 필요하다는 걸 배웠다. 특히 평범한 메일을 쓸 때 더욱 그랬다.

로익은 파리에서 한참 떨어진 시골에 산다. 그는 더 조용한 곳에서 살지 않는다는 사실을 애석해한다. 나는 보통 1년에 한 번, 성탄절 직전에 로익을 만난다. 이후로 내가 점점 여행을 자주 다니게 되면서 만날 기회가 줄어들고 있다. 무척 애석한 일이다.

언어학자도 아닌 내가 어떻게 그런 전문가와 계속 연락하고 지낼 수 있었는지 궁금할 것이다. 아마도 두 가지 때문이라고 본다. 첫째, 로익은 언어학에 대한 관심의 폭이 무척 넓었다. 하루는 어느 언어를 배우고, 그다음 날에는 다른 언어로 넘어갔다가, 다시 첫 번째 언어로 되돌아오는 식이었다. 둘째, 로익과 이야기할 때면 어떤 주제를 다루더라도 중간에 샛길로 벗어날 수 있었다. 예를 들어 로익이 정치인을 평가하는 중요한 기준 중 하나는 그들이 언어에 대해 지닌 입장과 외국어를 말하는 능력, 프랑스어가 아닌 다른 언어들을 인정하거나 인정하지 않으려는 의지다. 따라서 나도 그와 충분히 정치적인 내용을 논할 수 있다. 이는 독창적인 관점이지만, 역사를 돌아보면 독재자는 대부분 언어의 다양성에 적대적이었으므로 로익의 생각은 타당하다. 가령 프랑스의 비시 정부[45]는 프랑스어와 독일어가 아닌 언어로 통화하거나 교신하는 일을 신속하게 금지했다(독일어를 허용한 이유가 국제적인 개방 의지 때문이 아니었음은 분명하다). 그와 반대로 스위스의 놀라운 정치적 안정성 및 합의에 의한 민주주의 모델은 스위스가 본래 여러 언어를 사용한다는 것과 관련이 깊다고 생각한다. 유럽의 다른 지역이 여러 차례 광적이고 잔혹하고 야만적인 정권에게 유린당한 것을 보면 알 수 있다.

나와 메일을 주고받게 된 두 번째 친구는 플로랑스다. 처음에 우리는 지능지수 검사에 관해 이야기를 나눴다. 플로랑스는 나처럼 최종 결과에는 별 관심을 두지 않고 심심풀이로, 또

45 1940년 6월에 프랑스가 독일에 항복한 후 비시(Vichy)에 세운 친독 정권으로 1944년에 나치 독일의 패망과 더불어 무너졌다

는 스포츠를 하듯 지능지수 검사를 받곤 했다. 이어서 우리가 몇 년 동안 토론한 주제는 조현병이었다. 플로랑스가 받은 들쭉날쭉한 진단을 간접적으로 접하면서 나는 정신과 의사가 내린 진단을 상대화해서 받아들이는 능력을 키웠다. 우리가 2006년 이후에 나눈 주요한 주제는 직업 경력이었다. 나와 같은 교육과정을 밟았고 직장에서 고위 간부가 된 그는 회사가 돌아가는 방식과 빠질 수 있는 함정, 업무상 관례에 대해 많은 것을 알려주었다.

시간이 흘러 내가 여러 텔레비전 프로그램과 언론매체에 출현하면서 친구가 떼를 지어 몰려들었다. 그중에는 진짜도 있었고 가짜도 있었다. 하지만 나는 위의 두 친구와 같은 관계를 다른 사람들과 맺지는 못했다. 거기에는 여러 요인이 있었을 것이다. 당시 나는 이미 충분히(내 기준에서) 많은 이메일을 주고받았다. 무엇보다 아무도 나와 연락하려 하지 않던 시기에 그 두 사람은 나와 관계를 이어나가려 했다는 점이 크게 작용했던 것 같다. 그래도 나는 이후로 의상 디자이너이자 화가인 데보라, 역시 예술가이면서 인간적인 매력이 넘치는 세바스티앵을 비롯해 또 멋진 친구들을 사귀게 되었다.

이메일을 쓰는 법을 배우기까지는 오랜 시간이 걸렸다. 적절한 단어를 찾아내는 게 여간 어려운 일이 아니었다. 나의 두 대화 상대는 그런 나를 엄격하게 대하지 않았다. 그들의 경직성 때문이었을까? 아니면 반대로 적응 능력 덕분이었을까? 인간이 어느 정도로 복잡한 존재인지 관찰하는 일은 흥미롭다. 두 사람이 내게 정기적으로 메일을 쓰는 것은 그들이나 내가 지적으로 경직되어 있다는 증거라고 할 수도 있겠지만, 한편으로는 적응력이나 유연성의 표시로 인식될 수도 있다. 이렇게 정신의학이 내세우는 범주는 무척 제한적이다.

보통 '정상'인 사람들과 접촉할 때면 그들은 상당히 빨리 지겨워하거나, 아니면 나중에 얼마간 실망할 수밖에 없는 기대를 지니기 마련이다. 또는 처음에 열광하다가 6개월쯤 지나면 시들해진다. 그러니 결국 '비정상'[46]인 사람들과 교류하는 일에도 좋은 점이 있다.

자기 방어와 개방 사이에서

나는 자폐인에게 사회 구성원과 교류하는 법뿐만 아니라 자기를 방어하는 법도 가르쳐야 한다고 생각한다. 내가 몇 년 동안 언론매체에 자주 등장하면서 겪었던 일들은 바로 그 생생한 사례다. 자폐인이 서투름과 취약함에 더해 추가로 겪는 위험은, 수년 동안 거부당하고 외롭게 지낸 탓에 다른 사람과의 접촉 하나하나를 특별한 호의로 간주하면서 아무런 의문을 제기하지 않는 것이다.

나는 이제 사람들과 접촉하는 일에 조금은 익숙해졌다. 누군가와 함께 있거나 내게 보내온 글을 읽을 때면, 나는 그 사람이 쓰는 문장의 어조를 분석하고 그의 심리적 상태를 판별

46 작가가 일부러 이 표현을 쓴 것으로 보인다.

해내고자 애쓴다. 그 성과는 훈련을 거듭할수록 나아지는 것 같다. 가끔씩 정신과 의사들이 내 판단이 상당히 정확하다고 말해주면 기분이 좋다.

사람과 교류하며 맞닥뜨릴지 모를 문제들을 마음속으로 떠올려보는 법도 배워야 한다. 경험이 조금 쌓이면, 사람들의 유형에 대한 자료를 이미 어느 정도 갖고 있기 때문에 상대방이 어떤 사람인지 가늠해볼 수 있다.

하지만 이렇게 안전을 중시하며 사람들과 교류하는 일에는 두 가지 폐단이 있다. 하나는 사전에 지나친 노력이 들어가다 보니 정작 그 사람과 관계를 유지하려는 욕구나 에너지가 줄어든다는 점이다. 다른 폐단은 지나치게 신중해진다는 점이다. 사람이 결코 후회하지 않을 유일한 일은 무모함이라고 오스카 와일드가 말했다. 사람들에 대해 지나치게 이성적이고 신중해도 관계가 순조롭지 않을 수 있다.

나는 가끔 내가 몰리에르의 희곡 작품 『수전노』의 주인공처럼 느껴진다. 돈을 쓰지 않는다는 의미가 아니라 행동 하나하나를 하기에 앞서 세심하게 계산한다는 의미에서다. 그런 태도를 지니면 반드시 몇 가지 문제가 생긴다. 다른 사람에게 털어놓아야 할 말, 해야 할 말과 하지 말아야 할 말에 대한 것이다. 과거에 나는 하지 말아야 할 말들을 했으므로, 이제는 나도 모르게 언행이 신중해진다. 예를 들어 나는 가능한 한 내 친구들의 이름이나 연락처를 다른 사람에게 알려주거나 내가 정확히 무슨 일을 하는지 말하기를 꺼린다. 그런데 이런 태도는 내가 어느 정도 속내를 밝히리라 기대하던 사람들에게 상당히 짜증스러울 것이다.

안전 제일주의와 타인에게 마음 열기라는 두 극점 사이에서 어느 방향으로 얼마만큼 가야 할지 알아내기란 쉽지 않은 일이다. 한때 사람들은 내가 비밀 정보기관의 요원이라고 수군댔다. 하지만 정보기관 직원들은 나보다 사회성이 훨씬 뛰어날 것이다.

사람의 진정한 가치

모두가 그렇듯 내게도 사람들에게 다가가서 그들이 무엇을 하는지 알고 싶은 욕구가 있다. 하지만 나는 누구보다 고독을 잘 관리하는 것 같다. 물론 자폐인이 아니더라도 성격상 혼자 있는 걸 좋아하는 사람도 있다.

직장 일이 아주 많을 때면, 아무하고도 연락하지 않고 일주일 정도 혼자 지내고 싶은 마음이 굴뚝같다. 나는 자폐인이든 아니든 시골에 성공적으로 정착한 사람이 부럽다. 자동차라도 한 대 지나가면 그 소식이 신문에 실리는 곳 말이다(나는 이 표현이 퍽 마음에 든다). 이곳 중앙아시아에서 나의 상상력을 가장 많이 자극하는 장소는 사막 지역처럼 사람이 극히 적은 곳이다.

나를 매료시키고 내가 그들을 향해 나아갈 욕구를 느끼게 만드는 무언가가 사람들에게 있다는 건 확실하다. 그것은 다른 사람들이 느끼는 매력 포인트와 반드시 똑같지 않을 수 있다. 예를 들어 나는 사람들이 일시적인 특징에 집착하는 것이 상당히 흥미롭다. 어떤 남자는 금발 여자 혹은 갈색 머리 여자에게만 호감을 보인다. 그런데 그런 특성은 참으로 유동적이고 거짓일 수 있다. 프랑스에서 자주 그렇듯, 금발여자는 실제로 금발이 아닐 수 있다. 또한 젊고 날씬한 금발 여자라 해도 세월이 지나면 머리색이 변하고 더 이상 젊지도 날씬하지도 않게 된다. 사람들은 확인하기 힘든 다른 특징들에도 집착한다. 여성 잡지사에서 조금 일한 적이 있는데, 그때 독자 편지를 통해 접했던 이상형 기준이 내게는 참으로 의아하게 느껴졌다. 사람들이 원하는 이성은 하나같이 멋지고, 매우 재미있고, 지적인 인물로 묘사된다. 하지만 그런 특징은 타인의 실체를 어느 정도 반영한 것일까? 아니면 그저 자신이 원하는 특징을 타인에게 투사한 것일까? 하지만 그러한 투사가 장기적으로 유지되고 쌍방향으로 이루어진다면, 돈독한 관계를 맺을 수 있을 것 같긴 하다. 비록 그 관계는 잘못된 토대에 근거를 두고 있겠지만.

잘못된 토대와 그에 대한 의문은 화장 문제에서도 비슷하다. 사람들은 어째서 화장을 하면 아름답다고 느끼는 것일까? 나는 도저히 이해할 수 없는 심리다. 화장을 하든 안 하든 실제로 달라지는 건 없지 않은가? 사람들은 나를 완전히 변신시키겠다면서 같이 쇼핑을 하자고 제안했다. 내게는 그런 생각 자체가 놀랍기만 하다. 하지만 그게 세상이 기능하는 방식이다. 그렇기 때문에 나는 상황을 고려하지 않고 똑같은 옷을 입는다. 습관적인 행동이면서 일종의 '말없는 항의'다.

아시아 이슬람 문화의 전설적인 인물인 나스레딘 호자(내가 이 글을 쓰는 사마르칸트에서 멀지 않은 부하라에서 살았던 것으로 추정된다)는 어느 유명인사의 집에 초대를 받아 저녁식사를 하러 간 이야기를 전한다. 그 집에 황급히 도착했을 때 그는 여전히 더러운 옷을 입고 있었다. 그러자 그 집에서는 걸인으로 여기고 그를 대문 앞에서 쫓아낸다. 그러자 그는 값진 옷으로 바꿔 입은 뒤 다시 문을 두드렸다. 이번에는 매우 공손하게 환대를 받았다. 대공의 식탁에 자리 잡은 그는 수프를 자신의 옷 주머니에 붓고, 고깃덩어리를 터번 속에 집어넣었다. 손님들이 놀라서 그 이유를 물었다. 그러자 그는 자기 옷에게 음식을 먹여주는 거라고 말했다. 처음에 도착했을 때와 두 번째 도착했을 때 받은 취급이 달랐으니, 진정으로 환대받는 대상은 그의 옷이기 때문이다. 아마도 독자는 이와 비슷한 이야기를 한 번쯤은 들어봤을 것이다. 예나 지금이나 이런 이야기가 비판하는 대상은 변함이 없다.

최초의 직장

사람들은 장애인의 고용을 가로막는 가장 큰 장애물이 어떤 일을 수행할 수 있는 기능과 자격 부족이라고 단언한다. 자폐인의 고용 문제를 따로 다루는 일은 거의 없긴 하지만, 아무튼 자폐증의 경우 그러한 논거는 성립하지 않는다. 장애인 고용이 어려운 이유에 대한 일반적인 논거 역시 변명에 불과하다.

일상적인 방법으로 직업을 찾아야 한다면 나는 결코 취업하지 못할 것이다. 이력서가 길다 해도 마찬가지다. 도리어 그 긴 이력서 때문에 퇴짜를 맞을 수 있다. 학력이 높긴 하지만 취업 면접 때 평가되는 항목으로만 보면, 나는 초보 구직자보다 못한 능력을 지녔다. 추상적인 주제에 대해서는 그럴듯한 말을 늘어놓을 수 있어도 나 자신을 매력적으로 홍보하는 일에는 젬병이다. 그래서 취업 면접을 보는 족족 실패했다. 그뿐만 아니라 여러 나쁜 관행 때문에 피해를 보았다. 대형 출판사를 비롯한 고객에게 번역을 해주고도 보수를 받지 못한 적도 있고, 요청받은 업무를 무턱대고 먼저 해주었다가 고용되지 못하거나 회사에서 연락이 끊기는 일도 겪었다. 면접을 볼 때에는 따라야 하는 일련의 의례가 있다. 특정한 방식으로 "안녕하세요"라고 말해야 하며, 특정한 방식으로 악수를 해야 한다. 또 당신이 해당 직업에 적합한 사람이라는 사실을 보여주어야 한다. 자신을 실제보다 부정적으로 평가해서는 안 된다. 상대방의 눈을 똑바로 바라보면서 온갖 유혹의 기법을 발휘해야 한다. 예전에 나는 바닥을 내려다보거나 잔뜩 긴장한 자세로 앉아 있었다. 내가 쓰는 말투는 지금보다 훨씬 현학적이었고, 어조는 단조로웠다. 그러니 실패할 수밖에 없었다. 어느 대형 광고 회사 책임자는 인턴 후보자가 모두 나 같다면 인턴을 아예 뽑지 않을 거라고 말한 적도 있다.

그래도 나는 첫 직장을 구하는 데 성공했다. 시앙스포를 갓 졸업한 2003년 가을, 항정신병약 때문에 잠을 많이 자긴 했지만 어느 정도는 제대로 움직이고 생각할 수 있었던 3개월의 공백기였다. 그때 내가 얻은 일은 무급 인턴직이었다. 그러기 전에 나는 시앙스포 졸업생이 쉽게 직장을 구한다는 항간의 말을 어렴풋이 믿으면서 여러 곳에 이력서를 보냈다. 하지만 모두 떨어졌다. 그런데 나를 뽑은 회사는 달랐다. 취업 면접도 보지 않고 나를 받아주었다. 여성 잡지에 글을 써주는 대행기관으로, 통신사와 광고사의 중간쯤에 해당하는 회사였다.

어쩌면 장난스러운 마음으로 나를 뽑았는지도 모른다. 회사 구성원은 대표부터 젊은 비서까지 전부 여성이었는데, 분위기는 무척 놀라웠다. 내가 속한 팀의 첫 공식 회합 때 대표는 자기가 연이어 일곱 번 오르가슴을 느낄 수 있다고 자랑한 다음 나를 쳐다보면서 나는 이해하지 못할 거라고 덧붙였다.

그런 식으로 나는 집필자라는 직업에 발을 들여놓았다. 말할 것도 없이 밑바닥부터 시작해야 했다. 여성 잡지의 집필자라면 기본적으로 알아야 할 배경지식이 있는데 나는 그야말로 백지 상태였다. 자쿠지(Jacuzzi) 욕조가 뭔지도 몰랐고, 향수 상표나 파리의 유명 식당에 대해서도 마찬가지였다. 이런 문제는 업무에 큰 지장을 주었기에 몇 주 동안 나는 주어진 일을 제대로 해낼 수 없었다. 하지만 서서히 언어를 이루는 요소와 문장 조각들, 그것들을 조합하는 방법, 기사를 만드는 방법을 배웠다. 자쿠지가 무엇인지 모르는데, 어떻게 타이에 있는 고급 호텔을 설명한단 말인가? 나에게 스파(Spa)란 제1차 세계대전 때 독일의 고위 사령부가 있던 벨기에의 도시였지만, 직장 동료들에게는 완전히 다른 의미였다. 나는 사람들이 왜 뜨거운 물을 보내주는 시설에서 시간을 보내길 좋아하는지 이해할 수 없었다. 여자 동료들이 배우와 화장에 대해 대화하는 것을 들으면서 깜짝 놀라기도 했다. 그래서 처음에는 경탄과 놀라움이 뒤섞인 감정을 느끼며 그들의 말에 귀를 기울이곤 했다.

이렇듯 그 회사에서 근무하는 동안 무척 힘들었지만 한편으로는 상당히 흥미로운 경험을 했다. 그것이 존재하는지조차도 몰랐던 분야에서 활동할 수도 있음을 알았다. 무엇보다 자폐인이 어디에서나 일할 수 있다는 사실도 깨달았다.

누구에게든 적합한 일이 있다

힘겨운 몇 해가 지나고 2006년 말이 되었다. 당시 나는 번역을 몇 건 하기는 했지만 그 외에는 하는 일 없이 몇 주를 보내고 있었다. 그러던 어느 날, 지금 파리의 부시장이자 그때는 파리 시청에서 장애 관련 기술 고문을 맡고 있던 하무 부아카즈와 만나 자폐증에 관해 이야기를 나눌 기회가 생겼다.

그와 만난 자리에서 결국 내 이야기를 많이 했다. 그리고 면담이 끝났을 때 하무는 이렇게 말했다. "자네, 나랑 같이 일해보세!" 그러면서 내가 할 일은 짧은 글을 쓰는 것이며, 초반에는 일거리가 한 달에 한 번 정도일 것이라고 설명했다. 그는 내 의향을 확인한 뒤 자기가 간사로 있는 아제피프(Agefiph) 소속의 보좌인으로 나를 고용했다. 아제피프, 즉 '장애인 직업

편입을 위한 기금 관리 협회'는 정부기관에 준하는 조직으로 기업들에 잘 알려져 있다. 기업이 장애인 고용 할당 비율을 지키지 못하면 일정한 금액을 그 기관에 지불해야 하기 때문이다. 그렇게 나는 2년 6개월 동안 하무의 보좌인으로 일했다.

뒤이어 나는 파리 시청에서 그의 보좌인이 되었다. 내가 하는 일의 공식 명칭이 무엇인지는 솔직히 잘 모르겠다. 사실 그건 전혀 중요하지 않다. 그가 내게 맞는 직무를 신설했기 때문이다. 만약 그러지 않았다면 나는 얼마 못 가 실직자가 되었을지도 모른다. 나는 주로 집필을 담당하고 때로는 조언을 하거나 자료를 요약한다. 특수한 주제에 관한 기사들을 요약해 소개할 때가 있는데, 상관은 그에 대해 자주 내 의견을 묻는다. 가장 많이 다루는 주제는 장애를 비롯해 소외되고 빈곤한 사람들, 파리의 각종 단체 생활에 관한 소식이다. 업무 형태에 대해 정해진 규칙은 없다.

가끔 사람들은 내게 어째서 그 일을 끈질기게 계속하느냐고 묻는다. 나는 하무 부아카즈가 이끄는 팀에서 최고참이다. 금전적인 측면에서 보자면, 나는 돈을 많이 쓰는 편이 아니고 월세를 내야 하는 것도 아니니 국가에서 주는 최저 통합 수당(RMI)이나 능동적 연대 소득(RSA)만으로도 먹고살 수 있다. 내가 이 일을 하는 이유는 일단 일하면서 친구가 된 상급자 부아카즈 씨를 높이 평가하기 때문이다. 알제리의 카빌리에서 문맹인 부모의 아들로 태어났으며 선천적 시각장애인이기도 한 그는 생각하는 방식 자체가 여느 정치인들과 다를 수밖에 없다. 그리고 시각장애인과 함께 일하면 좋은 점이 있다. 옷차림을 비판하거나 놀리지 않을 것이며, 넥타이에 문제가 있다고 질책하지 않을 테니까.

내가 하는 일에는 몇 가지 장점이 있다. 첫째, 근무 시간의 제약이 없다. 나는 새벽 1시 또는 일요일에도 글을 쓸 수 있다. 또 원할 때면 거의 언제고 수업을 들으러 갈 수 있다. 둘째, 내가 견딜 수 있는 한계를 넘어서지 않도록 상관이 늘 신경 쓴다. 셋째, 그 일을 하면서 여러 훌륭한 작가와 역사적 인물을 발견할 수 있다. 그래서 나는 개회 연설이나 축사를 쓰는 일을 좋아한다. 이에 대해 흥미로운 지적을 하나 할 수 있을 것이다. 일반적으로 파리 시청에서 일하는 집필자들은 지극히 프랑스적인 축사, 예를 들어 성탄절 축사밖에 쓸 줄 모른다. 그래서 이슬람교의 축제인 이드[47]나 유대교의 신년제인 나팔절에 대한 축사는 해당 종교 문화권 출신이 쓴다. 하지만 자료를 조금 찾아보면 그런 글도 어렵지 않게 쓸 수 있다. 바로 이런 모습을 보면 자폐인이 심리적으로 경직되어 있다는 말은 사실이 아닌 듯하다.

내 직무의 특이점 중 하나는 직속상관과 그 팀을 빼고 시청에서 근무하는 사람을 아무도 모른다는 점이다. 베르트랑 들

47 이슬람교의 축제일로 단식을 끝내는 '이드 알피트르'와 동물을 희생으로 바치는 '이드 알아드하'를 가리킨다.

라노에[48]를 직접 본 적은 전부 합해서 10초밖에 안 된다. 하무 부아카즈는 한동안 이런저런 모임이나 예식, 그러니까 각종 단체나 문화 행사, 파리의 명사들이 오는 대사관 모임 같은 자리에 나를 초대했다. 하지만 내가 가지 않는 것을 알고 이제는 거의 초대하지 않는다.

모든 행정기관이 그렇듯 시청에는 부서 간에 비공식적인 서열이 존재한다. 어떤 부서는 인기가 많고 어떤 부서는 가고 싶어 하는 사람이 적다. 심지어 사무실 복도에 대리석이 없어서 품위가 떨어져 보인다는 이유로 직원들이 기피하는 부서도 있다. 내가 보기에는 당치 않은 일이다. 나는 품위가 없다고 간주되는 부서에 배치되었다. 하지만 나는 그 사무실이 다른 곳보다 훨씬 좋다. 사람들이 자주 오가지 않다 보니 소음이 없기 때문이다. 조각상들이 있는 회랑 쪽 사무실, 전설적인 장소인 간이식당이나 작은 살롱들, 다른 휴식 공간에는 사람이 득실거리는데 말이다. 나는 시청에서 수년간 근무했음에도 그런 장소들이 정확히 건물 어디에 위치하는지 모른다.

공식적으로 나는 하무 부아카즈를 위해서만 일한다. 하지만 실제로는 그가 내게 업무 지시를 한 다음 내가 쓴 글을 자기 동료들에게 보내는 일이 자주 있다. 나라는 사람을 전혀 모르는 정치인들이 내가 쓴 글을 토대로 연설하는 것을 보면 참

48 2001년부터 2014년까지 파리 시장을 역임한 인물

재미있다. 대필 작가의 대필 작가라…. 그야말로 장래가 유망한 직업이다.

하무를 만나 그에게 고용되면서 직무가 매우 특수하긴 하지만 나도 일을 할 수 있다는 사실을 깨달았다. 더 나아가 자폐인이나 장애인 전반의 고용과 직업 상담에 관해 깊이 생각해보게 되었다. 그들에게는 이런저런 사회적 능력뿐 아니라, 직업 생활의 어려움에 대해 교육시킬 필요성이 있다. 무엇보다 그들은 자기가 회사에 기여할 수 있다고 확신할 수 있어야 한다. 내가 말도 안 되는 쓰레기 같은 수준이라고 자책한 글을 하무가 긍정적으로 평가해서 놀란 적이 한두 번이 아니었다.

이 마지막 지점은 매우 중요하다. 나는 결코 일을 하지 못할 거로 확신했었다. 자폐인이 스스로에 대해 가진 부정적 이미지는 그의 인생에 큰 영향을 끼친다.

나는 몇 년 전 유네스코에서 외부 고문직을 맡은 적이 있다. 하무 부아카즈 덕분이다. 내 업무는 무형유산에 관한 자료들을 종합해 프랑스어로 작성하는 것이었다. 그 기관의 책임자는 내가 낸 결과물을 보고 만족스러워했다. 그는 지금으로부터 한두 해 전에 영어로 그런 글을 작성해보지 않겠느냐고 내게 제안했었다. 나는 모국어가 아닌 언어로 쓰면 글이 엉성해질 위험이 있다고 이메일로 답했다. 그리고 답장은 받지 못했다. 아마 누군가는 지금 그 일을 하고 있을 것이다. 나보다 영어를 더 엉터리로 쓰는 누군가가….

자폐인 직업인으로 살아남기

미래는 나에게 매우 큰 난점이다. 케인스는 장기적으로 우리가 모두 죽는다는 사실을 증명했지만,[49] 장기적으로가 아닌 중기적으로 볼 때 내게 무슨 일이 생길지는 모르는 일이다. 나는 안정적인 경력을 쌓고 있지 않기에 장래가 불안하다. 나는 그런 사실을 잘 인식하고 있으며 앞으로 생길 변화에 대해 공황에 가까운 두려움을 느낀다. 하지만 그런 걱정이 생산적인 무언가로는 이어지지 않는다. 불안은 곤란한 상황에 처한 인간에게 에너지를 조금 더 불어넣기 위한, 즉 궁지에서 벗어나게 하기 위한 어떤 반응(심리적인 반응이라고 부르는지 생물학적인 반응이라고 부르는지는 별로 중요하지 않다)이라고 사람들은 말한다. 내 경우 불안은 아무런 반응도 일으키지 않는다. 이제 1년 후면 직장 계약 만료일이다. 이후에 무슨 일이 벌어질지는 아무도 모른다.

내게는 최소한의 생활 방식에 익숙한 자폐를 지닌 친구들이 있다. 미국에서는 그런 사람을 '생존주의자'(survivalist)[50]라

49 영국의 경제학자 존 메이너드 케인스(1883-1946)는 세계 경제학의 기본 원리를 반박하면서 "장기적으로 우리는 모두 죽는다"라고 말했다.

50 '생존주의'(survivalism)는 미래의 긴급 상황에 적극적으로 대비하자는 실천적 이념이다.

고 부른다. 생존주의자는 세상의 종말이 다가온다거나 세상이 나쁘다고 믿으면서, 숲속에서 산딸기를 먹으며 사는 데 익숙해져야 한다고 생각하는 사람들이다. 나는 그런 유형의 생활을 해보면서 생존하는 법을 배우는 것도 좋겠다는 생각을 종종 한다. 산스크리트 문학은 포기, 금욕, 산속으로 들어가기 등의 주제를 자주 다룬다. 유사 자폐증을 지닌 내 친구 한 명은 공무원이라는 상당히 안정적인 직업에 종사한다. 그에게는 아파트가 한 채 있지만, 그는 지금 2년 넘게 여름과 겨울을 가리지 않고 길거리에서 지낸다. 처음에는 가난한 이들과 연대하는 뜻에서 그런 생활을 시작했다가, 지금은 이론적·철학적 신념으로 그렇게 산다. 과연 그런 체험을 어느 수준까지 해야 할까?

누가 무슨 일을 하고 싶으냐고 내게 물어보면 나는 전공 분야, 즉 종교학 교수나 연구원으로 일하길 희망한다고 답한다. 여러 문화권에 대한 지식을 지닌 만큼 몇 년 더 교육을 받으면 충분히 해낼 수 있을 것으로 확신한다. 하지만 면접을 통과하는 문제가 복병이다. 특히 프랑스에서는 그런 분야에 취업할 기회 자체가 무척 드물다.

나는 연구계가 힘든 분야라는 사실을 알고, 내가 그 분야에서 약간 배제되어 있다는 것도 안다. 하지만 결국에는 흥미로운 직장을 찾아내리라 믿는다. 그때까지는 1~2년 동안 다른 나라로 떠나서 새로운 언어와 문화를 공부할 것이다. 인도로 이민을 가서 산스크리트어를 공부하는 것도 생각해봤다. 비현실적인 일은 아니지만, 내가 프랑스로 돌아왔을 때 어떤 상황이 벌어질지는 눈에 훤하다.

나는 아무데서나 조금씩 쪼아 먹는 참새 같다. 이제껏 참으로 많은 종류의 낟알을 먹었다. 하지만 나는 포식자인 독수리가 아니라 참새에 불과하다. 참새는 몽상을 하고 미르체아 엘리아데(루마니아의 작가이자 종교사가)나 다른 사람들의 박식함에 감탄할 여유가 없다. 여러 문화권에서 시편과 고대의 글을 외워 기억으로 간직하던 시대를 아쉬워할 여유도 없다. 그러다 보면 금세 삼엽충 화석이 되고 말 테니까.

7장

정상과 비정상의 경계에 서다

작은 일화를 소개하면서 서두를 시작하려고 한다. 나는 축구 경기를 무척 좋아한다. 물론 경기 규칙을 다 이해하는 건 아니고, 학교에서 해본 공놀이에 관한 유일한 기억은 내 얼굴을 가차 없이 짓누르던 공의 축축한 느낌뿐이긴 했다. 그래도 축구 경기는 참 흥미롭다. 청중의 굳은 얼굴, 별안간 내 눈길보다 빠르게 달아나는 그들의 시선을 보라. 그들의 발작적인 몸짓에는 어떤 규칙성도 없다.

축구 경기가 있는 날 저녁, 조용하던 동네가 별안간 여러 사람의 괴성으로 시끌벅적해지면 나는 어떤 진리를 이해하고 안도감을 느끼며 이렇게 되뇐다. "조제프, 이 동네에서 네가 가장 미친 사람은 아니구나…." 그러면서 어렸을 때 학교에서 들었던 글 한 편을 떠올린다. 공을 발로 차는 이유를 알지 못해 반 친구들과 글쓴이에게 '덜 떨어진 아이'로 낙인찍힌 어느 어린이를 묘사한 내용이었다. 축구 팬들이 내지르는 과도한 열정의 메아리를 들으며 수년간 점점 더 냉소적이 된 나는 '덜 떨어졌다'라는 수식어가 위의 글에서 말한 경우보다 더 넓게 적용된다는 사실을 이제는 이해한다.

정상과 비정상을 구분하는 기준

한때 파우스트 이야기에 흥미를 느낀 적이 있다. 사실 나는 그 이야기가 불편하게 느껴졌다. 작품에 이본(異本)이 너무 많은데, 그처럼 여러 형태를 갖게 된 이유와 모호함을 밝혀줄 '진본'을 시립도서관에서 찾아내지 못했기 때문이다. 그래서 작품의 핵심을 파악할 수 없었다. 그 이야기는 각 시기의 쟁점에 맞추어 각색되고 부분적으로 재창작되었다. 파우스트의 여러 이본에 공통적으로 담긴 중심 요소는 주인공의 본성 그리고 주인공의 본성이 정상인지 비정상인지에 관한 논의 과정에서 다른 사람들과의 비교, 주인공의 본성이 정상성과 비정상성에 영향을 미칠 가능성이다. 이는 마치 수학자가 매우 까다로운 방정식을 풀려고 하는데 해답이 어떤 형태로 나올지 몰라 그 방정식을 무수한 방식으로 다르게 적어보는 상황을 연상시킨다.

파우스트가 계약서에 메피스토펠레스가 해줄(또는 해주지 않을) 일을 정확하게 기술해야 한다고 가정해보자. 자폐증을 다룬 학술 논설들을 읽다 보면 어떤 환상이 생길 수도 있다. 즉, 자폐의 특징들이 완벽하게 기술된 그 글들을 보고 그러한 특징들의 정반대 상태가 도달해야 할 목표이자 정상성(normalité)을 향해 가는 길이라고 믿게 되는 경우다. 그런 관점에서 보면 사회적 능력이 부족한 사람은 그것을 더 많이 습득해야 한다. 겉보기에는 간단하지만 인간의 모든 복잡한 구조가 그렇듯 무수히 많은 변수가 불안정하게 균형을 이룬 상태다. 그 변수들을 바꿀 만큼 능숙한 손이 존재할까? 성형수술은 그런 시도 중 하나다. 엄청난 금액을 연구에 쏟아붓고 있으며 탁월한 능력을 지닌 의사도 많지만, 수술로 얼굴을 지나치게 변형하면 비인간적인 외모를 갖게 된다. 마음껏 뚝딱뚝딱 수리하기란 불가능하다. 그 사실을 은연중에 깨달았기에 아마도 여러 이야기가 탄생했을 것이다. 골렘[51]부터 프랑켄슈타인을 거쳐 파우스트에 이르기까지 그 모든 이야기에서 주인공은 자연을 지나치게 제어하려고 시도하다가 결국 재앙을 맞이하게 된다.

사회적 능력이라는 우리 관심사로 되돌아오자. 만약 내가 사회적 능력을 개선한다면, 그게 자폐증을 이겨내는 것일까? 정치계라는 작은 세계에서 내가 만난 어떤 사람들은 뛰어난 사회적 능력을 지녔다. 어떤 이들은 그럼에도, 아니 도리어 그 때문에 비열하다. 그들의 얼굴은 감정을 솔직하게 내비치지 않는다. 그들은 이런 능력으로 다른 사람을 넘어뜨리고 적당한 순간 자기 목적을 달성한다. 그들은 빼어난 유혹 기술로 어떤 사람이 여러 악행을 저지르게 만드는데, 고위직에 있는 사람들이 일반인의 평균을 훨씬 넘어서는 성적 일탈을 벌인다는 것이 그 증거다. 그러니 내가 지금처럼 보상 전략을 습득한 상태에서 사회적 능력을 증대한다면, 나는 악마 같은 사람이 될지도 모른다. 나와 이름도 같은 조제프 푸셰[52]나 도널드 트럼프를 닮는 게 현실적으로 바람직한 목표일까? 프랑스의 어

51 유대교 신화에 등장하는 흙으로 만들어진 존재

52 프랑스의 정치가로 자코뱅파의 공포 정치 아래서 반(反)혁명파를 처형하였으며, 테르미도르 반동에서 활약하여 나폴레옹의 참모가 되었으나 후에 왕정복고에 협력했다.

느 좌익 정치가가 몇 년 전에 사적인 자리에서 내게 말했다. "당신은 자폐인이 아니라면 사르코지(제23대 프랑스 대통령)보다 더 나쁜 사람일 겁니다." 칭찬이 아님은 확실하다. 그의 말이 사실인지는 모르겠으나, 내가 만약 그런 인물이 된다면 그 인물이 진정한 나는 아닐 것이다.

한눈에 가늠하기 쉬운 예를 또 하나 들어보자. 바로 지능지수다. 만약 지능지수가 현실적으로 중요한 의미가 있고 사람들에게 지능지수라는 변수가 존재한다고 가정한다면, 정상 지능지수를 어느 수준으로 정해야 할까? 평균은 100이지만, 사람들은 더 높은 지수를 받는 게 좋다고 단언한다. 그렇다면 130이나 145를 목표로 삼아야 할까? 미국 대통령을 지낸 존 케네디의 여동생인 로즈메리는 태생적 특혜를 받은 집안의 다른 사람들에 비해 지적 능력이 열등하다고 여겨졌다. 로즈메리는 그녀를 위한다는 명목으로 뇌의 백질 일부를 잘라내는 로보토미 시술을 받았고, 그 결과는 참담했다. 만약 그녀가 다른 가정에서 태어났다면 비정상으로 보이지 않았을 것이고, '개선되지' 않았을 것이며, 따라서 훨씬 풍성한 삶을 살았을 게 분명하다.

나아가 지능지수가 높을수록 사람은 정신착란과 비슷한 상태를 보인다. 인간의 수준을 넘어 성층권에 닿을 만큼 지능지수가 높다고 하는 사람들과 나누는 교제는 특별한 체험이다. 그들의 믿음은 대체로 어린이의 마음과 비슷하며, 평범하기 짝이 없던 그들의 행동은 그들이 대중과 구별되려 애쓰는 바람에 괴상망측해진다. 한마디로, 내 친구 한 명이 말하듯 지능은 순환적일 수 있다. 즉 현실적인 지능지수건 추정되는 지능지수건 지나치게 높이 올라가면 다시 원점으로 돌아오는 법이다.

감안해야 할 또 다른 요인은 생애 변수들이 가변적이라는 사실이다. 공격성을 예로 들어보자. 사람들 대부분은 안정적이고 일정한 공격성을 지니지만, 그 정도는 한 사람에게서도 시시각각 달라진다. 그렇다면 공격성의 적절한 수준은 어떻게 정해야 할까? 이것은 추상적인 질문이 아니다. 많은 경우에 정신의학 치료를 받을지 여부가 공격성에 관한 평가 결과에 따라 결정되기 때문이다. 모든 사람의 공격성 수준은 각기 다를 뿐 아니라, 그 폭과 변동 방식 그리고 공격성이 나타나는 방식도 다양하다. 로즈메리에 대한 로보토미 시술을 정당화한 이유 중에는 로즈메리가 강도 높고 엄격한 개인 수업 프로그램에 적대적인 반응을 보였다는 사실도 포함된다. 하지만 나는 케네디 집안의 다른 자녀들이 그러한 프로그램을 항의하지 않고 받아들였을 거로는 믿지 않는다. 실상이 어떤지는 별로 중요하게 여기지 않았을 것이다. 장애인이 무언가를 예측한 대로 진행할 수 없다면, 그 사람의 장애 곧 질병 탓이라고 결론을 내린 듯하다. 그렇기 때문에 그 장애나 질병을 철저히 제거하려고 했을 것이다.

정신병원에서 또는 일반적으로 정신의학의 틀 내에서 보면, 환자가 어떤 공격적인 행동을 보인 후 환자에게 가해지는 제한 조치나 '치료' 대부분은 환자가 어찌 해볼 수 있는 요인이 아닌 외부에서 가해진 변화 때문에 이루어진다는 사실을 쉽게 확인할 수 있다. 그런 이유에서 비롯된 공격적 행동은, 애초에 미리 정해놓은 치료 절차를 실시하게끔 정당화하는 근거가 된다. 자폐를 지닌 어느 여성 친구의 예를 들면, 그녀는 매우 시끄럽고 공격적인 여성 전과자들과 함께 쓰는 침실에 자신을 가둔 의사에게 공격적인 모습을 보였는데, 그런 태도는 도리어 그녀를 그곳에 오랫동안 가두는 구실이 되었다.

다시 공격성 이야기로 돌아가면, 각자의 공격성 수준이 끊임없이 변화하는 상황에서 나를 '정상적'으로 만들려면 변수들을 어느 수준에 맞추어야 할까? 이 문제에는 정답이 없다. 설령 적합한 약물이 있다 해도 말이다.

메피스토펠레스의 작업실

그렇다면 나는 변하고자 하는가? '정상적'이 되고자 하는가? 그리스신화에는 어떤 남자가 단지 궁금해서 여자가 되었다가 다시 남자가 되려 하거나 혹은 그 반대 경우가 나온다. 이는 신화에서 흔히 다루는 주제다. 나는 일본 사람이라는 것이 무엇을 뜻하는지 시험해보고 싶다. 하지만 그러한 의도가 윤리적으로 용인할 만한 것인가? 자신을 원하는 대로 마음껏 변모시키려 해도 될까? 그것은 인간적인 일인가? 아니면 광기의 한 형태인가?

이 주제는 르네상스기의 글들이나 카프카의 작품, 또 초창기 영화에서 많이 탐색되었다. 독일에 체류할 때 《칼리가리 박사의 밀실》을 비롯해 초창기에 제작된 영화를 몇 편 보았다. 그 작품들의 심오함에 깊은 인상을 받기도 했다. 당시에는 촬영 기법이 제한적이었다. 그래서 감독은 영화를 찍기 전 자기가 무엇을 말하고 무엇을 할 것인지 깊이 구상하고 기술적인 문제를 보완해야 했다. 그 결과는 상당히 놀라웠다. 영화들은 결말 부분에서 형언할 수 없이 불편한 인상을 남기고 심한 혼돈을 일으켰다. 감독의 목적은 결국 어떤 점에서 정상적이라고 불리는 것이 본질적으로는 비정상적이진 않는지를 생각해보고, 어떤 면에서 안심이 되는 박사라는 인물이 공포를 상징하진 않는지 엿보게 하는 것이리라. 그 영화들은 과도함과 통제하려는 의지, 변모시키거나 스스로 변모하는 힘을 얻어내려는 의지가 야기한 결과들을 고발하고 있다.

나는 당장 무엇으로든지 변모하려는 욕구를 지닐 수 있다. 하지만 윤리적인 관점에서 보았을 때, 이는 바람직하지도 않고 용납할 수도 없다. 일시적인 변화는 이룰 수 있지만 매우 신중해야 하며, 이런 일마저 바람직한지도 의문이다.

이번에는 허구 작품이 아닌 매우 현실적인 상황을 예로 들어보자. 내가 미국 국적의 젊은 흑인으로 현재 미국에서 산다고 해보자. 나는 통계적으로 직장에 다닐 확률보다 교도소에 있을 확률이 높다. 그리고 최근 뉴스에서 허다하게 나오는 사례처럼, 나는 어느 순간 총에 맞을지도 모른다. 내가 처한 상황이 잠재적으로 문제되는 것은 분명하다. 그래서 미래의 부모가 될 그는 유능한 의사의 도움을 받아 의학적 개량 방법을 적용할지를 검토한다. 일단 아이 피부를 희게 만들고, 유전자 변형을 일으켜 그 아이가 '정상'이 되도록 만드는 것이다.

만약 그런 일이 가능하다면, 인종주의에 맞서는 국가 프로그램의 일환으로 모든 사람의 망막에 유전자 변형을 일으켜 그들이 피부의 검은색을 보지 못하게 만드는 것도 가능하지 않을까? 프랑스에서 다운증후군 위험군에 대하여 이미 실시하는 것과 같은 방법을 적용해서, 태어날 아이의 피부색이 너무 검으리라 예상되면 아이를 '제거하는' 방법을 상상할 수도 있다. 이처럼 얼핏 보기에는 모든 일이 가능하다.

가장 까다로운 것은 이런저런 방식으로 조작하는 일이 아니라, 사람들의 '사고방식'을 변화시키는 일이다. 식견 있는 사람들에게 미래의 변화를 예측해보라고 요구할 때, 기술적인 진보는 상당히 높은 신뢰도로 예견할 수 있지만 사회적 또는 문화적 변화에 대한 예측은 크게 틀리는 경우가 많다. 이런 사실은 시사하는 바가 크다. 1900년의 현인들은 뒤이은 세기에 비행기와 텔레비전, 새로운 교통수단 및 통신수단이 출현하리라고 상당히 정확하게 예견했다. 하지만 집에서 하인들이 사라질 것인지 예견하는 데는 실패했다. 또 좋은 집안의 젊은 여성이 미래에 집에서 잘 차려 입고 멋진 왕자님을 기다리며 피아노를 치는 일 말고 다른 일을 할 수 있을지 예견하는 데도 실패했다. 흑인의 피부 또는 자폐인의 두뇌를 변형시키는 기술은 몇 년이 지나면 상식을 벗어난 방법으로 보일 것이

분명하다. 옛날 정신의학 연구에 관한 글을 읽으면서 효력이 떨어진 나프탈렌과 충격적인 야만성이 뒤얽힌 방법을 보면서 복합적인 감정을 느끼는 것과 같다.

비유를 조금 더 확대해보자. 한때 동유럽 나라들에서는 흑인이 인기배우 대접을 받았다. 사람들은 태어나서 한 번도 흑인을 본 적이 없기에 그들의 피부가 자기들과 어떻게 다른지 확인하려고 직접 만져보았다. 심지어 흑인의 피부에 어떤 방식으로 덧칠이 되어 있을 거라 믿고 그 칠을 벗겨낼 수 있는지 확인하고자 그들의 피부를 긁어보기도 했다. 1920~1930년대에는 미국 흑인들 중에서 소련으로 이주한 사람들이 있었다. 소련이 실업도 인종주의도 없는 나라라고 소개하는 선전에 매료되었기 때문이다. 하지만 그들은 게페우[53] 나 내무 인민 위원부(NKVD)가 자기들을 기다리고 있는지는 몰랐다. 즉, 타인을 거부하는 현상은 매우 유동적이다. 만약 흑인 부모가 이런저런 유전자 조작으로 백인 자녀를 갖는 데 성공한다 해도, 그 아이가 어른이 되어서 부모가 전혀 예상치 못한 변수에 근거한 배제 현상을 맞닥뜨릴지는 알 수 없는 일이다.

자폐인과 정상인의 나라로 떠나는 여행

조금 더 신랄한 비유를 들어서 자폐인이 지배하는 국가가 있다고 상상해보자. 완벽한 정치체제란 없기에, 그 나라에서는

53 소련의 비밀경찰인 국가 정치 보안부

비정상이라고 간주되는 비자폐인이 극소수 살고 있다. 어느 날, 연민에 가득 찬 새로운 지도층이 들어서서 차별받는 이들을 사회에 통합시키고자 한다. 그 방법의 일환으로 학교에서 그 소수집단의 어린이들을 정상으로, 즉 자폐인으로 만들려는 계획이 실시된다.

이런 가정이 아예 비현실적인 것은 아니다. 일본의 전통적인 학교에 입학한 유럽 어린이는 그와 상당히 비슷한 체험을 한다. 『걸리버 여행기』나 『페르시아인의 편지』[54]를 비롯한 문학은 풍자라는 기법을 사용해 사회가 타자성을 이해하지 못하는 상황에서 생긴 폐단을 고발한다.

나는 프랑스가 문화적인 요인 때문에 그런 지점에서 더 큰 어려움을 겪는다고 생각한다. 프랑스에서는 정상성이 무엇보다 높은 가치를 지닌다. 학교에서 어린이를 질책할 때면 이렇게 말한다. "그렇게 나대지 마!"(직역하자면, "호기심 많은 사람처럼 굴지 마!") 예술적이거나 전문적인 모든 삶, 심지어 모든 인간의 삶의 목적이 바로 호기심 가득한 사람이 되는 것인데도 말이다. 프랑스에서 젊은이가 누리는 성공의 최고점은 고등사범학교에 들어가서 아그레제 교사가 되어 '짐승 무리'에 합류하는 것이다.[55] 자크 데리다가 미국에서 창조적인 철학자로

54 프랑스의 사상가 몽테스키외의 서간체 풍자소설

55 2장 참고

서 격찬을 받았을 때, 프랑스에서 그의 공식 직함은 '철학과 보조 강사'였다.

정상성이라는 말을 다른 언어로 번역하면 사람들이 이상한 반응을 보일 수 있다. '정상화'(normalisation)라는 말에 해당하는 독일어 단어는 '글라이히샬퉁'(Gleichschaltung)인데, 이 용어는 독일인들에게 을씨년스러운 느낌을 준다. 1933년에 히틀러가 정권을 잡은 뒤 국가를 조정하는 과정에서 썼던 말이기 때문이다. 프랑스 문화에서 최고 목표인 것이 다른 곳에서는 무척 나쁜 기억을 떠오르게 한다. 관련하여 조금 더 말해보면, 체코어로 '노르말리자체'(normalizace), 즉 '정상화'라는 단어도 1968년 '프라하의 봄'에 뒤이어 벌어진 정치적 억압 시기를 연상시킨다.

물론 과거에 대한 어렴풋한 역사적 기억과 문화적 특수성이 미치는 영향을 분명하게 평가하는 일은 불가능하다. 하지만 미국 학교에서 표준화를 덜 높게 평가하는 경향이 미국에서 자폐증이 더 긍정적으로 인식되고 심지어 일종의 장점, 바람직한 특질이 되게 하는 데 기여했을 수 있다.

태아 시절 다운증후군 감별의 문제점

빼어난 유전학자인 내 친구 토마 부르주롱은 자폐증과 그 유전적 요인을 다루는 강연에 자주 초대받는다. 그런 강연에서 매번 보이는 현상 하나가 있다. 태아의 자폐 여부를 알아내는 가장 좋은 방법이 무엇이며 만약 자폐로 판정 날 경우 어떻게 대응해야 하느냐는 질문이 꼭 나온다는 것이다. 아직 신뢰할 만한 검사법이 없기에 이 문제에 대한 답은 없다. 하지만 다운증후군에 대해 프랑스는 이미 꽤 오래전에 이른바 최첨단이라는 정책, 즉 태아 때에 다운증후군을 감별해서 유산시키는 방침을 채택했다. 이에 대해 몇 마디 하고 넘어가자.

세계 다운증후군의 날인 3월 21일을 제외하면 이런 주제는 몇몇 간행물에서만 간신히 다루어진다. 관련 전문가들이 지금껏 실시된 이런 정책에 대해 모든 측면에서 실패했다고 평가하면서 점점 더 크게 문제 삼고 있다. 물론 그 문제를 거론하면 정치적으로나 의학적으로 부정적인 시선을 받는 분위기라서 언급 자체가 암암리에 금지된다. 그래도 그 정책은 종합적으로 평가했을 때 모든 면에서 부정적으로 보인다. 다운증후군을 철저히 감지해 태아를 인공 유산하는 일에 상당한 비용이 들기 때문에 먼저는 재정적 실패다. 또 검사의 신뢰도가 사람들이 믿는 것만큼 높지 않기 때문에 기술적 실패이기도 하다. 다운증후군은 유전적인 요인이 크기에 별 어려움 없이 감지해낼 수 있어야 할 텐데, 그렇지 못하는 것 자체가 기술적 실패라는 주장을 뒷받침한다.

유산의 성공률 측면에서도 실패다. 평균적으로 다운증후군인 아이가 한 명 낙태될 때, 다운증후군이 아닌 아이는 두 명 낙태된다. 검사 오류나 부작용 때문이다. 낙태를 거부하는 부모에게 의료적 명령이라는 형태로 집요한 압박을 가하는 것도 인간성 면에서 실패라고 할 수 있다. 의료 체계 전반이 검사와 유산을 법적인 의무라고 믿게끔 마련되어 있고, 거기에 따르지 않는 극히 드문 사람들에게는 강력한 사회적 처벌이 가해진다. 예를 들어 어떤 의사들은 운명의 장난처럼 다운증후군 자녀를 낳았고, 그 때문에 의료계에서 소외되었다.

끝으로, 그 정책은 무엇보다 다른 수준에서 가장 명백히 실패했다. 프랑스는 다운증후군에 걸린 사람을 고려하고 책임지는 일에 완전히 손을 놓고 말았다. 미국이나 스페인 등에서는 그런 사람을 잘 교육하거나 사회의 일원으로 받아들이기 위한 방안을 모색해왔다. 미국에서는 다운증후군에 걸린 사람이 각종 심리 검사를 통과하고 대학교에 입학하는 사례가 점점 늘어나고 있다. 이른바 '정상인'이라고 일컬어지는 사람들도 입시에 실패하는 경우가 많은 상황에서 말이다. 앞으로 온갖 기술이 개선되면서 상황이 더욱 진보할 거로 예상된다. 다운증후군에 걸린 어느 스페인 사람이 배우로 활동했다가 지금은 유럽 연합 집행 위원회에서 요직을 맡고 있는 것을 근거로 들 수 있다. '태어나다'를 뜻하는 인도·유럽어 어근에서 유래한 '유전학'(génétique)은 그와 직접적으로 연관된 사람들뿐 아니라 사회의 전반적인 잠재성에 대해서도 가끔은 죽음의 지혜 혹은 실천인 '타나티크'(thanatique)가 되기도 한다.

유전학은 모든 문제의 해답인가?

나는 유전학이 발휘하는 심리적인 힘에 매력을 느낀다. 자연과학 모델이 정신과학(나는 '사회과학'이라는 프랑스어 표현보다 특징을 더 강조하는 이 독일어 표현을 사용한다)에 발휘해온 매혹의 힘이 지닌 뿌리는 매우 깊다. 특정 학문 분야의 진실성을 반박하려는 게 아니라, 단순히 야기된 결과를 말하는 것이다.

오귀스트 콩트의 실증주의적 사회학, 한때 과학적인 경제학이라 믿어진 마르크스 경제학 그리고 자연주의 심리학에 대한 여러 통합 시도가 이루어진 뒤, 마침내 유전학에 이르러 자연과학과 정신과학 사이의 분열을 깨고 전자의 질서를 후자에 도입할 수 있을 거로 생각한다.

비록 측정하기는 힘들지만 여기에는 종교적인 요인이 작용할지도 모른다. 한스 블루멘베르크가 보여주었듯, 미국처럼 유전학 연구가 활발하게 진행되면서도 성서가 중시되는 문화에서는 개신교와 '궁극적인 코드'(code ultime), 즉 읽고 적용하기만 하면 창조를 이루어낼 수 있다는 코드가 우리 안에 새겨져 있다는 생각이 정신적으로 짝을 이루고 있다. 반면 가톨릭 국가들은 상황이 자연스럽게 변해가고는 있지만 대체로 정신분석학을 더 중시하는 경향이 있다.

배경이 어떠하든 유전학의 주장은 사회적으로 대단한 힘을 얻었다. 우리 시대는 비록 드러내어 인정하진 않지만 유전학을 더없이 떠받든다. 당뇨병의 예를 들어 보자. 당뇨병은 생물학적 요인, 사회적 요인, 특발성[56] 혹은 정의 내릴 수 없는 여

56 원인 불명의 병이 남에게서 전염되지 않고 저절로 생기는 성질

러 요인으로 생긴다. 당뇨병과 연관된 어떤 유전자가 발견되자 큰 반향이 일었고, 연구진은 찬사와 보상을 받았다. 하지만 해당 유전자로 설명할 수 있는 비율은 비유전적 요인들로 설명할 수 있는 부분에 비해 낮다. 비유전적 요인은 언론매체는커녕 과학 전문지에서도 주목하지 않는다. 예를 들어 생활양식과 관련된 당뇨병의 요인에 관해 비슷한 연구가 이루어졌다면, 그런 연구는 높이 평가받지 못했을 것이다. 심지어 얼마 전에 신문들은 커플의 바람기를 유발하는 유전자를 발견했다고 보도했다. 드디어 바람기를 설명할 수 있게 되었다고 열광하면서.

물론 자폐증에 관한 유전자 연구는 앞서 든 예보다 심각하긴 해도 방법론은 똑같다. 하지만 소수 사례와 특수한 형태를 넘어 자폐증을 일반적으로 설명하는 개별적인 유전자는 거의 없다. 그 분야의 최고 전문가이며 내가 무척 존경하는 토마 부르주롱 교수는 그 문제에 대하여 매우 겸허한 입장을 보인다. 그런데 그보다 전문성이 떨어지는 사람이나 비전문가들은 아쉽게도 그런 태도를 갖추지 못했다.

유전학의 힘을 순진하게 믿는 태도에 대해 두 가지 비판을 더 가할 수 있다. 첫째, 자폐증은 연관된 사안을 하나씩 실천적으로 연구해야 한다(다음 장에서 상세히 다룬다). 이런 접근법에 따르면, 구직의 어려움은 어떤 유전적 요인에 의한 부수적인 현상으로서가 아니라 구직이라는 문제 그 자체로 심각하게 고려해야 한다. 나는 자폐증과 구직의 어려움 사이의 인과 성이, 바람기 유전자와 실제 바람을 피우는 행동의 연관성보다 낮다고 본다.

둘째, 아직 역사가 짧은 학문인 유전학은 여전히 스스로의 길을 모색하는 중이다. 유전학을 실천하는 의료인들은 풋내기 애호가들보다 맹목적인 경향이 훨씬 덜하다. 유전학의 역사는 사람들이 믿는 것보다 더 복합적인 성격을 띤다. 사람들은 다윈과 멘델 같은 인물들이 수행한 과학적 연구가 반(反)계몽주의적인 종교에 맞서 그 가치를 인정받았고, 거기서 유전학이 탄생했다고 생각한다.

하지만 이는 지나치게 단순화한 것이다. 그들은 개별적으로 연구했고 가끔은 서로 적대적이었다. 이렇게 단순화하면 모든 분야에서 이루어진 여러 형태의 모색과 탐색을 무시하는 것이 된다. 간단히 조사만 해봐도 다윈의 책을 읽은 사람이 거의 없다는 사실을 확인할 수 있다. 놀랍게도 사람들은 자기가 읽은 책이 아니라 '알고 있는' 저자의 책을 읽으라고 남들에게 권하곤 한다.

오늘날 유전학은 계속해서 활발하게 변모하고 있다. 유전학에 속하는 여러 갈래가 한창 생겨나는 중이다. 바로 얼마 전까지 '유전체 각인'이라는 이름으로 한구석에 치워놓았던 분야가 지금은 하나의 독립성을 가진 '후성 유전학'이 되었다. 이런 사실을 일깨워준 저명한 과학자이자 훌륭한 인물인 장 클로드 아메젠에게 다시 한번 감사한다.

만약 유전적인 면에서든 다른 부문에서든 인간에 대한 일률적인 모델을 정립하는 데 성공한다면, 나는 무척 슬프고 맥이 빠질 것 같다. 바로 그런 이유 때문에 나는 어렸을 때 그토록 높이 평가했던 책인 장피에르 샹죄 교수의『신경 회로 인간』을 회의적으로 볼 수밖에 없다. 어쩌면 나는 어떤 신념에서 혹은 기만적인 생각에서 그러한 궁극적 모델화가 그리 빠르게 실현되지는 않으리라 생각하는 것인지도 모른다. 나는 그 사실을 증명할 수는 없지만, 초콜릿 한 판을 내기로 걸 준비는 되어 있다.

비정상과 웃음의 관계

비정상이 가상적으로라도 존재하는 상황과 웃음 그리고 개인이나 집단의 정체성 사이에는 깊은 연관성이 있다고 믿는다. 앙리 베르그송은 웃음을 상당히 단순화된 방식으로 탐색했는데, 그의 주장에 따르면 웃음은 사회적 제약이 느슨해졌을 때 발생한다고 한다.

광기를 유쾌한 방식으로 언급하려 할라치면 사람들이 웃기 시작한다. 조금 진지한 사람이라면 타인의 불행을 웃음거리로 삼으면 안 된다는 생각 때문에 체면을 차리고자 웃음을 억지로 참는다. 나는 이런 모습이 참 의아하다. 어쨌든 미친 사람 혹은 비정상인 존재가 있는 상황은 두 가지 결과를 낳는다. 한편으로는 웃음을 일으키고, 다른 한편으로는 개인과 집단의 정체성을 다시금 상기시킨다.

옛날 인간 서커스 포스터에는 공연 때 팔다리가 없는 남자,

기린 여자, 팔 없는 연주자, 코끼리 남자, 샴쌍둥이 형제가 등장한다는 안내가 있었는데, 그 포스터들이 지금도 불러일으키는 반응과 어느 자폐인이 학회 연단에서 강연할 때 사람들이 보이는 반응을 비교해보면 상당히 흥미롭다. 단, 인간 서커스의 익살꾼들과 달리 나는 공연을 끝내는 순간에 가면을 벗어던질 수 없다. 학회라는 자리의 특성상 끝까지 진지한 모습을 보여야 한다. 어떤 역할을 떠맡으면서 마지막 몇 초만이라도 그 역할을 벗어던지며 정상이라고 인정받을 권리가 없다는 사실은 참으로 무서운 일이다.

찰리 채플린은 영화 《독재자》에서 우스꽝스러운 연설을 한다. 관객이 보았을 때 가장 걱정스러우면서도 재미있는 사실은 주인공이 독재자 역할을 맡아 연기해야만 하는 상황인데 군중은 그 사람을 진지하게 받아들인다는 점이다. 채플린은 이름만 들어도 익살꾼을 연상시키는 장점을 지녔다. 만약 채플린의 영화 주인공 이름을 '콜레주 드 프랑스의 교수 식스트 앙리 드 클로존'[57]이라고 붙였다면, 지금도 사람들은 그 인물을 매우 진지하게 받아들이며 그의 횡설수설하는 연설을 이해했다고 자랑할 것이다.

57 '콜레주 드 프랑스'(Collège de France)는 명망 높은 국립 교육기관이고, 교수의 이름은 귀족의 성 앞에 붙이는 말인 '드'(de)가 들어가서 거창하게 느껴진다.

'소칼 속임수 사건'[58]은 이 사실을 극명하게 보여주었다. 어떤 광대를 정치대학 졸업생이자 철학박사라는 직함을 내세워 소개할 때도 마찬가지일까? 그럴 거라는 우려가 든다. 이 이야기는 나중에 다시 하겠다.

비정상, 질병, 장애, 광기의 차이점

앞서 언급한 비정상은 도(道)가 그렇듯 어떤 정해진 해석에서 벗어난다. 그렇다면 어떻게 해야 그것을 분명히 파악할 수 있을까? 사실 나는 어떤 용어를 써야 적절할지, 자폐증을 어떤 항목에 분류해야 할지 모르겠다.

당국은 '질병'이라는 용어를 쓰면 안 된다고 내게 설명했고, 나도 보통은 그 용어를 쓰지 않는다. 그 말은 사람들의 감수성과 상충하며 가끔은 격렬한 반응을 불러일으킨다. 또한 그 단어는 의심스러운 가정(假定), 즉 질병으로서 자폐증은 사람과 완전히 이질적인 고통의 원천으로 그 사람이 온전한 인간이 되려면 치료를 통해 그 원천을 제거해야 한다는 생각에 근거

58 미국의 수리물리학자인 앨런 소칼은 『소셜 텍스트』라는 학술지에 난해한 논문을 투고했고 그 논문은 1996년에 게재되었다. 소칼은 뒤이어 그 논문이 의미 없는 날조에 불과하며 논문을 기고한 이유는 포스트모더니즘 학자들의 학문적 엄정성이 떨어진다는 점을 비판하기 위해서라고 밝혀 큰 논쟁을 불러일으켰다.

한다. 그렇다면 2개 국어로 교육을 받은 나는 단어의 뜻을 상대화하는 습성을 지녔으므로, 질병의 의미에 대해 합의를 보기만 한다면 질병이라는 말을 사용하는 것이 그 자체로 거북하게 느껴지지 않을지도 모른다.

두 번째로 흔히 사용되는 용어는 '장애'다. 나는 그 용어를 자주 사용하고, 많은 사람이 그렇게 하라고 권장한다. 하지만 또 다른 사람들은 납득할 만한 이유를 들어서 왜 그 용어를 사용하지 않는 게 좋은지 설명한다. 장애라는 용어는 내가 보기에 두 가지 장점이 있다. 첫째, 비슷한 조건을 지닌 사람들이 함께 발전하게 해준다. 자폐증과 청각장애, 시각장애는 분명히 다르지만 모임이 있을 때에 자폐인과 청각장애인, 시각장애인이 같은 곳에 모여 앉으면 얻을 점이 많다. 다른 장애를 위한 기술적 도구를 활용하고, 그들이 상대적으로 배제된 상황임에도 불구하고, 혹은 그런 상황 덕분에 사회적 관계를 만들어갈 수 있다. 둘째, 장애는 아마도 행정 기관이 자폐증을 인정하고(아쉽게도 이론적일 뿐이지만 어쨌거나) 그 권리를 적용할 수 있는 유일한 접근 방법이다.

하지만 자폐증 자체만 놓고 보면 '장애'가 완벽하게 적합한 해석의 틀을 제공하지는 않는다. 겉보기에는 극도로 인간주의적인 관점에서 나온다. 즉 인간은 장애를 지녔든 아니든 동일하게 존엄한 존재이며, 보상 도구들을 더함으로써 장애인은 비장애인과 똑같은 능력 및 효율성을 얻을 수 있다. 이보다 고결한 생각은 없다.

하지만 자폐증의 경우에는 그런 틀을 적용하기 힘들다. 예를 들어 어떤 컴퓨터에 결함이 있다고 가정해보자. 거기에 프린터나 정교한 주변기기 등을 더해 그 컴퓨터의 '수준을 맞출' 수 있다. 하지만 그래도 컴퓨터가 제대로 작동하지 않으면 어떻게 해야 할까? 프린터를 하나, 둘, 셋 더하고, 본체에 가죽 덮개를 씌워도 마이크로프로세서가 기준에 못 미치는 수준으로 작동한다면 어떤 방법으로 문제를 해결해야 할까?

이번에는 어느 완벽한 지역 장애인 센터가 장애를 보정하는 각종 도구를 갖추었다고 가정해보자. 신체 장애인의 경우에는 그 사람이 자동차를 운전하고 사무실을 사용할 수 있도록 설비를 마련할 수 있다.

하지만 지적장애와 정신장애, 인지장애의 경우에는 어떻게 해야 할까? 그런 장애를 보정하기 위해 정확히 무엇이 필요한지 글로 명료하게 적어서 지적하기란 아무리 언어 표현 능력이 뛰어난 사람이라 하더라도 어려운 일이다. 내가 형편없는 사업가라고 가정해보자. 내가 회사를 차리면 그 회사는 망한다. 그래서 나는 지역 장애인 센터에 이를 보강해 달라고 요청한다. 하지만 내가 어느 정도까지 그렇게 할 자격이 있는가? 사회에는 허술한 사업가가 허다하다. 그렇다고 모두가 보강 수단을 요구하는 게 정당할까?

더 극단적인 비유를 들어보겠다. 지역 장애인 센터가 내 실패한 사업을 완전히 보상해준다고 가정해보자. 나는 대단한 은행가가 될 잠재성을 갖췄지만 자폐증 때문에 그러지 못했으니 그에 해당하는 보상을 요구해도 좋다고 할 수 있을지도 모른다. 만에 하나 그런 보상이 주어진다 해도 그 일이 실제로 나의 장애를 보상해줄까? 아니다. 은행 계좌에 돈이 넉넉해질지는 모르겠지만, 삶은 여전히 복잡하고 누군가에게 다가가는 일을 비롯해 이런저런 영역에서 여전히 어려움을 겪을 것이다. 물론 그처럼 관대한 지역 장애인 센터는 없다는 사실은 잊지 말자.

가끔 나는 빈정거리고 싶은 기분에 사로잡혀서 '광기'라는 용어를 자폐증과 비교해본다. 내게는 삶에 지대한 영향을 미친 책 『바보배』가 있다. 뒤러의 판화까지 포함된 그 책은 내게 놀랍도록 현대적인 문물이다. 그 밖에도 푸코의 책들이 있다. 결론적으로 광기라는 말을 생각하면 좋은 기억이 무수히 떠오르는 반면에, 장애라는 말을 생각하면 흰색 가운이나 써 넣어야 할 신청 용지만 떠오른다.

더욱이 『바보배』 같은 책이 풍성하게 느껴지는 이유는 광기에 대한 분명한 정의가 제시되지 않기 때문이다. 광기는 세상을 바라보는 관점 중 하나다. 『바보배』에는 각 인간 유형에 할당된 작은 장들, 작은 항목들이 나온다. 거기에는 모든 인간이 포함되며, 당연히 저자인 세바스티안 브란트도 그렇다. 저자는 책의 서두에서 거창하게 자신이 인 우트로케(in utroque), 즉 교회법과 민법, 두 법률의 박사라고 소개했다가 맨 마지막 행에서는 "왜냐하면 나는 미친 세바스티안 브란트이기 때문이다"라는 말로 책을 마무리한다. 얼마나 지혜로운 행보인가?

이 책을 읽는 내내 행복했다.

또 다른 고전 작품인 에라스뮈스의 『우신예찬』[59]을 살펴보자. 이 책은 당시의 고유한 문체로 쓰였고 온갖 수준의 독서가 가능하다. 그래서 뒤에 감추어진 의미를 모르면 겉보기에 순전히 현학적인 내용을 줄줄 읊을 수 있다.

르네상스기의 그 책들은 여러 면에서 내적이고 외적인 여행과 같은데, 그 두 여행 사이의 차이는 미미하다. 온갖 다양한 세계와 생활양식과 인간 군상이 장대한 행렬을 이루며 펼쳐진다. 요즘에는 그런 책을 더 이상 쓰지 않는다. 광기에 대체할 수 있을 만한 것, 가령 자폐 스펙트럼 장애를 다룬 신간을 무작위로 하나 집어 보면 과거와 비교할 수 없을 정도로 수준이 떨어진다. 우리는 기술적인 측면에서 온갖 분류법을 만들어냈지만, 그 과정에서 얼마나 많은 것을 잃었는지 모른다. 결론적으로 '정상적'이라는 것은 참 슬프다. 나는 광인들과 더불어 있는 게 더 좋다. 바보배는 이미 떠났으니, 육지에 남은 나로서는 더 좋은 기슭을 꿈꿀 수밖에 없다.

59 이 책의 프랑스어 제목은 *Éloge de la folie*(광기 예찬)이다.

8장

나는 자폐를 잘 모른다

프랑스에서는 자폐증과 관련된 두 가지 비극이 있다고 누군가 내게 말했다. 자폐증을 몰라서 생기는 비극과 자폐증을 알아서 생기는 비극이다. 전자는 자폐증에 무관심한 사회가 가하는 배제고, 후자는 전문화된 단체와 운동이 저지르는 악한 행태다.

심리학을 전공하는 젊은 여성 친구가 전공 실습 장소로 자폐증 분야에서 잘 알려진 단체를 택했다. 몇 달이 지나자 그 친구는 크게 당황해서 내게 도움을 요청했다(역할 전환의 재미있는 사례라고 할 수 있을 텐데, 이런 경우가 한두 번이 아니었다). 그녀는 실습 중에 여러 번 심리적 동요를 경험했는데, 시간이 흘러 그 경험을 돌이켜 보면 결국 자기의 바람이 이루어졌다고 말한다. 정신병리학 분야에서 실습을 하고 싶었는데 결국 필요한 만큼, 심지어 훨씬 강도 높은 실습을 할 수 있었다는 것이다. 다만 단체 내에서 정신장애를 지닌 사람은 애초에 그렇다고 지목된 이들이 아니었다.

참혹한 전쟁터의 부상병과 길동무

전쟁을 치르다 보면 부상병이 발생하기 마련이다. 자폐증계에서 작은 싸움이 벌어질 때는 걱정스러울 만큼 자주 인물이 교체된다. 그런데 이른바 '고위층'은 이런 현상에 대해 한 번도 의문을 제기하지 않았다. 그 도식은 대체로 똑같다.

언론 그리고 어느 단체나 이익집단이 청소년 한 명을 전혀 준비되지 않은 상태에서 별안간 끌어내 전면에 내세운다(청소년이어야만 한다. 자폐를 지닌 성인과 노인에게는 아무도 관심을 보이지 않는다). 사람들은 그 청소년에 대해 많은 이야기를 하지만 얼마 뒤 그는 사라진다. 아무도 그가 어떻게 되었는지 염려하지 않는다. 대개 그 청소년은 자폐증 단체나 관련 기관을 더는 상대하려 들지 않는다. 그들의 이름을 굳이 거론할 필요도 없다. 지난 몇 년 혹은 수십 년 동안 자폐증이 언론에 크게 대두된 시기를 떠올리고, 당시에 등장했던 사람들이 어디로 갔는지 생각해보기만 하면 된다. 그들은 일종의 '부상병'이라고 할 수 있을 것이다.

그보다는 덜 침울한 용어는 '길동무'(compagnon de route)다. 이는 특정 지위가 아니라 마음 상태를 가리키는 말로, 나는 자폐증의 작은 세계를 뒤흔드는 문제에 대한 해결책이 여기에서 도출될 거로 막연히 기대했다. 길동무는 아직 제도권에 편입되지 않았으며, 체계의 영향권에 직접 포함되지 않는다. 굳이 유형을 분류해서 제시하지 않더라도 프랑스에서 적극적으로 활동하는 보기 드문 자폐인은 대부분 이러한 길동무에 속한다. 규모가 더 큰 단체에 장기적으로 가담하는 성인 자폐인은 거의 없다.

'길동무'라는 표현은 내게 1960년대와 1970년대의 향기를 희미하게 불러일으킨다. 당시에는 프랑스 공산당의 주변부에 위치한 사람들을 일컫는 표현이었기 때문이다. 나는 시간이 흘러 빛바랜 사진들을 떠올린다. 그 사진들에는 당시 파리의 지식인들(지금은 아무도 모를 법한)이 셔츠 위에 잘 보이도록 찬 자그마한 붉은 스카프에 손을 얹은 채 엄숙한 자세를 취하고 있다. 그리고 그 시절에 던지던 무시무시한 질문인 "당신은 어디에서 말하는가?"(D'où tu parles?)[60]도 떠올린다. 일부 소모임에서는 지금까지도 그 질문을 던진다. 자폐증을 다룬 공식 모임들에서 참석자들이 자신의 직함과 직무를 줄줄이 말한 뒤에는 여지없이 "당신은 어디에서 말하는가?"라는 가차 없는 질문이 이어진다. 이런 상황에서 '길동무'는 얼마간 자유의 여지를 남겨두는 대답 중 하나다.

익살꾼, 광대 혹은 자폐인

사실 그 질문에 대한 훨씬 좋은 답변이 따로 있다. 내가 최근에 만난 사람이 즐겨 쓰는 표현이다. 지금껏 한 번도 생각하지 못했을뿐더러 나로서는 거짓말을 하지 않고는 할 수 없는 대답이다. 그건 바로 "꼭두각시 조종사"다. 자폐증의 작은 세계를 묘사하는 데 과거에 기인이 묘기를 부리던 서커스를 거론하는 것보다 더 적절한 방식이 있을까?

꼭두각시를 조종할 능력이 없는 내게 남은 역할은 어릿광대 지팡이와 광대 노릇이다. 나는 그 역할을 감당하면서부터 크게 성공을 거두었다. 다음 장면을 떠올려보라. 당신은 종일

60 사회정치적 변혁기인 1960년대 말에 자신에게 반대하는 사람에게 그 사람의 사회적 위치와 그가 발언할 자격 여부를 물으려고 사용한 질문이다.

의자에 앉은 채 교수와 박사들의 단조로운 주제 발표를 들어야 한다. 그들이 말하도록 초대받은 이유는 우선 그들이 작년에도 그 자리에 있었기 때문이다. 또 모두가 알지만 말하지 않는 이유도 있다. 그들의 배우자가 자기 친구의 숙모가 대표로 있는 주최 단체에 자금을 대는 사람의 사촌이고 그 단체의 회계를 누구누구 딸의 남편이 관리하기 때문이다. 당신은 청중답게 진지한 태도를 유지해야 하므로 그 모든 행사가 끝나기만을 바란다는 사실을 솔직하게 말할 수 없다. 그러다가 드디어 행사가 끝났음을 알리는 화려한 피날레가 시작된다. 그런데 행사가 끝나 강연장의 출입문이 열리기 직전에 원형 경기장 철책이 열리고 둔부가 거대한 호텐토트 비너스(Vénus hottentote)[61]가… 아니라 그와 정반대인 비쩍 마른 남자, 진행자가 사용한 용어에 따르면 '자폐인 학자'가 입장한다.

안심하시라. 나는 내 역할을 알고 있으니까. 즐거움은 단 몇 분간만 지속될 뿐이라는 사실을 나는 안다. 그러니 간략하게 마쳐야 한다. 마침 잘됐다. 학회를 조직한 사람들이 '조제프의 증언'에 할애한 시간은 학회 일정이 끝날 무렵의 몇 분에 불과했기 때문이다. 재담을 몇 마디 하다 보면 시간이 훌쩍 지난

61 남아프리카공화국에서 출생한 여성 사라 바트만(Sarah Baartman)의 별칭이다. 그녀는 비정상적으로 돌출한 엉덩이 때문에 19세기 초 유럽으로 팔려가 볼거리로 전시되었다.

다. 주의할 점은 학회에서 다루는 주제에 내 의견을 밝히지 말아야 한다는 것이다. 그 일은 앞서 연단에 줄줄이 선 학자들의 몫이니 나까지 가세하면 모두에게 심한 지탄을 받을 게 뻔하다. 아이러니하게도 나는 이런 경우에 가장 잘 통하는 방식은 일관성 없고 문법적으로 엉성하고 의미 없는 말들이라고 생각한다. 청중이 그것을 무언가 심오한 발언으로 받아들일까? 거기에서 자폐인의 병리학적 증상을 볼까? 무대에서 펼쳐지는 무능력과 대조되면서 환히 부각되는 자신의 현명함을 볼까? 그런 것은 별로 중요치 않다. 사람들은 만족할 테고, 당신이 한 말에 치하를 보내고 손바닥을 격렬히 맞부딪쳐 소리를 낼 것이다(이는 전체 행사 중에서 내가 가장 스트레스를 받는 순간이다). 운이 조금 좋다면 기차표 비용을 환급받을 테고, 가끔은 기적적이게도 텅 빈 당신의 호주머니를 채워 줄 푼돈이 떨어질 테니, 그것으로 '바나니아, 맛있어요'(Banania–Y'a bon)[62]를 경험할 수 있을 것이다.

자폐증을 바라보는 두 시선

하지만 쉿! 이런 말을 이토록 노골적으로 해서는 안 된다. 이런 말이 용납되려면 조금 다른 방식으로 말해야 한다. 이제는

62 20세기 초반 프랑스의 코코아 가루 상표인 '바나니아'의 포장 선전 문구다. 식민지 시대 흑인 보병이 코코아를 맛보며 엉성한 프랑스어로 말하는 그림이 그려져 있다.

내가 자폐증을 바라보는 두 가지 관점을 말할 차례다.

첫 번째는 학문적인 관점이다. 해당 분야를 제도로 확립한 당국이 바라보는 관점이다. 이런 관점에서 쓴 글은 전문 잡지에 실린다. 평범한 독자가 이해할 수 없는 약자와 참고 문헌이 많이 담긴 잡지다. 저자와 단둘이 있는 자리에서 물어보면, 정작 본인도 자기가 쓴 내용을 이해하지 못한다고 고백할 때가 있다. 그런 글을 읽으면 자폐 아동을 지원하고 도울 방법보다는 어떤 미토콘드리아가 어떤 분자에 어떤 식으로 반응하는지를 더 잘 알게 된다.

두 번째는 비학문적인 관점, 이야기하는 화자의 관점이다. 약장수나 이야기꾼의 관점이라고 말하려 했지만, 이는 오해를 불러일으킬 수 있을 것 같아 자제했다. 이 두 관점에서 쓰이는 담론은 결국 서로 크게 다르지 않다. 각기 어떤 것과 그 정반대되는 것을 모두 단언하기에 허점을 잡아낼 수 없다. 하지만 두 관점에서 사용되는 어휘와 실제로 다루어지는 하위 과제들은 서로 많이 다르다. 어조도 달라서 전자가 훨씬 건조하다. 그렇지만 두 관점은 서로 맞닿는 부분이 많기에 그 둘을 대비시키는 일은 옳지 않은 듯하다.

나는 방언학 전문가인 언어학자 친구를 다시 떠올린다. 시골 노인들이 말하는 내용과 학술 논문은 겉보기에 완전히 다르다. 하지만 후자는 전자를 경청하고 전자와 대화를 나누며 접촉함으로써 탄생한다. 연구된 방언과 아무 상관없이 불쑥 튀어나오는 방언학 연구 논문은 미친 사람이 갈겨 쓴 글에 불과하다. 하지만 그렇게 쓴 논문이 방언학뿐 아니라 자폐증 분야에서도 허다하다. 안타까운 현실이 아닐 수 없다.

나는 자폐를 잘 모른다

이 두 관점 중에서 내가 무엇을 취했는지는 굳이 명시할 필요도 없을 것이다. 나는 자폐증이나 심리학 또는 그와 관련된 분야를 전혀 공부한 적이 없기 때문에 학문적인 관점을 취하기란 불가능하다. 그래서 상당히 재미있는 상황을 여러 번 겪었다. 어떤 사람들은 내가 자폐에 관한 학술 연구 성과를 완벽하게 꿰뚫고 있으며 관련된 모든 글을 읽었다고 생각하면서 내게 관련 질문을 던진다. 물론 난 그런 질문에 답할 능력이 없다. 대다수 사람들은 내가 학문적으로 잘 안다는 사실을 철석같이 믿으면서 정말 그런지 확인해볼 생각조차 않는다. 그래서 수년 전부터 알고 지냈던 사람들과 대화를 나누는 도중 내가 자폐증에 관한 글을 거의 읽지 않았다는 사실이 드러날 때 곤란한 일이 벌어지곤 한다. 처음에 자기가 잘못 알아들었거나 내 말이 농담이라고 생각해서 잠깐 놀랐다가 곧바로 실망해서 화를 내는 사람이 있기 때문이다.

자폐증에 관심을 쏟는 전문가들이 나와 만났을 때 불만스러워 하는 이유가 하나 더 있다. 내가 그들이 지닌 관심사에 흥미를 보이지 않기 때문이다. 그들은 훌륭한 의도로 자폐증을 연구하고, 그들 중 몇몇은 정도가 약하지만 자폐적인 특성을 지녔으며(하지만 이런 말을 그들에게 해서는 안 된다), 자폐증에 관한 책을 읽고 검사를 받는 일에 많은 시간을 할애한다. 그래서 누군가가 학술적인 면에서 자폐증에 관심을 쏟지 않는다는 사실을 이해하지 못한다. 자폐증에 관한 학술적인 글을 수차례 발표한 어느 교수는 만날 때마다 나더러 이런저런 검사를 받아봤냐고 묻는다. 내가 아니라고 답하면 무척 당황스러워 한다. 그는 지난번에 만났을 때 내가 똑같이 대답했다는 사실을 잊었거나, 아니면 그것을 황당하고 불가능하고 있을 수 없는 일로 간주하고 그 기억을 억압한 게 틀림없다.

드물기는 하지만 내가 자폐증에 대해 잘 모른다는 사실을 알고 그런 상태를 벗어나게끔 도와주려는 사람들이 있다. 그들은 내게 이런저런 책을 읽으라고 친절하게 권한다. 그들 덕분에 나는 자폐증에 관한 몇몇 희귀한 저서를 접할 수 있었다. 또 필요한 경우 청중 앞에서 이름 한두 개를 거론함으로써 학자처럼 보일 수 있게 되었다.

내가 자폐증에 박식한 인물로 보이는 것은 아주 간단하다. 긴 여름휴가 기간에 자폐증에 관한 책을 수두룩이 쌓아놓고 읽으며, 최근 주목받는 저자들에 관한 자료를 몇 건 작성하고, 보통은 아무도 이해하지 못하지만 그러기에 더욱 놀라워 보이는 주요 문장 몇 개를 외우고, 그런 지식을 활용해서 큰 성과를 내면 된다.

박식한 인물이 되는 길이 또 있다. 다들 알다시피 자폐증 분야는 정신분석학과 반(反)정신분석학 논쟁을 비롯해 여러 가지 문제로 심한 갈등을 겪고 있다. 고대 그리스 철학자 헤라클

레이토스는 글 『단편들』(*Fragments*)에서 "갈등은 모든 것의 아버지라서 어떤 사람들을 왕이나 노예, 자유로운 인간으로 만든다"라고 했다(내가 그의 생각을 왜곡하거나 단순화한 것이라면 용서를 구한다). 그때부터 지금까지 변한 건 전혀 없다. 따라서 내 친구 몇 명(한두 명을 제외하면 자폐증이 없는 사람들이)처럼 즉흥적으로 장군 노릇을 하고, 돌격 나팔을 불고, 최후의 승리를 거두지 못했더라도(군인에게는 존재 이유가 사라질 것이므로 재앙과 같은 상황이긴 하다) 몇몇 분대를 자기편으로 끌어들여 장교로 승진하길 바라야 한다. 가끔은 대적할 상대가 분명치 않아 원정군이 진창에 빠지거나 상황이 익살극으로 바뀐다. 포템킨호 의 빛나는 후예라 할 약삭빠른 사람들은 판지로 가짜 적을 만들거나 마오쩌둥이 말했듯 종이호랑이를 만들고 그 뒤에 서서 포효하는 소리를 낸 다음 비가 내릴 때까지 버티고 서 있게 할 수 있다. 그것은 내가 가장 좋아하는 공연이기도 하다.

분류의 한계와 위험

내 접근법이 학문적인 접근법과 분명하게 다른 지점은 자폐증에 붙이는 라벨인 것 같다. 의사와 연구자들은 자폐층 아래

러시아제국의 전함으로 1905년에 선상 반란이 일어나 수병들이 장악했고, 정부군의 진압 과정에서 침몰되었다.

에 온갖 종류의 하위 범주를 만든다. 캐너 증후군, 고전적인 자폐, 지적 결핍성 자폐, 고기능 자폐, 아스퍼거증후군 등이다. 심지어 '특정 불능의 자폐'라는 더없이 오묘한 범주도 있다. 이런 진단을 뭐라고 이해해야 할까? 환자가 겪는 장애에 대한 진단일까, 아니면 진단이 그 자체로 성립하지 않을 때 의사의 능력 부족을 능란하게 가리는 방식일까? 몰리에르[64]가 지금 우리 곁에 없다는 사실이 얼마나 애석한지 모른다. 특정 불능이라는 건 결국 우리 모두가 집단으로 받아야 할 진단이 아닐까?

어쨌거나 나는 경계와 하위 범주를 지나치리만큼 엄격하게 설정하는 일에 대해 불편함을 느낀다. 자폐를 지닌 사람은 대부분 두세 개의 하위 범주에 속한다. 그리고 하위 범주들은 학계의 유행에 따라 혹은 의사 개개인의 기질에 따라 변한다. 의학계에서 쓰는 용어는 결코 중립적이지 않다. 예를 들어 '고수준 자폐인'(autiste de haut niveau)[65]라는 용어를 살펴보면, '고수준'(haut niveau)은 '저수준'(bas niveau)이 있음을 전제한다. 즉, 자기가 조금 더 우월하다고 느끼게 해줄 만큼 어리석은 존재

64 코르네유, 라신과 함께 프랑스 고전극을 대표하는 인물로 여러 가지 복잡한 성격을 묘사함으로써 프랑스 희극을 시대의 합리적 정신에 합치되는 순수 예술로 끌어올렸다

65 문자 그대로 옮기면 '고수준 자폐인'이며 '고기능 자폐인'을 이르는 말이다.

가 있음을 가정하는 것이다. 그리고 '고수준'이라는 표현은 영어의 high functioning을 프랑스어로 옮긴 것인데, 이는 문제가 있는 번역이다. 영어 표현의 원뜻은 '제대로 잘 해내는'으로 이라고 봐야 한다. 이를 '고수준'이라는 말로 옮겼다는 사실 자체가 어떤 문화적인 세계관을 반영하는 것이며, 그 세계관은 프랑스에서 벌어지는 상황을 적나라하게 대표하는 것처럼 보이는 학교 안의 사고방식에서 끌어온 것 같다.

자폐증이 어째서 이론가들이 만들어낸 문화적인 구분을 따라야 한다는 말인가? 영어로 '잘 기능하는'이라는 표현은 온갖 상황에 적용된다. 예를 들어 다운증후군을 지닌 사람이 어렸을 때부터 효율적인 교육을 받아 사회 혹은 심지어 대학의 일원으로 제몫을 해낼 경우, 그런 사람을 일컬을 때 이런 표현을 쓴다. 그렇다고 그런 사람들의 특수성이 유전적인 조작으로 생겼거나, 다운증후군 내에 잘 정의된 어떤 특정 범주가 존재하는 것은 아니다. 그러므로 자폐증과 관련된 그 무엇을 지칭하는 영어 단어가 먼저 생겨나고 그것을 프랑스어로 옮겼다고 해서, 특정한 의학적 범주가 반드시 존재한다고 확신해서는 안 된다.

공식적인 분류 자체가 수시로 변한다는 사실은 분류법이 가변적이라는 증거다. 미국의 정신의학자들이 작성하는 『정신질환의 진단 및 통계 편람』(*DSM*)은 다음 호에서 아스퍼거증후군을 빼고 자폐 스펙트럼 장애를 다른 방식으로 분류할 예정이다. 이런 변화는 당연히 서로 다른 집단 사이에 갈등과 이익 분쟁을 일으킨다. 미국에서는 현재 단체와 전문가들이 '아스퍼거증후군'이라는 명칭이 유지될 수 있도록 애쓰고 있다. 한편 아스퍼거증후군을 지녔다고 알려진 사람들은 그들의 정체성을 상대화한다는 사실에 항의한다.

나는 용어에 관한 문제를 접할 때마다 2006년에 명왕성이 행성이 아니라고 결정한 국제 천문 연맹의 회의를 떠올린다. 천문학자들의 논의에 대해 명왕성이 어떤 반응을 보였는지는 모르겠다. 그 결정은 명왕성의 실제 상황에 아무런 영향도 미치지 않았다. 미국 정신의학자 단체가 매우 합리적으로 따져서 어떤 증후군을 이런저런 방식으로 부르고, 그것을 이런저런 증후군과 합치고, 이런저런 이름으로 불리는 항목에 집어넣는다는 사실이 개인의 정체성에 어떤 변화를 일으킬까? 행정 서류를 작성할 때 어떤 항목에 표시해야 할지에 변화가 생긴다는 사실은 분명하다. 하지만 미국 정신의학자들의 표결 내용이 그 항목 자체에 어떤 영향을 미친다고는 생각하지 않는다.

결론적으로 나는 언제나 항목 분류와 일반적인 명칭에 대해 경계해왔다. 어쩌면 도발적으로 비칠 수도 있겠지만, 나는 나 자신을 어떤 진단과 동일시하기 힘들다. 한 인간을 어떤 진단명으로 축소할 수 있다고 생각하지 않는다. 가령 '암 선생님'(Monsieur Cancer)이라고 말할 권리가 있는가? 관련 단체들은 이러한 언어 남용에 맞서 싸우고 있다. 그러니 자폐증을 핑계로 내세우면서 그와 반대 방향으로 역행하지는 말자.

자폐인의 비율은 얼마나 될까?

자폐증은 특이하게도 분류법이 유동적일 뿐 아니라, 걸리는 비율도 제각각이다. 이는 단지 소수점 이하의 차원이 아니다. 수십 년 전부터 1,000명 중 한 명 꼴이라는 낮은 비율부터 매우 높은 비율까지 온갖 수치가 제시되었다. 150명 중 한 명 혹은 166명 중 한 명 선에서 어떤 합의점이 정해졌으나 이것도 오래가지 못할 것이다. 주로 영미권 단체들이 이미 자폐인 비율을 약 80명 중 한 명으로 높이려고 압력을 가하고 있다. 수치는 특정 연구에서 나오고, 이른바 특정 '파벌'에 의해 활용된다. 예를 들어 150을 옹호하는 편과 166을 옹호하는 편 사이에서 황당한 논쟁이 여러 차례 벌어진다.

자폐증에 걸리는 비율이 이런 식으로 높아지는 현상은 확실히 불가사의하다. 가장 널리 퍼진 설명에서는 오래된 통계 자료에서 자폐증을 제대로 감안하지 않아 그 수가 극히 적게 집계되었다는 주장을 동원한다. 하지만 최근 몇 년간 여러 연구에서 백신의 영향부터 다른 종류의 오염에 이르기까지 여러 단서를 제시해가며 자폐증이 생기는 비율을 높이는 방법이 탐색되었다. 프랑스에서는 현재 보편적인 기준으로 제시될 만한 연구가 없는 실정이다.

나는 그 주제를 다루는 여러 토론회에 청중으로 참석했다. 나는 그러한 수치가 핵심적이라고 생각하지 않는다. 내가 보기에 그 문제는 자폐증의 실상보다는 분류 체계에 전제된 내용과 기준들을 반영한다. 자폐증은 인위적으로 구축되는 의학적 또는 사회적 범주로서 현실을 불완전하게 반영할 수밖에 없다. 우리가 정신활동으로 하는 분류법에 현실도 맞장구를 친다는 명제를 치밀하게 증명해보이지 않는 한, 그런 주장을 믿을 이유는 전혀 없기 때문이다.

자폐증의 유전적, 사회적 또는 다른 원인에 대해서도 마찬가지다. 다른 학문 분야도 그렇겠지만 유전학과 사회학은 그 자체로 존재하지는 않으며, 매우 서서히 이루어진 학부들 사이의 조정, 연구자들과 여러 정치적 쟁점들 사이에서 발생한 무수한 경쟁에서 생겨났다. 어째서 우리 대학들이 정한 비이성적이고 유동적인 구분선을 현실이 따라가야 한단 말인가? 모든 것이 상대적이라고 주장하려는 게 아니라, 우리의 지식을 사용하고 그 한계를 인정할 때 신중해야 함을 말하고 싶을 따름이다.

이번에는 영미권 국가들보다 프랑스에서 덜 격한 것처럼 보이는 숫자 싸움을 소개한다. 자폐 스펙트럼 내에서 남아와 여아의 비율이다. 남아가 12명일 때 여아가 1명이라는 것부터 비율은 완벽하게 동일하다는 주장에 이르기까지 다양하다. 여러 연구실에서 내놓은 자료들이 그처럼 심하게 차이 나는 것을 보면, 사람들은 거기에 무슨 속임수가 있다고 생각할 수밖에 없다. 그게 아니라면 그런 수치는 사람들이 원하건 원치 않건 자폐증에 미치는 사회 환경의 영향을 나타내는 또 하나의 사례라고 볼 수 있다. 일단, 자폐증이 마초라서 여자보다 남자를 선호할 리는 없을 것이다. 남아와 여아에게 자폐증이 동등하게 나타난다고 주장하는 사람들은 여아의 자폐증을 제대로 감지하지 못한다는 점을 근거로 내세운다. 이는 자폐를 지닌 여아는 대중에 더 쉽게 녹아들거나, 의료인에게 대수롭지 않다는 진단을 받거나, 그들의 고유한 특성이 자폐증으로 인정받지 못한다는 뜻이다. 나는 물론 관련된 자료를 갖고 있지 않기에 유효한 답변을 제시할 수 없다. 다만 좀 더 일반적으로 사회적인 여건이 자폐증에 개입한다는 사실을 강조할 수 있을 뿐이다. 덧붙이자면, 이는 또한 '자폐 행성'과 '지구 행성' 사이가 완전히 분리되어 있지 않다는 증거다.

이러한 논의는 흥미로운 관점들로 이어진다. 자폐증은 의료적 특수성으로 정의되어야 하는가, 아니면 사회적 제약으로 정의되어야 하는가? 다른 말로 하면, 자폐인이면서 그들만의 고유한 표식이나 그 어떤 사회적 장애도 지니지 않을 수 있는가? 소련의 정신의학에서 '겉으로 드러나는 증상 없는 광기'가 그랬듯이 말이다. 만약 자폐증이 아무도 볼 수 없을 만큼 은밀하고 작은 불꽃이라면, 진단을 내린 사람은 그 불꽃을 어떻게 감지한 것일까? 자폐증은 기독교인이 자기를 정의 내리는 기준으로 삼는 것처럼 내밀한 신념일까? 프랑스에서 이렇게 단언하면 크게 빈축을 살 것이다. 하지만 미국에서는 일부 사람들이 분명하게 이런 식으로 말한다. 그리고 이는 자폐증에 걸리는 비율이 높아지는 현상과 무관하지 않다.

반대로 개인이 사회에서 실패하는 것과 같은 사회적 기준을 중시한다면, 자폐증은 사회 체계에서 배제되는 사람들을 일컫는 새로운 이름이 될 것이다. 이런 상황이 모든 장애에 대체로 적용된다는 점이 놀라울 뿐이다. 생활양식에서 비롯하지 않은 장애와 객관적으로 측정 가능한 장애조차도 발생률이 빈곤층에서 더 높다.

이를 다르게, 얼마간 도발적인 방식으로 말해보자. 만약 사회적 기준을 더 중시한다면 자폐증은 사회가 분명히 약속하는 것들과 실제 체험하는 현실 사이에서 간극을 경험하게 한다. 만약 사회가 행복과 장수, 건강과 높은 봉급을 약속하는데 나는 그런 것을 하나도 못 가졌고, 자폐증이 사회적인 장애로 정의된다면, 내가 어떻게 자폐인이 아닐 수 있겠는가?

이러한 뼈아픈 질문들에는 아무런 답이 주어지지 않았으며, 그저 어렴풋한 밑그림만 그려볼 수 있을 뿐이다. 참 애석한 일이다. 하지만 그러한 문제를 다루는 사람이 거의 없는 상황에서 어찌 하겠는가. 자폐증의 특성을 의학적으로 완벽하게 규정지을 수 있다는 생각 뒤에 몸을 숨기게 되면, 자폐증을 사회와 사회문제들을 비추는 거울로 인정하는 불안정한 지평으로 용감히 들어서는 일보다 훨씬 더 안락해진다.

자폐인에게 가장 어려운 일들

지금 마음속으로 이런 의문을 던지는 독자가 있을지도 모른다. '저 사람은 대체 어떤 근거로 저런 괴상한 판단을 내리는 것일까?' 지극히 정당한 의문이다. 하지만 나는 답을 모른다. 이어지는 이야기를 읽으면서 당신은 어쩌면 사람들이 가끔

아이러니를 담아 말하듯 나의 '소아 정신병'을 분석하는 데 필요한 요소를 찾아낼지 모른다.

항정신병약 몇 알이 여전히 나의 두뇌 속에 남아 있던 시기에, 어떤 단체가 나에게 자폐증 관련 모임에 참석해달라고 요청했다. 그런 경우가 처음이라 나는 겁에 질렸다. 모임에서 다른 사람들이 말할 때, 나는 흐르는 시간만이 나를 구원해줄 거라 믿으면서 한쪽 구석에 잔뜩 긴장한 채 앉아 있었다. 그 행사는 파리의 어느 식당에서 열렸는데, 내게는 참으로 힘든 환경이었다.

몇몇 사건을 제시하면 당시 내가 처한 상황을 파악하는 데 도움이 될 듯하다.

내가 거의 말하지 않는 생애의 한 시기가 있다. 한때는 참으로 중요했지만 뒤이어 사라진 세계에 대한 기억 수준으로 그 중요성이 뚝 떨어진 시기였다. 바로 내가 지능지수 단체에 몸담았던 시절이었다. 독일에서 지낼 때 나는 국제단체인 멘사에 가입하려고 검사를 받았다. 그 단체는 이른바 지능지수가 상위 2퍼센트 안에 드는 사람들, 또는 그렇다고 믿는 사람들이 모인 단체다. 그들은 자칭 지구 역사상 가장 똑똑하고 멋지고 겸손하다는 사람들이다. 나는 그 단체에 단 1년간 몸담았고, 그동안에 주로 인터넷 공간에서 활동했다. 오프라인에서 했던 유일한 활동은 멘사 프랑스 지부의 총회에 조용히 참석하는 일이었다. 그 총회에 참석하는 일 때문에 나는 극단적인 스트레스와 충격을 받았고, 그 경험은 내가 그로부터 몇 년 뒤 자폐증 관련 단체와 처음 접촉했을 때 단체 활동에 대한 기준점이 되었다.

다시 파리의 식당으로 돌아가자. 많은 사람에게 식당은 유쾌한 장소다. 하지만 사회적 능력을 거의 갖추지 못한 자폐인에게 그 장소가 무엇을 상징하는지 어떻게 이해시킬 수 있을까? 이미 식당에 들어가는 일 자체가 대단한 도전이다. 태어난 도시라 해도 여러 번 길을 잃고 헤맨 끝에야 식당 건물 앞에 도착한다. 그러고서 이렇게 생각한다. '저기에 들어갈까 말까? 어느 순간에 문을 밀고 들어가야 할까? 식당에 10시에 오라고 했는데, 식당 앞을 말하는 걸까 아니면 홀을 말하는 걸까? 5분 전에 도착해도 되나? 5분 후에 도착해도 되나? 그 두 경우에 사람들이 내게 뭐라고 말을 걸까? 그러면 나는 뭐라고 답해야 할까?'

간신히 문을 밀고 식당에 들어서면, 이제는 행사에 참석하러 온 무리를 찾아내야 한다. 사람들이 대부분 늦게 도착하기에 더 복잡한 일이다. 그래서 당신은 해당 모임의 사람들을 찾아 헤매지만 허사로 돌아가고, 그래서 더 스트레스를 받아 이성적인 행동은 아예 할 수 없게 된다.

드디어 해당하는 무리와 마주하면, 당신은 뭐라고 말하는가? 모든 사람이 이야기를 나누고 있지만 당신은 아는 사람이 하나도 없다. 아무도 모른다. 조용히 사람들 틈에 끼어들어야 할까? 사람들 말을 끊고 인사를 할까? 그렇다면 어떤 인사말을 건네야 하나? 사람들이 도론도론 이야기를 나누는 것이

공식적인 모임인가, 아니면 모임에 앞선 그 과정인가? 가끔은 그 둘 사이에 분명한 구분이 없을 때도 있다. 그러니 그런 모임에 처음으로 참석하는 일이 매우 어렵다는 것은 말할 필요도 없다.

하지만 나는 서서히 어떤 것들을 배웠다. 두 번째, 세 번째로 모임에 참석했을 때 나는 질문을 던졌고, 모임 도중 짧은 말을 한 마디 했다. 얼마 지나지 않아 모임에서 나더러 자폐증을 소개해달라고 요청했다. 그때 받은 느낌은 수영하는 데 익숙하지 않은 내가 물속에 떠밀렸을 때에 비할 정도였다.

내가 처음으로 청중을 상대로 발언한 모습은 동영상으로 찍혀 인터넷에 올랐다. 그 영상은 한동안 공개되어 있었다. 물론 내가 그렇게 한 것은 아니었으며 심지어 허락하지도 않았다. 나는 자폐증에 대해 말하는 동시에 자폐증이 무엇인지 탐험하는 위치에 놓였다. 그날 발표한 자폐증을 둘러싼 그 좁은 세계의 훌륭한 저자들을 접하면서 말이다.

상황은 금세 복잡해진다. 여러 문제가 뒤얽히기 때문이다. 강연회가 끝나면 나를 만나러 오는 사람들이 있다. 그들에게 무어라 말할까? 그들의 칭찬에 어떻게 반응할까? 자폐증에 관한 소개와 발표에는 몇 가지 측면이 있다. 감언이설을 늘어놓는 순간이 있는데, 이것이 가장 어려운 부분은 아니다. 무슨 말을 할지 대충 생각해두었다면 그 주제가 투르크메니스탄 동부 지역의 감자 재배든 자폐증이든 준비해서 말할 수 있다. 나는 시앙스포에서 공부하던 시절 그런 일에 대하여 어느 정도 훈련을 했다. 또 어렸을 때 부모님은 내가 천문학이나 다른 주제에 대하여 사람들 앞에서 말하도록 내버려두었다. 그러니 그런 일에는 얼마간 익숙해져 있었다.

그보다 훨씬 더 어려운 상황은 발언 이전과 이후다. 말하기 전에는 이런저런 장소에 도착하는 일이 힘들다. 내게 훌륭한 것들을 여럿 기대하는 낯선 사람들과 접촉해야 하는 일도 힘들다. 사람들은 더없이 좋은 의도로 나의 스트레스를 풀어주려 하지만, 그럴수록 스트레스는 점점 심해진다. 하지만 그들을 기쁘게 해주려고 그런 방법이 효과가 있는 척해야 한다. 스트레스를 덜어준다는 방법이나 여러 대화의 기술이 내게 효과가 없는 것을 보면, 나는 예상보다 더 비정상인가 보다.

또 다른 문제가 있다. 정확히 몇 시에, 어떻게 도착해야 하는지의 문제다. 예를 들어 저녁 7시에 강연이 예정되어 있으면, 몇 시까지 와 있어야 하는가? 내가 이야기하지 않고 넘어갈 수 없는 일화가 하나 있다. 최근 나는 프랑스의 공영 라디오 방송국 문화 채널인 프랑스 퀼튀르(France Culture)에서 오후 2시 정각에 시작하는 어느 방송에 참석하려고 스튜디오에 갔다. 나를 인터뷰해야 할 두 사람 중 한 명이 오후 1시 58분 40초에 뛰어서 도착했다. 이미 와 있던 다른 사람이 도착한 사람에게 웃으며 이렇게 말했다. "아, 오늘은 일찍 왔네! 평소와 다른걸!" 그런데 방송국에서는 나한테 '늦어도' 오후 1시 30분에는 와 있어야 한다고 말했다. 방송국에 자주 출현하려면 지침을 무시해야 한다고 이해해야 할까? 보통 강연은 정각에 시작하는 일이 결코 없다. 그러므로 이론적인 시작 시간이 오후 7시면, 7시 15분 또는 그보다 더 늦게 도착해도 충분하다.

내가 조금 더 일찍 올 수 있는데도 노력하지 않는 이상하게 보일 수 있다. 처음에는 일찍 도착하려 했다. 하지만 그랬더니 내가 왔을 때 문이 닫혀 있는 경우가 종종 있었다. 나는 상대방이 약속을 잊어버렸거나 내가 장소를 착각한 거라는 생각에 불안해한다. 비공식적인 대화를 하도록 만드는 사람들에게 둘러싸여 있기도 했다. 지금은 비공식적인 대화를 조금 더 잘 하게 되었지만, 몇 년 전만 해도 상황은 그렇지 않았다.

또 다른 문제가 있다. 가방을 어디에 두어야 할까? 처음에 나는 샌드위치와 음료수는 물론 우산이 망가질 것을 대비해 두 개의 우산을 챙기기도 했다. 장비를 잘 갖추고 있으면 상황이 낫다고 생각할 수 있지만, 엄청나게 무거운 가방 때문에 골치 아픈 일이 생길 수도 있다.

요즘 나는 강연이 있을 때면 예전보다 훨씬 덜 불안해한다. 좋은 일이라고 생각할 수 있지만, 얼마간 죄책감을 느낀다. 윤리적으로 보았을 때 강연 직전에는 불안해야 한다고 생각하기 때문이다. 그러지 않는 것은 나 몰라라 하는 태도거나 청중의 기대를 진지하게 받아들이지 않는다는 표시라고 본다.

강연이 끝난 후에는 또 다른 순간이 온다. 몇 시에 그 자리를 떠날 것인가? 강연자와 대화를 나누고 싶어 하는 사람들을 두고 떠나도 되는가? 가장 좋은 상황은 타야 할 기차 시간이 정해져 있는 경우다. 그것은 인사를 하고 떠날 수 있는 최적의 이유가 된다. 하지만 상황이 항상 그렇지는 않다.

감안해야 할 또 다른 변수는 참석한 사람의 수다. 10명 또는 15명 앞과 수백 명 앞에서 말하는 것은 무척 다르다. 사람들의 태도 유형은 사람 수에 따라서 단계별로 달라진다. 전적으로 내 경험에 비추어 말해보자면 첫 번째 한계는 25명 내지 30명 정도다. 그 이하면 사람들은 아직 개별적으로 간주된다고 느끼고, 얼마간 불편할 수 있다. 사람들은 질문하면서 먼저 다른 참석자들의 눈빛을 살피기 때문이다.

그다음 한계는 150명 내지는 200명 정도다. 그 이상이면 대중 미팅이나 스타 시스템으로 들어선다. 그때는 사회적인 접촉으로 인한 기능 문제가 더 이상 발생하지 않으며, 나는 결국 말하는 내용이 아니라 만들어내는 듣기 좋은 단어들로 평가받는다는 인상을 받는다. 저질 정치인에 대한 농담을 던지려면 소규모 모임에서는 아무도 웃지 않을 수 있다. 하지만 꽉 찬 강당에서 그런 농담을 하면 모두가 반응을 보인다. 정치인이 연설하면서 가령 "프랑스 만세!" 같이 아무 내용 없는 말을 하면, 바로 그 순간에 사람들은 가장 열렬히 박수를 보낸다. 나는 오랫동안 귀스타브 르 봉(Gustave Le Bon)을 시대에 뒤떨어진 사회과학의 선조로 간주했으며 그의 견해에 대해서도 회의적인 시각이었다. 비록 그가 여러 지점에서 오류를 범하기는 했으나, 관찰 가능한 현상들[66]에 주의를 집중시킨 공로

66 특히 군중 심리학.

는 인정받아야 한다고 생각한다. 나는 그런 대규모 모임을 마치고 나올 때면 여러 의문이 든다. 청중과 인간적인 관계를 맺는 데 성공하지 못했다는 인상을 받는다.

그럼에도, 강연을 계속하는 이유

그렇다면 내가 왜 강연을 하는 것일까? 꽤 중요하면서도 들을 때마다 마음이 불편한 질문이다. 여기에 내가 설득력 있게 답할 수 없기 때문이다. 자폐증이라는 고귀한 대의에 기여할 필요성에 관해서 장광설을 늘어놓기보다는, 강연 요청으로 시작되는 구체적인 메커니즘을 살피다 보면 제법 그럴듯한 답을 찾게 될 거라고 생각한다.

강연 요청은 보통 메일로 온다. 때로는 누군가 내게 직접 이러저러한 날짜에 강연할 수 있냐고 묻는다. 만약 그날에 해야 할 일이 있으면 그 요청을 거절한다. 하지만 일정을 살펴봤을 때 기적적으로 그날 아무 일도 없으면 승낙한다. 나 한 몸 편하자고 거절한 적은 없다. 자폐증에 관해 이런저런 말을 하는 것은 대단한 선택처럼 보이지만, 사실 작은 순간들과 학습된 행동들이 연속해서 이어지며 생긴 결과라고 봐야 한다. 물론 무조건 승낙하는 것이 최상의 선택은 아니다. 1년 중 어느 시기에는 몸이 정말 피곤하기 때문이다. 하지만 그럼에도 나는 강연을 계속하고 있다.

강연이 좋은지 나쁜지는 강연 전에 알 수 없다. 보통 사람이 많고, 강연할 때 힘이 많이 들수록 나는 의기소침해진다. 규모가 작으면 청중의 기대에 부응해야 한다는 부담감이 크다. 가령 교육부 공무원들에게 말할 때는 특정 주제에 집중하게 된다. 부모들은 매우 구체적인 질문을 던지며, 대체로 나보다 더 많은 걸 알고 있다.

적극적인 활동가로 이루어진 청중 앞에서 강연하는 건 상당히 힘들다. 개인의 자아에 얽힌 문제가 금세 드러날 뿐만 아니라 내가 청중에게 눈길 한 번 줄 때마다 그들은 나를 평가하고 선별하며 분류하기 때문이다. 정치적인 견해에 대한 반응에는 매우 민감해진다. 그래서 우호적이거나 따뜻한 관계를 맺는 일이 무척 힘들다. 적대적 관계를 맺을 수도 있지만, 그러려면 동맹 관계가 필요하며 같은 편 안에서 공동의 적에 맞서 싸우려는 의지를 공유해야 한다.

이런 모든 일들을 고려했음에도 내가 답할 수 없는 중요한 질문 하나가 있다. 사람들은 어째서 몇 시간 동안 내 이야기를 들을까? 그 긴 시간 동안 단조로운 목소리로 느릿느릿 늘어놓는 사담과 객쩍은 이야기에 귀 기울이다 보면 상당히 불쾌한 마음이 들 텐데 말이다. 나로선 참으로 불가사의한 일이다.

기자들과의 에피소드

그것이 다가 아니다. 적극적으로 활동하기 시작했던 초기에 나는 그동안 전혀 접하지 못했던 사람들과 대면해야 했다. 바로 기자들이다. 기자를 처음 만난 것은 2007년 초 내가 처음으로 라디오 방송에 출현했을 때였다. 그때의 기억을 떠올리면 가슴이 살짝 뭉클하다. 소규모 공동체 라디오 방송 '알리그르 에프엠'(Aligre FM)에 출현한 나는 파리 어느 건물의 스튜디오에서 기자와 만났다. 그때 나는 열정적이지만 시청률에는 무심한 사람들과 인간 무의식의 박물관이라는 느낌을 준 무질서한 스튜디오를 접하며 방송국에 호감을 갖게 되었다. 그런데 얼마 지나지 않아 다른 종류의 기자들, 즉 텔레비전 기자들이 등장하면서 상황은 걷잡을 수 없이 험악해졌다. 그들은 중세 유럽의 카타리파[67] 신도들처럼 보통 두 명씩 짝을 지어 이동한다. 한 명은 입 가까이에 대는 작은 원통을 들고 있고, 다른 한 명은 보통 삼각대 위에 얹혀 있고 사람들을 미치게 만드는 더 큰 원통을 들고 있다.

2007년 11월과 2009년 11월 사이에 나는 프랑스에 있는 거의 모든 텔레비전 채널을 거쳤다. 지금은 꽤나 오래된 일처럼 느껴진다. 카타리파 두 형제가 불러일으킨 반응은 격렬했지만 그 반향은 오래가지 않았다. 텔레비전 방송에 출현하면서 내게는 골치 아픈 일만 생겼다. 시간은 많이 할애해야 했고, 스트레스도 컸으며, 돌아오는 것이라고는 심한 질투와 터무니없는 소문과 경쟁심뿐이었다.

나는 사람들이 내 얼굴은 기억하지만 내가 말한 내용은 거

67 중세 기독교의 한 분파(派)로 마니교에서 말하는 영육 이원론의 입장을 취하여 금욕주의를 제창했으나 12세기 이후해 가톨릭교회로부터 이단으로 규정되어 탄압받았다.

의 기억하지 못한다는 사실에 특히 실망했다. 나는 자폐증에 대해 말하는 사람이 아니라 "텔레비전에서 본 남자"가 되었다. 길거리 꼬마들부터 동네 차량 정비소 주인에게까지 비슷한 취급을 받았다. 또 다른 슬픈 일은 언론계의 무대 뒤 내막도 알게 되었다는 점이다.

하지만 뭐니 뭐니 해도 가장 인상 깊고 중요하게 깨달은 것은 텔레비전이라는 미디어가 행사하는 매혹의 힘이었다. 한번은 방송을 촬영을 위해 기자 두 명과 길거리에 있었다. 어느 순간 힘이 빠진 것을 느낀 나는 기자들에게 혈당을 높여야 하니 빵집에 가서 무얼 좀 사 먹겠다고 말했다. 빵집에 갔을 때 여주인은 상당히 싸늘한 태도로 나를 맞이했다. 아마 평소 성격이 그런 것 같았다. 내가 빵을 먹고 있는데 두 기자도 유혹을 못 이기고 빵집 안으로 들어왔다. 그런데 바로 그 순간 슬프다고 해야 할 기적이 일어났다. 빵집 여주인이 태도를 싹 바꾸더니 대번에 반말을 써가며 "이름이 뭐야? 어디 살아?"라고 집요하게 묻기 시작한 것이다. 나라는 존재는 1~2분 사이에 전혀 변하지 않았는데 말이다. 대체 왜 그럴까? 결국 이런 현상이 얼마나 비이성적인지 깨닫게 되었다. 비록 혼란스럽지만 내가 그런 상황에 처하지 않았더라면 전혀 배우지 못했을 일이기도 했다.

또 다른 것들도 배웠다. 텔레비전에 출현한 다음이면 받게 되는 아첨 어린 반응들 말이다. 텔레비전에서 1~2분 동안 말한 것이 어떤 점에서 대단한 일인지 나는 도통 모르겠다. 방송국이 편집 과정에서 선택한 부분이 공교롭게도 가장 실망스러운 장면이라 더욱 그런 것 같다. 나는 해당 방송을 보지 않음으로써 이 문제를 살짝 피해 간다. 그러다 보니 방송 잘 봤다고 사람들이 내게 말할 때면 나는 솔직하게 잘 모르겠다고 말해야 할지, 아니면 위선적으로 칭찬에 감사한다고 해야 할지 주저한다. 이런 고민에 덧붙여 내가 상투적으로 응답한다는 티가 나지 않도록 말투에 주의하는 것도 은근히 신경 쓰이는 일이다.

또 다른 일화로 처음에는 상당히 괴로웠지만 결말은 좋았던 택시 이야기가 있다. 그 상황은 나를 공황 상태로 몰아넣었고 몇 달간 괴롭혔다. 당시 나는 방송 두 편에 참여했는데, 하나는 고인이 된 장뤽 들라뤼가 진행하는 것이었고 다른 하나는 '디렉트 위트 8'이라는 방송국의 프로그램이었다(이 채널은 후에 들라뤼처럼 사라져버렸다). 두 방송의 공통점은 출연자를 택시로 방송국에 오게 한다는 점이었다. 첫 번째 방송에는 참가하지 못했는데, 이후로 진행자에게 벌어진 일들을 감안하면[68] 조금 비겁하긴 하지만 안도감이 든다. 제작 책임자는 순전히 배려하는 마음으로 나더러 택시를 이용하라고 했다. 하지만 그는 자기의 결정 때문에 내가 그토록 불안해하리라고

68 장뤽 들라뤼는 2007년에 비행기에서 성추행한 혐의로 재판을 받았고, 2010년에는 마약 복용 혐의로 기소되어 공영방송에서 하차했다.

는 상상조차 하지 못했을 것이다. 나는 그 순간을 피하고자 머릿속으로 온갖 전략을 짜냈다. 이미 부모님과 함께 여러 번 택시를 타봤기 때문에 택시 자체가 불편한 것은 아니었다. 그저 편의를 위해 또는 속물근성 때문에 매번 택시를 불러 귀찮게 한다는 생각이 들어서 마음이 거북했다. 더욱이 촬영 장소가 대중교통으로 가기 쉬웠기 때문에 불편한 마음은 더욱 컸다. 그리고 구체적인 고민이 이어졌다. 택시를 타려면 어떻게 해야 한단 말인가? 택시는 자기가 도착했다는 사실을 내게 어떤 식으로 알릴 것인가? 만약 내가 인터폰 소리를 못 듣는다면? 그리고 또 만약, 또 만약…. 결국 나는 좋은 방법을 찾아냈다. 내가 아는 사람들도 그 방송국에 간다는 사실을 듣고 촬영이 잡힌 저녁나절에 그들의 집에 간 것이다. 택시가 그들을 데리러 왔을 때 함께 타고 가면 그만이었다!

이제 그런 시절은 끝났다. 사람들이 길거리에서 나를 알아보지 못한 지도 오래되었다. 평화로운 생활을 할 수 있어서 얼마나 기쁜지 모른다! 아직은 이런저런 활동, 예를 들어 강연회나 '아스퍼거 우정'(Asperger Amitié) 단체의 정기 만남 등을 갖고 있지만, 나는 이제 그런 단체에서 공식적으로 어떤 책무도 맡고 있지 않다. 예측하기는 힘들지만 그래도 반드시 오고야 말 순간, 즉 평행선으로 나아가던 두 철로가 별안간 급격하게 멀어지고, 기차 안에서 보았을 때 오랫동안 내 곁에 있었던 사람들이 몇 초 만에 나의 시야에서 사라지는 순간이 올 때까지, 길동무로서 함께 걸어갈 뿐이다.

자폐, 배제와 혐오

프랑스에서 자폐증은 어떤 취급을 받을까? 굳이 한 단어로 표현하자면 '비극'이다. 그런데 누가 혹은 무엇이 그런 상황을 만들어내는 것일까? 형이상학적인 개체로서의 자폐증인가? 우주에 은하계가 있듯이 어딘가에 암흑 천체인 '자폐 행성'이 있어서 지구 주위를 배회하며 지구로 광선을 쏘아대는 것일까?

어느 자폐 아동이 더는 학교를 다니지 못하게 되었다면, 그게 꼭 자폐증 때문일까? 어느 자폐 아동이 쉬는 시간마다 얻어맞는다면, 자폐증 때문에 야기된 슬픈 사건일까? 나는 이를 강간의 이유가 여성의 외모나 옷차림에 있다고 말할 수 없다는 것에 비유한다. 비유가 조금 엉성할 수는 있지만, 자폐 아동이든 아니든 어떤 아동이 얻어맞는다면, 그 일이 자폐증 혹은 그 아이의 자폐증 때문만이라고 말하는 것은 잘못이다.

미국에서는 마약 중독자들에게 다음과 같은 문장을 가르친다고 한다. "마약이 문제가 아니라 마약을 복용하는 게 문제다." 이는 허공에 둥둥 떠다니며 이런저런 상황을 설명해줄 어떤 형이상학적인 개체가 있다는 신화를 파괴 또는 해체하기 위해 한 말이다. 다른 영역과 마찬가지로 자폐증의 영역에서도 어떤 단어들을 너무 많이 사용하는 바람에 사람들은 결국 그것이 실제로 존재한다고 믿는 것 같다. "자폐 아동은 배제된다"라고 반복해서 말하다 보니 결국 "자폐증=배제"라는 생각이 굳어진 것이다. 하지만 사실 그보다는 훨씬 더 폭력적인 기제, 저열한 인간성이 발휘되는 기제가 작용한다. 자폐 아동은 학급의 이러저러한 아이가 그 자폐 아동을 정말 '이상하다'고 생각하기 때문에 배제된다. 그러한 결과는 '자폐증'이라는 어떤 개체의 작용 때문에 나타나는 것이 아니다.

배제하는 당사자가 누구인지에 대해서도 합의를 봐야 한다. 주로 영미권에서 이루어진 연구에 따르면, 근대적인 형태의 서구 인종주의는 유대인 문제와 관련된 어떤 고등 기관이나 모든 인종주의의 아버지인 사탄(커다란 뿔이 달리고 혀끝이 갈라진) 따위가 계획하고 명령한 것이 아니다. 인종주의자라고 자처하는 세력은 겉으로 드러나지 않는다. 자폐증 영역에서도 상황은 마찬가지다. 나는 중앙에서 온갖 나쁜 행동을 꾸미고 배제를 부추기는 악당이 실제로 존재한다고 믿지 않는다. 그런 배제는 악의가 없어 보이고 좋은 의도를 지닌 사람들, 구체적으로 말하면 자폐증 영역에서 적극적으로 헌신하는 사람들의 작은 행동들이 쌓여 나온다고 생각한다. 그들은 지위에 걸맞은 겉모습이나 신빙성을 유지하기 위해 여러 전략을 취하는데, 나는 그것을 숙련된 미사여구라고 본다. 직접 겪어보면 그들의 실체가 겉모습과 반드시 일치하지는 않는다는 사실을 알게 될 것이다.

여기에 덧붙여, 모든 것을 지식-무지의 이분법으로 단순화하면 지식은 고결한 행동을 낳고 무지는 자폐인을 배제하는 행동을 낳는다고 결론 내리게 될 텐데 이런 생각이 반드시 옳은 것은 아니다. 의료 및 단체 책임자들이 자폐증에 관한 우호적인 활동을 한다고 해서 자폐인에 대한 편견을 전혀 지니지 않았을 거라고 믿을 수는 없다. 내 말이 의심스러운 사람은 어느 저녁나절에 자폐증 관련 강연회에 가서 행사 직전이나 직후, 특히 저녁식사가 끝날 무렵에 초대된 명사들의 말을 주의 깊게 들어보라고 강력히 권한다.

하지만 내가 가장 염려하는 것은 다른 사람들보다 자폐인이다. 이런 단언은 일종의 금기다. 사람들은 자폐인이 비(非)자폐인을 배제하지 않는다고 생각한다. 하지만 자폐인들이 이끄는 몇 안 되는 단체들이 성장해온 과정을 가까이에서 살펴보면 그와 반대임을 알 수 있다. 권력을 추구하는 치열한 경쟁, 비방과 험담 같은 비이성적 악습은 더하면 더했지 결코 덜하지 않다. 그들은 그러한 문제가 생기는 이유가 조직에 침투한 비자폐인 때문이라고 주장한다. 그것을 보면 피해망상과 주체할 수 없는 증오는 어쩔 도리가 없는 듯하다. 특히 미국에서 일부 자폐인이 이끄는 집단은 조만간 자폐인이 지배하는 신세계가 도래하거나 자폐인이 역사적으로 완벽하고 우월한 새로운 존재로서 군림할 거라고 믿는다. 그야말로 '계시를 받은' 집단이라 할 수 있다.

나는 전임 활동가가 되지 않는 게 좋다고 믿는다. 그러지 않으면 현실감각은 금세 사라지고 추구하는 대의에 사로잡혀 두뇌가 혼미해질 것이다. 결국 자기가 속한 세계 외에는 볼 수 없게 되고 만다.

실용적인 접근이 필요하다

비록 사변과 쓸모없는 것들을 좋아하기는 하지만, 나는 자폐증을 둘러싼 작은 세계가 훨씬 더 실용적인 태도를 취해야 한다고 믿는다. 구체적인 의제를 정해야 한다. 그리고 그 일은 대대적인 내부 정화 없이는 불가능하다.

자폐증을 둘러싼 세계의 일부 행태를 근절하지 않으면 실용적인 접근법을 도입할 수 없다고 생각한다. 그러한 행태가 자폐증 관련 단체들만의 특성은 아니다. 다른 분야의 단체들도 그런 모습을 보였다. 암과 에이즈를 비롯해 여러 영역에서 통용되던 정치적·재정적 뒷거래를 생각해보면 될 것이다.

바깥에서 보았을 때 정의롭고 신뢰할 수 있을 만한 단체가 되려면 최소한의 수준을 갖추어야 한다. 의료 분야를 제외하고 자폐증에 개입하는 단체 목록을 열거하자면 끝이 없지만, 그중에서 설립된 이후로 지도급 인사가 사실상 교체된 단체는 거의 없다. 규정으로 정해져 있든 아니든 단체의 대표는 종신 재직이 보장된다.

공로와 장점이 어떻든지 간에 그들은 대체로 단체를 관리해본 경험이 적고, 단체보다는 자기 개인사를 내세운다. 또한 자기가 대표로 있는 단체를 손안에 쥐고 흔들기 위해 얼마 동안은 일부러 소규모로 유지하려 한다. 그렇게 특권을 누리다가 시간이 흐르면 결국 윤리에 어긋나는 행동을 보이고 만다. 비(非)의료 단체 중에서 실제로 제대로 된 총회를 열고 회계처리를 투명하게 하는 단체는 드물다.

이 모든 측면에서 볼 때, 이런 단체들이 변화하려면 외부 자극이 있어야 한다. 공권력이 실권자 교체를 의무화하고, 대표직 연임을 제한하고, 재정을 깐깐하게 감독하며, 운영진을 다양한 인물로 구성하도록 제도화하는 등 강제성을 띤 정책을 펴는 것이다.

조직 내에서 자폐를 지닌 사람들도 제자리를 찾아야 한다. 가장 규모가 크고 존경받는 단체들을 비롯한 많은 단체가 내부에 자폐인의 자리를 마련해두지 않거나 그러한 자리를 단체 법규로 금지해놓았다. 이런 상황은 정상이 아니다. 나는 어째서 몇몇 단체가 자폐인이 투표권자 또는 회원이 되는 것을 금지하는 조항을 내규에 포함시켰는지 오랫동안 의아해했다. 그 강력한 단체들이 총회에서 수가 얼마 되지도 않는 자폐인의 표심을 그토록 두려워할 이유가 뭐란 말인가? 단체의 현황과 기능의 비정상적인 지점을 속속들이 드러내고, 자폐증 분야의 프랑스 단체 대다수가 지닌 지배 원칙, 즉 자리를 절대로 내놓지 않는 지도자의 개인적인 가족사가 중시되는 관습을 무너뜨려야 한다.

그와 동시에 나는 자폐증과 무관한 분야의 인물, 즉 자폐증 전문가도, 자폐인이나 그 부모도 아닌 외부 인사가 각 단체에서 대표자 급의 역할을 맡는 것도 매우 좋다고 생각한다. 그런 방향으로 진행된 몇 안 되는 사례를 살펴보면, 확실히 긍정적인 결과를 낳았다.

내가 어두운 시각으로 상황을 바라보면서 지나치게 순진하고 이상적인 방안을 제시하는 것인지도 모른다. 하지만 자폐인들에게 물어보면 순진한 낙관주의를 지닌 사람을 찾아보기 힘들다. 일반적으로 그들은 환멸을 느끼며 모든 주요 단체들과 거리를 두려 한다.

맺음말 대신 쓰는 말

지금으로부터 25세기 전에 살았던 인물인 열자(列子)는 『충허진경』(沖虛眞經)에서 짤막한 이야기를 하나 전하는데, 그것을 요약해서 옮겨보겠다. 진나라 사람 봉씨에게 아들이 하나 있었다. 그런데 그 아들은 정신이 이상해져서 모든 것을 반대로 인지했다. 다른 사람이 은은한 향기로 느끼는 것이 그에게는 악취였고, 맛있는 것은 도무지 먹을 수 없었다. 아버지 봉씨는 어느 친구의 조언을 듣고 '노나라의 군자'를 만나러 가는데, 그는 사실 열자 같은 도교 학자들이 별로 좋아하지 않는 인물인 공자였다. 봉씨는 여행길에서 노자를 만난다. 노자는 봉씨에게 다음과 같이 말했다. "만약 가족 전부가 당신 아들처럼 생각한다고 가정해보시오. 그렇다면 정신이 이상한 사람은 당신일 테지요. 그 누가 맛나고, 즐겁고, 아름다운 것이 무엇인지 절대적인 방식으로 판가름할 수 있겠소? 또 몰상식한 점에서 가히 최고라 할 노나라의 군자가 어떻게 그것을 치료할 수 있겠소? 그러니 여비라도 아끼려면 집으로 돌아가시오."

중국의 옛이야기는 대체로 잔인하다. 자폐인의 삶도 마찬가지다. 우리가 열자 시대 이후로 수 세기에 걸쳐 지혜를 쌓아왔지만 그래도 상황은 그렇게 많이 달라지지 않은 것 같다.

나는 방에 혼자 있을 때면 내가 자폐인이라고 느끼지 않는다. 하지만 길거리로 나서면서 문제에 부딪친다. 나는 내적 세계 안에서 자유롭게 생각하고 행동하고 판단하며 남들 못지않게 자유를 누린다. 내가 외부의 어떤 일을 시도할 때 어려움이 생기고, 나는 그 일을 해내기도 하지만 대체로 실패한다. 그렇다면 나는 항상 자폐인일까? 아니면 밖에 있을 때만 자폐인일까? 내가 더는 밖에 나가지 않고 집에만 머문다면, 그래도 나는 계속 자폐인일까? 내가 사회적 관례가 간소하고 이야기를 길게 할 필요가 없는 불교 승원에 머무른다면, 나는 학습 단계를 거친 후 다른 사람들보다 그곳을 더 편안하게 느낄 테고 내가 지닌 장애는 도리어 장점이 될지도 모른다. 노자의 말을 조금 바꿔 질문을 던져본다면, 비자폐인 한 사람이 자폐인들과 함께 있을 때 곤란하게 느끼는 것은 대체 누구일가?

사람들은 자폐증이 있고 없고가 다를 게 없다는 주장의 반론으로, 자폐증에는 언어 결핍 같은 심각한 장애가 수반되어 삶을 무척 힘들게 한다는 사실을 든다. 이 점을 문제 삼을 생각은 없지만, 세 가지 요소를 떠올리게 된다.

첫째, 언어 결핍이 자폐증에 어느 정도로 수반되는지는 아직 완벽하게 규명되지 않았다. 아동이 말을 하지 않는다고 해서 반드시 자폐인은 아닌데도, 편의성을 위해 자폐증이라고 진단하는 경우가 있을 것이다.

둘째, 언어라는 문제는 사회적으로 결정된다. 내가 지내는 곳에서 멀지 않은 카라칼파크[69]의 목초지나 중앙아시아 일부 지역에서 목동으로 일하면 말의 거의 하지 않고도 당당하게 살 수 있다. 장애를 지닌 자폐 아동을 가장 많이 배제하는 곳이 서구 사회일 거라는 말을 여러 사람한테 들었다. 확실히 뼈아픈 지적이다. 하지만 만약 어느 어머니가 프랑스에서는 시설에 갇혀 지내는 것 말고 다른 희망이 없는 아들을 데리고 아프리카에서 여름휴가를 보낸 뒤 활짝 웃으며 자기 아들이 그곳에서 마을의 왕이었고 아이들의 놀이에 전부 참여했다고 말한다면, 우리는 그 어머니에게 과연 뭐라고 말하겠는가?

셋째, 결함은 언제나 매우 상대적이다. 디드로는 자신을 교도소에 가게 만들기도 한 책 『맹인에 관한 서한』(지식을만드는지식, 2016)에서 맹인에게 시력이 없는 것을, 다리가 없는 대신 날개가 있는 초파리에 비유했다. 실제로 사람들은 날개가 무척 유용할 수 있을 텐데도 자신에게 날개가 없다는 사실을 인식하지 않는다. 이런 예는 여럿 들 수 있다. 비흡연자는 담배를 피우려는 욕구를 느끼지 않고, 남자들 대부분은 임신하고

69 우즈베키스탄에 속한 자치공화국

아이를 낳으려는 욕구를 느끼지 않는다(이런 사실을 말하면 여자들은 대체로 불편해한다). 에마뉘엘 레비나스가 한 말을 인용하면, 유대인이 예수를 메시아로 여기려는 마음이 전혀 없다는 사실은 개신교인에게 충격을 준다.

얼마 전에 지적장애 아동·청소년을 담당하는 기관인 의료교육원(IME)에서 일하는 사람을 우연히 만났다. 나는 그에게 직접적이고 도발적인 질문을 하나 했다. "당신이 생각하기에 자폐증을 지닌 아동이 그 기관에 들어가는 게 좋을 것 같습니까?" 그는 두 가지 논거를 들면서 그렇게 생각한다고 답했다. 첫째 논거는 의료교육원의 틀이 일반 학교보다 자폐 아동에게 훨씬 적합하다는 것이다. 둘째는 자폐 아동이 일반 학교 비자폐 아동의 타자성에 노출될 기회가 덜하다는 것이다.

나는 그런 대답을 예상했던지라 조금 짓궂게 말했다. "자폐 아동이 겪는 장애는 사실상 비자폐 아동의 특수성인데요." 잠시 침묵이 흘렀다. 사실 이 말을 이처럼 거칠게 표현하면 지나친 과장이 들어가 부정확해지지만, 그래도 본질적으로는 옳다고 생각한다. 자폐를 지닌 아동은 이른바 그 아동이 고유하게 지닌 어떤 결함, 가령 여러 일을 해내기에는 지나치게 느리거나 부적합한 마이크로프로세서 때문이 아니라, 단순히 다른 마이크로프로세서들이 그들만의 방식으로 기능하고, 그 두 종류의 마이크로프로세서가 서로 분리되고 지나치게 가까이 접촉하지 않는 게 더 낫다는 이로 의료교육원에 배치된다. 그런데 진짜 이유인 사회적인 근거는 의료적인 근거로 바꿔어 표현되므로 사람들은 이런 생각을 갖게 된다. 아스퍼거 증후군이나 전반적 발달장애를 지닌 아동에 대해 사회적으로 이러저러한 태도를 보이는 일은 정당하다고 말이다.

친구들끼리 차를 마시며 노닥거릴 때는 이처럼 신랄한 비판이 통할 수 있다. 하지만 의료계나 교육계 등 권위 있는 기관과 마주한 자폐 아동의 부모가 있는 자리에서는 그런 해체주의적인 대화를 할 수 없다. 그들은 겉으로 드러나지 않고 은근히 함축되어 있기는 하지만 본질은 폭력적이고 혹독한 명령에 따를 수밖에 없다. 여기에서도 한 아동에게 자폐라는 굴레를 씌운 뒤, 자폐를 지닌 아동에게 모든 것을 떠넘기려는 시도가 빤히 보인다.

누가 우리를 구원할 수 있을까?

서구의 대도시들을 거닐다 보면, 어떤 상냥하고도 야릇한 인물이 '옥스퍼드 검사'(test d'Oxford)를 받아보라고 권한다(물론 옥스퍼드 대학교와는 아무런 상관이 없는 검사다). 검사지를 작성하면 그는 매우 정중하게 결과를 공짜로 분석해주겠다고 한다. 그래서 따라간 사무실에서는 또 다른 사람이 호들갑을 떨며 과장된 어조로 말한다. "아! 그동안 살아오면서 정말 많은 어려움을 겪으셨네요! 그걸 어떻게 견디셨어요? 참 대단하시네요. 그렇게 홀로 고통받으며 살 순 없지요. 저희가 도와드릴 수 있으니 책을 몇 권 읽어보세요…." 그러다 정신을 차려 보면, 당신의 손에는 '론'이 쓴 책들이 들려 있고, 당신의 은행 계좌번호는 사이언톨로지교(Scientology)[70]의 손에 들어가 있다.

이 이야기는 우리 사회에서 고통이 차지하는 중요성과 사람들이 자기의 목적을 달성하고자 타인의 고통을 이용할 수 있음을 보여주는 사례다. 자폐증을 둘러싼 세계에서 여러 사람이 고통을 이용해서 성공했고, 고통받는 사람들에게 큰돈을 갈취했다. 이제 많은 단체가 더 이상 장애 문제와 상호 연대(solidarité)를 연결하지 않으려고 노력한다. 구호나 원조라는 접근법은 겉으로는 보기 좋지만, 만에 하나 아무리 사심 없는 사람이 그런 활동을 한다 해도 궁극적인 문제 해결로는 이어지지 않는다. 아쉽게도 자폐증의 좁은 세계는 이번에도 다른 장애 분야에 비해 수십 년 뒤처져 있다.

더욱이 고통은 자폐증과 관련된 수많은 주제와 별개의 문제일 수 있다. 불교에서 말하는 표현을 빌리자면, 고통을 멸한다 해도 문제의 극히 일부만 해결될 것이다. 내가 지금 심한 고통을 받는다고 가정해보자. 당신이 내 고통을 없애는 데 성공한다면, 그것이 나의 기본 구조를 실제로 바꿔줄 수 있을까? 다리가 부러졌다면 진통제를 먹겠지만, 다리는 부러진 그대로일 것이다. 오히려 진통제를 먹는 게 더 위험할지도 모른다. 통증을 못 느낄 뿐인데 그 상태를 완전히 치유된 것으로

70 론 허버드(Ron Hubbard)가 창설한 미국의 신종교로 일부 국가에서는 불법 종교단체로 간주된다.

오해하고 다리를 심하게 움직여 상태가 더 나빠질 수 있기 때문이다. 고통은 엄연히 존재하고 매우 심할 수도 있지만, 그렇다고 고통 없는 인간의 삶을 상상할 수 있을까?

순전히 사변적인 목적으로 하는 말이 아니다. 실용적인 목적으로 고통을 거론할 뿐이다. 나는 자폐증 분야에 종사하는 전문가들에게 여러 차례 질문을 받으면서 그들이 고통이라는 주제에 얼마나 집착하는지 깨닫고 깜짝 놀랐다. 그래서 그들에게는 자폐인의 고통이 꼭 필요하다는 생각까지 갖게 되었다. 고통이 전혀 없다고 말하면 치료 실무자는 반박할 수 없는 논거를 사용하기도 한다. 당신은 심한 고통을 받기 때문에 그 사실을 아예 깨닫지도 못한다는 식이다. 물론 그럴 수도 있지만, 그런 식으로 말한다면 이성적인 토론이 이루어질 수 없다. 그리고 실제로 상황이 그렇다면 마취 당한 상태에서 수술을 받느라 자기 사지를 잘라내고 있다는 사실조차 깨닫지 못하는 사람들에게는 참으로 난처한 일일 것이다.

내 친구 몇몇은 그보다 더 과격하게 말하면서 단순히 고통을 조절하는 문제 너머로 추론을 확장한다. 그들의 말에 따르면 패킹(Packing)[71]과 약물, 다른 자폐증 치료법들은 꼭 필요하다. 내가 보기에 자폐 아동이 아니라 치료 실무자에게 심리적·

71 자폐 아동을 찬물에 적신 수건으로 감싸 치료하는 방법으로 주로 프랑스에서 실시된다. 이런 방법이 적합한지는 논란이 이어지고 있다.

재정적 균형을 가져다주기 위해서 그런 것 같다. 나는 치료자들의 그런 마음을 대체로 이해한다. 자폐인을 구원할 존재라는 기대를 한 몸에 받지만 정작 부모들에게 변변히 제시할 게 없으니 참으로 입장이 난처할 것이다. 이런 문제에 대해 각자가 판단해보길 바란다. 나는 콜뤼슈(프랑스의 개그맨이자 배우)가 한 말이 마음에 드는데, 옮겨보면 대략 다음과 같다. "예전에 나는 침대에 쉬를 했고 그게 창피했어. 그래서 전문가한테 상담을 받으러 갔지. 그리고 1만 프랑을 지불했어. 지금 나는 예전처럼 침대에 쉬를 하지만, 그게 자랑스러워."

누구든 웃거나 웃길 수 있다

어느 날 강연을 마쳤는데, 한 부인이 무척 놀란 표정으로 내가 웃을 줄 몰라야 하는데 왜 농담을 하느냐고 물었다. 어떤 어머니는 농담의 대상으로 삼으면 안 되는 주제가 있고, 자폐증을 이야기하며 웃는 것은 상황의 심각성을 잊게 만든다며 나를 비난하기도 했다. 내 강연이 기분 나빴다면 참으로 미안하다. 하지만 나는 작은 이야기들이 없으면 살아갈 수 없다. 어쩌면 내천직은 개그맨 혹은 개그 작가인지도 모른다. 나는 사람들이 원하든 원치 않든 인간이 웃는 존재라고 믿는다.

내가 운 좋게 교류할 수 있었던 자폐를 지닌 일부 성인들로부터 배운 점이 한 가지 있다면, 아마도 그들의 풍부한 유머일 것이다. 물론 그런 면모는 잘 들여다보고 발견해내야 한다. 그들의 유머는 우리가 아는 것과 다르기 때문이다. 우리를 웃게 만드는 작은 농담들은 보편적인 것도 최상의 것도 아니라는 사실도 받아들여야 한다.

예를 하나 들면, 나는 어렸을 때 소련의 지도자, 기술, 첩자 등에 관한 농담을 수백 가지 알고 있었다. 나는 지금도 레오니트 일리치 브레즈네프[72]에 관한 농담을 10여 개쯤 할 수 있다. 당시에는 프랑스 사람들조차 그 농담을 들으면 배꼽을 쥐고 웃었다. 그가 프랑스에서 통치한 적은 없어도 사람들은 그의 행태를 웬만큼 알거나 짐작할 수 있었기 때문이다. 미국의 로널드 레이건 대통령도 소련과 관련된 농담을 즐겼다. 그는 모임이 있을 때면 아주 심각한 자리에서조차 그런 농담을 하곤 했다. 그럴 때마다 사람들은 함께 웃으며 즐겼다. 당연하게도 지금은 그런 농담이 통하지 않는다. 브레즈네프가 누구인지 모르는 사람이 많으니 웃음거리가 될 만한 그의 특징을 어떻게 알겠는가? 따라서 내가 여성 심리학자 친구들과 함께 있을 때면 나의 농담 레퍼토리는 대폭 줄어든다. 내가 경솔하게 그들 앞에서 그 시절의 농담을 하려 시도하면, 그들은 내 말을 학식을 자랑하는 자폐적인 독백으로 간주한다. 내가 나이도 많고 서로 오랫동안 알아온 사이라 그런 일로 나를 가차 없이 비난하지는 않는 게 그나마 다행이다. 한편으로 나는 가끔씩

72 소련의 정치가로서 1966년부터 1982년까지 당 서기장을 지냈는데, 통치 끝 무렵에 개인 숭배화에 빠져 대중의 농담거리가 되었다.

어렸을 때 심리상담을 받으러 갔다가 분위기를 부드럽게 만들려고 양념을 친 나만의 농담을 했더라면 상황이 어떻게 됐을지 상상하며 전율하곤 한다. 진짜로 웃게 만드는 농담, 자폐인과 그 구원자 사이의 역할 분담에 대하여 의심하게 만드는 농담을 했다면 말이다.

하나의 설명으로 가둘 수 없는 존재

가끔 내가 '자폐증을 지닌 사람'이라는 표현을 사용하면 사람들은 왜 그렇게 말하냐고 나를 비난한다. 사람이 시계를 지니듯 자폐증을 '지닐' 수는 없으며, 그냥 자폐'인'이라는 것이다. 그래서 나는 조금 도발하려는 의도에서 '자폐증을 지닌'이라는 표현을 다른 표현과 더불어 계속 사용한다. 내가 여행 가방을 지니고 다니듯 그다음 날에 자폐증을 집에다 놔둘 수 있다고 믿어서가 아니라, 그럴 수 있다는 가능성을 단순히 암시함으로써 상황이 어떻든 사람은 자신의 소유를 넘어서는 존재라는 사실을 드러내기 위해서다.

결국 인간은 매우 복잡한 존재라고 생각한다. 단 하나의 기준으로 인간을 묘사할 수는 없다. 그 때문에 나는 자폐증이라는 영역 안에 내 모든 것을 욱여넣을 수 없다. 자폐증은 내 신장이 약 195센티미터라는 것과 같은 내 여러 특징 중 하나다. 자폐증을 기술하는 유일한 기준표가 존재한다 해도 그것으로는 나의 성격도, 그 누구의 성격도 기술할 수 없다. 나는 인간을 시계와 같은 메커니즘으로 축소하려는 이론들을 경계한다. 인간은 그보다 훨씬 더 복합적인 존재이고 계속해서 변화한다. 인간을, 우리 자신을 어떤 하나의 설명에 가두지 말자. 그렇게 한다면 우리는 정말 정신이 이상해질 것이다.

옮긴이 **이정은**

대학에서 사회복지학을 전공하고, 프랑스로 건너가 낭트 시립대학 대학원에서 공부했다. 현재 바른번역 소속 번역가로 활동하며 프랑스어 책을 한국어로 옮기고 있다. 옮긴 책으로 『인피니티』, 『대멸종이 온다』, 『퀀텀』, 『만화로 배우는 와인의 역사』, 『만화로 보는 성sex의 역사』, 『세상의 모든 수학』, 『나는 니체처럼 살기로 했다』, 『청소년이 정치를 꼭 알아야 하나요』 등이 있고, 함께 옮긴 책으로 『아르센 뤼팽 전집』이 있다.

우리는 모두
다른 세계에 산다

1판 1쇄 발행 2022년 9월 15일

발행인 박명곤 **CEO** 박지성 **CFO** 김영은
기획편집 채대광, 김준원, 박일귀, 이승미, 이은빈, 이지은
디자인 구경표, 한승주
마케팅 임우열, 유진선, 이호, 최고은
펴낸곳 (주)현대지성
출판등록 제406-2014-000124호
전화 070-7791-2136 **팩스** 0303-3444-2136
주소 서울시 강서구 마곡중앙6로 40, 장흥빌딩 10층
홈페이지 www.hdjisung.com **이메일** main@hdjisung.com
제작처 영신사